PETRÓLEO E GÁS NO BRASIL

REGULAÇÃO DA EXPLORAÇÃO E DA PRODUÇÃO

O GEN | Grupo Editorial Nacional, a maior plataforma editorial no segmento CTP (científico, técnico e profissional), publica nas áreas de saúde, ciências exatas, jurídicas, sociais aplicadas, humanas e de concursos, além de prover serviços direcionados a educação, capacitação médica continuada e preparação para concursos. Conheça nosso catálogo, composto por mais de cinco mil obras e três mil e-books, em www.grupogen.com.br.

As editoras que integram o GEN, respeitadas no mercado editorial, construíram catálogos inigualáveis, com obras decisivas na formação acadêmica e no aperfeiçoamento de várias gerações de profissionais e de estudantes de Administração, Direito, Engenharia, Enfermagem, Fisioterapia, Medicina, Odontologia, Educação Física e muitas outras ciências, tendo se tornado sinônimo de seriedade e respeito.

Nossa missão é prover o melhor conteúdo científico e distribuí-lo de maneira flexível e conveniente, a preços justos, gerando benefícios e servindo a autores, docentes, livreiros, funcionários, colaboradores e acionistas.

Nosso comportamento ético incondicional e nossa responsabilidade social e ambiental são reforçados pela natureza educacional de nossa atividade, sem comprometer o crescimento contínuo e a rentabilidade do grupo.

ILANA ZEITOUNE

PETRÓLEO E GÁS NO BRASIL

REGULAÇÃO DA EXPLORAÇÃO E DA PRODUÇÃO

- A EDITORA FORENSE se responsabiliza pelos vícios do produto no que concerne à sua edição (impressão e apresentação a fim de possibilitar ao consumidor bem manuseá-lo e lê-lo). Nem a editora nem o autor assumem qualquer responsabilidade por eventuais danos ou perdas a pessoa ou bens, decorrentes do uso da presente obra.

    Todos os direitos reservados. Nos termos da Lei que resguarda os direitos autorais, é proibida a reprodução total ou parcial de qualquer forma ou por qualquer meio, eletrônico ou mecânico, inclusive através de processos xerográficos, fotocópia e gravação, sem permissão por escrito do autor e do editor.

    Impresso no Brasil – *Printed in Brazil*

- Direitos exclusivos para o Brasil na língua portuguesa
    Copyright © 2016 by
    EDITORA FORENSE LTDA.
    Uma editora integrante do GEN | Grupo Editorial Nacional
    Travessa do Ouvidor, 11 – Térreo e 6º andar – 20040-040 – Rio de Janeiro – RJ
    Tel.: (0XX21) 3543-0770 – Fax: (0XX21) 3543-0896
    faleconosco@grupogen.com.br | www.grupogen.com.br

- O titular cuja obra seja fraudulentamente reproduzida, divulgada ou de qualquer forma utilizada poderá requerer a apreensão dos exemplares reproduzidos ou a suspensão da divulgação, sem prejuízo da indenização cabível (art. 102 da Lei n. 9.610, de 19.02.1998).
    Quem vender, expuser à venda, ocultar, adquirir, distribuir, tiver em depósito ou utilizar obra ou fonograma reproduzidos com fraude, com a finalidade de vender, obter ganho, vantagem, proveito, lucro direto ou indireto, para si ou para outrem, será solidariamente responsável com o contrafator, nos termos dos artigos precedentes, respondendo como contrafatores o importador e o distribuidor em caso de reprodução no exterior (art. 104 da Lei n. 9.610/98).

- Capa: Camila Araújo

- Fechamento desta edição: 29.07.2016

- CIP-BRASIL. CATALOGAÇÃO NA PUBLICAÇÃO
    SINDICATO NACIONAL DOS EDITORES DE LIVROS, RJ

    Z49p

    Zeitoune, Ilana

    Petróleo e gás no Brasil: regulação da exploração e da produção / Ilana Zeitoune. – Rio de Janeiro: Forense, 2016.

    Inclui Bibliografia

    ISBN 978-85-309-7244-8

    1. Petróleo - Legislação - Brasil. 2. Recursos energéticos - Legislação - Brasil. 3. Indústria petrolífera - Brasil. I. Título.

    16-35000　　　　　　　　　　　　　　　　　　　　　　　CDU: 34:665.5

AGRADECIMENTOS

O presente livro trata-se de uma adaptação e ampliação de minha dissertação de mestrado elaborada junto à Universidade do Estado do Rio de Janeiro (UERJ). A dissertação foi aprovada, em 5 de agosto de 2015, com distinção, mérito e recomendação para publicação, pela banca examinadora composta por minha Professora Orientadora Dra. Marilda Rosado de Sá Ribeiro (UERJ), pelo Professor Dr. Alexandre Santos de Aragão (UERJ) e pela Professora Dra. Clarissa Maria Beatriz Brandão de Carvalho Kowarski (UFF).

A escolha do tema foi motivada por uma tentativa de junção do interesse acadêmico com o interesse prático na indústria do petróleo e do gás natural, uma vez que atuo como advogada no setor de óleo e gás há mais de seis anos. Dessa forma, a dissertação de mestrado tinha por objetivo final a apresentação de um modelo regulatório para a exploração e a produção não convencionais de petróleo e gás natural no Brasil. Isso porque, mais precisamente ao longo do ano de 2011, concessionários da indústria, espelhados no *boom* norte-americano, passaram a ter interesse em explorar gás não convencional no Brasil e depararam-se com a inexistência de uma regulação específica sobre tais atividades.

Em 2013, ano em que ingressei no Programa de Mestrado de Direito Internacional da Universidade do Estado do Rio de Janeiro, o tema dos recursos não convencionais de petróleo e gás já havia ganhado presença na mídia e na indústria – porém pouco na academia – e o desafio jurídico se colocava: vácuo regulatório que viabilizasse a canalização de investimentos para tal exploração, de forma juridicamente segura e sustentável.

Desse modo, conciliando meu anseio em buscar o novo com a pretensão de trazer, sob a perspectiva jurídica, alguma contribuição à indústria, com a qual me envolvi desde o quarto período da Faculdade de Direito da UERJ (2006), por meio do Programa de Recursos Humanos da ANP (PRH-ANP/MCT-33), abracei o tema dos não convencionais, aliada ao estímulo concedido pelo Instituto Brasileiro de Petróleo, Gás Natural e Biocombustíveis (IBP), e me aventurei em pesquisá-lo a fundo, quando ainda escassa a bibliografia, almejando concretizar esse objetivo inicial, tendo a plena consciência de que ainda há bem mais a ser explorado.

Ao IBP, portanto, meu profundo agradecimento pelo apoio concedido a esta pesquisa, que oportunizou, além da aquisição de vasto material, a participação em eventos de grande magnitude da indústria, nos quais foram discutidos aspectos importantes sobre o tema eleito, além de questionamentos intrigantes, que me fizeram chegar às proposições contidas nesta dissertação; agradeço a todos os seus profissionais, que não mediram esforços nesse apoio contínuo, sempre solícitos.

Agradeço aos meus colegas da Petrobras – em especial, à Universidade Petrobras, na pessoa de seu Gerente-geral Sr. José Alberto Bucheb e dos professores José Renato Juschaks Filho e David Castro, e aos profissionais do E&P e do G&E – que se prontificaram a todo tempo em me auxiliar no esclarecimento de nuances técnicas relacionadas aos recursos não convencionais de petróleo e gás, compartilhando conhecimento e despendendo seu tempo; bem como aos colegas "jepianos" pela troca constante de ideias – em especial, agradeço aos meus gerentes Flávio Eugênio Seixas Pinto e Cláudia Zacour, que me permitiram conciliar o mestrado acadêmico com as minhas atividades na empresa.

À minha educadora e amiga, professora Marilda Rosado, a quem muito admiro e tenho como exemplo a ser seguido e como verdadeira inspiração, minha gratidão a todo o estímulo acadêmico, profissional e pessoal. À professora Clarissa Brandão, por ter despertado em mim, logo no princípio da Faculdade de Direito, o interesse pelo Direito do Petróleo, agradeço por todas as oportunidades que viabilizou. Ao professor René Rodrigues, da Faculdade de Geologia da UERJ, agradeço imensamente os esclarecimentos técnicos relacionados à minha pesquisa e aos questionamentos levantados. Aos demais professores da UERJ, muitos dos quais já me acompanham desde a graduação, obrigada por todos os ensinamentos e discussões ao longo do mestrado, que me gerou um encantamento ainda maior pelo Direito.

Agradeço aos meus queridos amigos que me apoiaram nesta trajetória acadêmica, de forma científica e/ou emocional, por todo o companheirismo e a amizade, em especial, a Alberto Lopes, pelos preciosos conselhos e incansável ajuda.

À minha amada família, palavras não são capazes de descrever minha eterna gratidão por tudo de maravilhoso que me proporcionam, sem medição de esforços, pela força e estímulo a lutar e vencer, e a jamais desistir; pelos ensinamentos e exemplo de vida que são – não teria galgado nada sem vocês!

Last, but not least, ao meu amado marido, o que de melhor me aconteceu nesta vida em meio a tantas outras bênçãos, que me fez descobrir o verdadeiro amor, pelo apoio incondicional, sem o qual não teria conseguido finalizar este desafio acadêmico; e a D'us, por ter nos presenteado com um ser lindo, que nos desperta um amor único e ainda maior: nosso pequeno príncipe Rafael.

PREFÁCIO

Foi com muita alegria e entusiasmo que aceitei o convite para prefaciar a presente obra. A geração de brilhantes alunos que acompanhei desde a graduação está revelando alguns talentos que dedicaram sua inteligência a temas ligados à energia! Ilana Zeitoune ocupa um lugar especial nessa constelação por muitas razões.

Como em experiências anteriores, desafiante e gratificante é a tarefa: não somente de introduzir a obra de Ilana, mas também de tentar sintetizar alguns momentos marcantes de sua trajetória nesses anos em que acompanhei a formação e o desabrochar da jovem jurista e advogada. Gostaria de realçar também as qualidades pessoais que sempre me encantaram na respeitosa e produtiva convivência que tivemos. Eu pude percebê-las não somente por nossos laços acadêmicos desde a graduação na Faculdade de Direito da UERJ, onde vislumbrei o despertar de uma vocação acadêmica verdadeira, nutrida por dedicação e entusiasmo. Tive também o privilégio de tê-la por alguns anos como parte de minha equipe profissional na advocacia: posso dizer que não houve um dia sequer em que não tenhamos mantido um proveitoso diálogo intergeracional, que constituiu a sólida base de amizade e admiração que por ela nutro.

Sua vivência profissional na indústria do petróleo abriu novos horizontes com seu ingresso no corpo jurídico da Petrobras em 2012. Certamente, com seu espírito de equipe e engajamento, Ilana pode contribuir muito para os instigantes trabalhos que certamente assumirá, e já terá conquistado o respeito e a amizade de seus colegas!

Foi muito gratificante recepcioná-la de volta à UERJ em anos recentes para o mestrado e vê-la compatibilizar a participação de forma exemplar nas aulas com as suas atividades profissionais.

Sua escolha pelo tema do *shale gas* não poderia ser mais oportuna, não somente pela importância do tema, mas as mudanças provocadas pela produção desses recursos, notadamente nos EUA e no Canadá, provocaram mudanças no mercado mundial de energia de alta repercussão geopolítica.

Ilana logrou contextualizar a questão, introduzindo o lastro da discussão da energia no âmbito da Novíssima Ordem Internacional, articulando pontos de convergência entre o Direito Internacional e o Direito Administrativo Global.

Sua vivência profissional certamente ampliou o interesse e beneficiou a sua explanação acerca da regulação da exploração e da produção do petróleo e do gás natural no Brasil, por meio da ANP. Sua visão abrangente foi da base constitucional até a análise de direitos e obrigações decorrentes do contrato de concessão.

Sua pesquisa assumiu um contorno interdisciplinar, nos seus comentários sobre as características do gás natural não convencional e da técnica do fraturamento hidráulico, posicionando-se de maneira lúcida e bem embasada quanto à celeuma em torno da admissibilidade e das implicações ambientais da sua extração. Para tanto, respaldou-se no direito comparado, fazendo os necessários contrapontos entre ordenamentos que incentivaram a exploração do P&G não convencionais e outros que a proibiram.

A autora não se furta a focalizar os desafios existentes, bem como a judicialização da questão e os demais desdobramentos que estão se delineando no Brasil.

Suas proposições para a viabilização da exploração e da produção não convencionais de petróleo e gás natural no Brasil organizam uma agenda muito oportuna, que pode favorecer os debates sobre as próximas Rodadas de Licitação.

O referido tema já tem sido discutido e apresentado ao longo dos últimos anos, não somente em seminários promovidos pelas entidades setoriais, como também pela academia. No entanto, a profundidade e a excelência da presente obra constituirão um diferencial para todos que estejam interessados em melhor compreender as instigantes questões ligadas ao fenômeno do *shale gas*, e também outros tópicos mais amplos do cenário atual, sejam eles acadêmicos, profissionais ou reguladores da indústria.

Desejo que a leitura efetivamente contribua para o encaminhamento e a discussão das soluções necessárias, condizentes com a importância do tema.

Rio de Janeiro, 31 de julho de 2016.

Marilda Rosado de Sá Ribeiro
Professora-Associada da UERJ de Direito Internacional Privado e Direito do Petróleo.
Doutora em Direito Internacional pela USP.

APRESENTAÇÃO

Minha ligação com a autora advém de ambos sermos graduados e pós-graduados na Universidade do Estado do Rio de Janeiro (UERJ) e de, na condição de empregados da Petrobras, militarmos na indústria de petróleo e gás, com foco no segmento de exploração e produção.

Daí o orgulho de constatar que o trabalho de Ilana Zeitoune faz jus à tradição de centro de excelência em Direito do Petróleo, ostentada pela UERJ e afirmada desde a constituição do Centro de Estudos Avançados e Pesquisa em Direito do Petróleo (CEDPETRO), sob a liderança da Profª Marilda Rosado, orientadora desta pesquisa e uma das pioneiras no estudo da matéria no Brasil.

O trabalho de Ilana vem a público no momento em que o futuro da indústria do petróleo tem suscitado intensos e apaixonados debates, em razão tanto dos crescentes esforços voltados à redução da emissão de gases causadores do efeito estufa como da forte queda experimentada pelos preços do petróleo nos últimos dois anos, atribuída em grande parte aos expressivos volumes produzidos de reservatórios não convencionais.

Em meio a tudo isso e em que pese ao fato de hoje a maior parte das projeções indicarem tendência de queda da importância relativa dos combustíveis fósseis na matriz energética mundial, é possível prever que haverá ainda demanda por essa fonte de energia nas próximas décadas.

Nesse contexto, para além do considerável potencial de geração de riqueza, associados às oportunidades de desenvolvimento industrial e científico, os avanços tecnológicos que permitiram a produção comercial de petróleo e gás natural a partir de reservatórios geológicos não convencionais trazem consigo os desafios da concepção de um modelo regulador que contemple, a um só tempo, os interesses do poder público, do investidor e, sobretudo, da sociedade.

Vale destacar que, da mesma forma que a lógica operacional das atividades de exploração, desenvolvimento e produção de petróleo e gás natural oriundos de reservatórios não convencionais difere substancialmente das rotinas aplicáveis à pesquisa e à lavra de hidrocarbonetos provenientes de reservatórios convencionais, a regulação daquelas atividades está a exigir soluções inovadoras e sustentáveis. Acrescente-se ainda a preocupação relativa aos grandes volumes de água de injeção e à possível contaminação de aquíferos, em face das operações de faturamento hidráulico, necessárias à produção de petróleo e gás natural em tais reservatórios.

Isso tudo demonstra a atualidade e a relevância do trabalho de Ilana, que tratou deste tema com apropriado rigor metodológico, com lastro no direito comparado e nos aspectos técnicos da atividade de E&P de petróleo e gás natural em reservatórios não convencionais.

O trabalho culmina com a proposição de um marco regulatório que objetiva viabilizar a exploração ambientalmente sustentável dessa importante fonte de energia.

Por essas razões, a presente obra constitui desde já referência obrigatória para todos os que se interessam pelo empolgante tema do aproveitamento racional dos recursos energéticos.

José Alberto Bucheb

Mestre em Geofísica pela UFPA.

Mestre em Direito Internacional pela UERJ.

Doutor em Geologia pela UERJ.

LISTA DE ABREVIATURAS E SIGLAS

AAAS	Avaliação Ambiental de Área Sedimentar
AAE	Avaliação Ambiental Estratégica
ABC	Academia Brasileira de Ciências
ABEGAS	Associação Brasileira das Empresas Distribuidoras de Gás Natural
ADC	Acordo de Desenvolvimento Comunitário
AER	Alberta Energy Regulator
AGCS	Acordo Geral sobre Comércio de Serviços
AIPN	Association of International Petroleum Nagotiators
ANATEL	Agência Nacional de Telecomunicações
ANH	Agência Nacional de Hidrocarburos
ANP	Agência Nacional do Petróleo, Gás Natural e Biocombustíveis
ANRM	Agência Nacional para Recursos Minerais
API	American Petroleum Institute
BGR	Bundesanstalt für Geowissenschaften und Rohstoffe
BACEN	Banco Central do Brasil
BNDES	Banco Nacional de Desenvolvimento Econômico e Social
CADE	Conselho Administrativo de Defesa Econômica
CAPL	Canadian Association of Petroleum Landmen
CBM	Coalbed Methane
CE	Comissão Europeia
CFEM	Compensação Financeira pela Exploração de Recursos Minerais
CGEDD	General Council on Environment and Sustainable Development
CGIET	General Council on Industry, Energy and Technology
CIPD	Conferência Internacional sobre População e Desenvolvimento

CIPP	Comunicação de Início de Perfuração de Poço
CNP	Conselho Nacional do Petróleo
CNPE	Conselho Nacional de Política Energética
CRFB	Constituição da República Federativa Brasileira de 1988
DC	Declaração de Comercialidade
DECC	Department of Energy & Climate Change
DGH	Directorate General of Hydrocarbons
DHHS	Department of Health and Human Services
DNPM	Departamento Nacional de Produção Mineral
DOE	Department of Energy
DOI	Department of the Interior
EIA	Environmental Impact Assessment
E&P	Exploração e Produção
EBSD	European Black Shale Data Base
ECO-92	Conferência das Nações Unidas sobre Meio Ambiente e Desenvolvimento
EIAP	Environmental Impact Assessment Procedure
EPA	Environmental Protection Agency
FRAC	Fracturing Responsability and Awareness of Chemicals
GASBOL	Gasoduto Bolívia-Brasil
GASH	Gas Shales in Europe
GFZ	Helmholtz Centre Potsdam
GNL	Gás Natural Liquefeito
GSGI	Global Shale Gas Initiative
HSE	Health and Safety Executive
IAPP	International Association for Public Participation
ICLG	International Comparative Legal Guides
ICSID	International Centre for Settlement of Investment Disputes
IDC	Intangible Drilling Cost
IGAC	Instituto Geográfico Agustín Codazzi
INMETRO	Instituto Nacional de Metrologia, Qualidade e Tecnologia
IOC	International Oil Company
IPCC	Intergovernmental Panel on Climate Change

LBEG	Landesamt für Bergbau, Energie und Geologie
LSO	Licença Social para Operar
ME	Ministry of Environment
MMA	Ministério do Meio Ambiente
MME	Ministério de Minas e Energia
MoPNG	Ministério de Petróleo e Gás Natural
MOU	Memorandum of Understanding
MPA	Minerals Planning Authority
MPF	Ministério Público Federal
NELP	New Exploration Licensing Policy
NGHP	National Gas Hydrate Program
NHTSA	National Highway Traffic Safety Administration
NOC	National Oil Company
NOKE	National Mining Resources Operator
NPM	New Public Management
NPP	Notificação de Perfuração de Poço
OCDE	Organização para a Cooperação e Desenvolvimento Econômico
OGSML	Oil, Gas & Solution Mining Law
OMC	Organização Mundial do Comércio
ONGs	Organizações Não Governamentais
OMS	Organização Mundial da Saúde
ONU	Organização das Nações Unidas
OPEP	Organização dos Países Exportadores de Petróleo
OPPPW	Polish for Exploration and Production Industry
PEL	Petroleum Exploration Lease
PML	Petroleum Mining Lease
P&D	Pesquisa e Desenvolvimento
P&G	Petróleo e Gás
PAD	Plano de Avaliação de Descoberta
PAP	Programa Anual de Produção
PAT	Programa Anual de Trabalho e Orçamento do Campo
PE	Parlamento Europeu
PEx	Período Exploratório

PD	Plano de Desenvolvimento
P&D	Pesquisa e Desenvolvimento
PEM	Programa Exploratório Mínimo
PGs	Participações Governamentais
PIB	Produto Interno Bruto
PNGN	Plano Nacional do Gás Natural
PNPS	Política Nacional de Participação Social
POC	Provincial Oil Company
PPSA	Pré-Sal Petróleo S.A
PRON-GÁS	Programa Onshore de Gás Natural
REACH	Regulation on the Registration, Evaluation, Authorization and Restriction of Chemicals
RFAD	Relatório Final de Avaliação de Descoberta
RFP	Relatório Final de Perfuração
RGIE	Réglement General des Industries Extractives
RTPD	Regulamento Técnico do Plano de Desenvolvimento
SAGD	Steam-Assisted Gravity Drainage
SBPC	Sociedade Brasileira para o Progresso da Ciência
SCM	Superintendência de Comercialização e Movimentação de Petróleo, seus Derivados e Gás Natural
SNPS	Sistema Nacional de Participação Social
SPG	Superintendência de Participações Governamentais
ST	State Treasury
TLD	Teste de Longa Duração
UE	União Europeia
UFZ	Helmholtz Center for Environmental Research
UGTEP	Unconventional Gas Technical Engagement Program
UPGM-BM	Unidade de Petróleo, Gás e Mineração do Banco Mundial
UPGN	Unidade de Processamento de Gás Natural
UROA	Unconventional Resources Operating Agreement

SUMÁRIO

INTRODUÇÃO 1

CAPÍTULO 1 – O direito internacional contemporâneo, a regulação e o direito do petróleo e do gás natural: da confluência dos institutos 5

    1.1. Introdução 5

    1.2. Do fenômeno da globalização e suas vertentes 6

        1.2.1. A globalização jurídica e as mutações do Direito Internacional 10

    1.3. Da relação simbiótica entre Direito Internacional e Direito Interno 13

    1.4. O Direito Administrativo Global como uma interseção entre o Interno e o Internacional 17

    1.5. Aspectos relevantes a serem considerados na regulação do petróleo e do gás à luz da governança global e do *New Public Management* 21

        1.5.1. Direito Internacional do Desenvolvimento 31

        1.5.2. Direito Internacional dos Investimentos 34

        1.5.3. Direito Internacional do Meio Ambiente 37

        1.5.4. O princípio da eficiência 38

        1.5.5. O princípio da legitimidade 39

            1.5.5.1. Mecanismos de controle dos atos administrativos dos reguladores à luz do sistema de freios e contrapesos como reforço ao princípio da legitimidade ... 41

        1.5.6. O princípio da participação 45

CAPÍTULO 2 – A regulação do petróleo e do gás natural no Brasil 51

    2.1. Da emergência do moderno Estado Regulador brasileiro 51

2.2.	A criação da Agência Nacional do Petróleo, Gás Natural e Biocombustíveis	56
2.3.	Da base constitucional para a regulação dos recursos naturais	58
2.4.	Os modelos regulatórios atualmente vigentes no Brasil para a E&P de P&G...	60
2.5.	Um panorama sobre a regulação aplicável às atividades de exploração, desenvolvimento e produção de P&G no modelo da concessão	63
	2.5.1. Direitos e obrigações contratuais e normativa aplicável	64
	2.5.2. Sanções contratuais e administrativas	69
	2.5.3. Cessão de participação indivisa..	70

CAPÍTULO 3 – Geopolítica e a exploração e a produção não convencionais de petróleo e gás natural 73

3.1.	A geopolítica energética	73
3.2.	A alteração geopolítica com a revolução do gás não convencional........	75
3.3.	Das espécies classificadas como não convencionais...............................	79
	3.3.1. *Shale gas*...	82
	3.3.2. *Tight sands gas*...	85
	3.3.3. *Coalbed methane*...	85
	3.3.4. *Gas hydrates*...	87
3.4.	A técnica do fraturamento hidráulico utilizada para a exploração e a produção em reservatórios não convencionais: pontos controvertidos....	88
	3.4.1. Contaminação e desperdício de recursos hídricos	90
	3.4.1.1. A questão atinente à divulgação dos componentes do fluido do fraturamento como prevenção à contaminação	93
	3.4.2. Riscos de abalos sísmicos	94
	3.4.3. Emissão de poluentes à atmosfera..	94
	3.4.4. Alterações paisagísticas: danos visuais	95
3.5.	Panorama global da regulação existente sobre a exploração e a produção não convencionais de petróleo e gás natural no Direito Comparado	96
	3.5.1. A importância do estudo comparativista	96
	3.5.1.1. Estados Unidos..	99
	3.5.1.2. Canadá	107

		3.5.1.3.	Regulação dos não convencionais na Europa	111
			3.5.1.3.1. Reino Unido..	114
			3.5.1.3.2. Polônia	116
			3.5.1.3.3. Romênia	121
			3.5.1.3.4. Alemanha..	122
			3.5.1.3.5. França	124
		3.5.1.4.	Regulação dos não convencionais na América Latina...	131
			3.5.1.4.1. Argentina...	131
			3.5.1.4.2. Colômbia	134
			3.5.1.4.3. México	139
		3.5.1.5.	Índia...	142
		3.5.1.6.	China..	145
		3.5.1.7.	Austrália..	148
	3.6.	As normativas elaboradas por organizações internacionais voltadas à indústria do petróleo e do gás com respeito aos não convencionais.......		153
		3.6.1.	Association of International Petroleum Negotiators.................	153
		3.6.2.	International Energy Agency..	156

CAPÍTULO 4 – A E&P não convencionais de petróleo e gás natural no Brasil e o desafio regulatório.. 159

4.1.	Panorama das reservas brasileiras não convencionais	159
4.2.	A regulação brasileira para os não convencionais	160
	4.2.1. Da competência regulatória..	160
	4.2.2. A regulação criada no âmbito da 12ª Rodada de Licitações da ANP..	162
	4.2.3. O modelo de contrato de concessão utilizado para a 12ª Rodada.....	164
	4.2.4. A Resolução ANP nº 21/2014: fraturamento hidráulico............	167
4.3.	Imbróglio jurídico em torno da 12ª Rodada de Licitações: ações judiciais em curso e da incerteza jurídica para a exploração nos blocos arrematados..	169

CAPÍTULO 5 – Proposições a viabilizar a E&P de petróleo e gás não convencionais e convencionais frente aos desafios apresentados 179

5.1.	Por um marco legal específico para a exploração não convencional	179

5.1.1. Contornos de um modelo exploratório próprio para os recursos não convencionais 181

  5.1.1.1. Concomitância das fases de exploração, de desenvolvimento e de produção 182

  5.1.1.2. Declaração de comercialidade e devolução de área da concessão 183

  5.1.1.3. Plano de Desenvolvimento 184

  5.1.1.4. Conteúdo local 185

  5.1.1.5. Participações governamentais 186

  5.1.1.6. Unitização 189

5.1.2. *Joint rulemaking*: por uma regulação compartilhada 190

5.1.3. Uma nova regulação fundada na efetiva participação 195

5.1.4. Uma licença social para a operação dos recursos não convencionais de P&G 200

5.2. Desafios e perspectivas à exploração e à produção convencionais de P&G no atual contexto econômico mundial 205

CAPÍTULO 6 – Considerações finais 209

BIBLIOGRAFIA 215

INTRODUÇÃO

Na crescente busca por fontes alternativas de energia, o petróleo e o gás natural continuam como os principais vetores da oferta energética primária global e, por conseguinte, impactam de forma significativa na economia e na geopolítica mundiais. Em termos de Brasil, frise-se que a participação do segmento de petróleo e gás natural no PIB aumentou mais de 10% nos últimos 14 anos, subindo para 13% em 2014.

Recentemente, com a descoberta, em diversas regiões do planeta, de consideráveis reservas de gás não convencional, com especial destaque para o *shale gas*, gerou-se a expectativa de relevantes mudanças no mercado de energia. Países tradicionalmente importadores de gás natural passaram a vislumbrar a possibilidade de tornarem-se autossuficientes, quiçá exportadores de energia, com o grande volume de produção desses recursos, o que gerou significativa alteração da geopolítica mundial. O Brasil inclui-se dentre aqueles que vislumbraram a possibilidade de obter vantagem por meio da exploração de seus reservatórios não convencionais.

Trata-se de reservatórios com alta concentração de hidrocarbonetos, porém de baixa permeabilidade e de difícil extração, que atuam simultaneamente como rocha fonte e rocha reservatório e, consequentemente, demandam métodos, tecnologias e perfurações distintos daqueles utilizados para os recursos convencionais de petróleo e gás (P&G).

Entretanto, alertou-se para o aumento do risco de dano que a atividade exploratória poderia ocasionar ao meio ambiente, iniciando uma discussão acerca da viabilidade técnica, econômica, jurídica e ambiental dessa prática, em razão de sua intensidade.

Por conseguinte, passou-se a discutir internacionalmente acerca da viabilidade técnica, econômica e ambiental da exploração e da produção (E&P) de P&G não convencionais, e da forma como essas atividades deveriam ocorrer. Tal discussão teve grande repercussão no cenário brasileiro em meio a descobertas de reservatórios não convencionais em concessões localizadas em bacias sedimentares, o que desencadeou um debate no país entre especialistas da indústria, reguladores e demais atores sobre o tratamento a ser conferido a tais recursos, vez que os concessionários e a própria Agência Nacional do Petróleo, Gás Natural e Biocombustíveis (ANP) depararam-se com um novo paradigma técnico-geológico. Face ao vácuo legal e à falta de uma regulação específica para a matéria, a ANP lançou mão, inicialmente, de soluções casuísticas para viabilizar a exploração de recursos não convencionais de P&G, as quais foram objeto de fortes críticas.

Nesse contexto, este livro vem a público de forma desafiadora. Calcado no Direito Internacional, a considerar o caráter internacional da Indústria do P&G e as repercussões transfronteiriças decorrentes da atividade, e em experiências do Direito Comparado, busca contribuir com elementos para um adequado marco regulatório da E&P de recursos não convencionais de petróleo e gás natural, sem a pretensão de dar respostas a todas as questões existentes sobre o tema. Além disso, propõem-se ajustes necessários à regulação petrolífera vigente para as fontes convencionais em um cenário adverso de crise econômica e de queda brusca do preço do petróleo, que garantam a manutenção dos investimentos nesse setor.

Assim, este trabalho, dentro de sua expectativa de análise de tema contemporâneo, englobará, primordialmente, a análise bibliográfica existente sobre o assunto, que inclui doutrina, jurisprudência, artigos de periódicos e demais textos, relatórios e estudos realizados por especialistas disponíveis em livros e na Internet. Ademais, serão examinadas as legislações estrangeira e nacional correlacionadas à matéria, com ênfase na análise do tratamento conferido ao tema em diferentes modelos regulatórios.

No primeiro capítulo, tratamos do fenômeno da globalização à criação da Novíssima Ordem Internacional, ressaltando pontos de contato entre o Direito Internacional e o Direito Interno, e da criação de um Direito Administrativo Global como resultado dessa interseção. Consideramos que, apesar de o global e o nacional continuarem a ser vistos política e operacionalmente como esferas separadas, ambos os níveis estão intimamente ligados em muitas áreas, de que é exemplo a regulação; podendo o regulador nacional encontrar soluções a desafios internos ou mesmo aprimorar suas normas na regulação global.

No segundo capítulo, tratamos especificamente da regulação da exploração e da produção do petróleo e do gás natural no Brasil, por meio da ANP. Tratamos da base constitucional para a regulação dos recursos naturais, perpassando pelos modelos regulatórios atualmente vigentes no Brasil para a exploração e produção de petróleo e gás e, por fim, analisamos alguns dos principais direitos e obrigações decorrentes do contrato de concessão, regulados por normas da ANP.

No terceiro capítulo, destacamos a revolução ocasionada no setor de P&G advinda das descobertas dos recursos não convencionais, como fato de transformação da geopolítica mundial, delineando os contornos teóricos do gás natural não convencional e da técnica do fraturamento hidráulico, necessária a sua extração, com a ponderação de mitos e verdades criados sobre a referida técnica. Além disso, analisamos a regulação existente sobre o P&G não convencionais no direito comparado, com destaque para países com consideráveis reservas e/ou produção desses recursos, incluindo contrapontos entre ordenamentos que incentivaram a exploração do P&G não convencionais e outros que a proibiram, analisando os respectivos embasamentos.

No quarto capítulo, analisamos a regulação existente para a exploração e a produção não convencionais de P&G no Brasil e os desafios existentes, bem como a judicialização da questão e os demais desdobramentos.

No quinto e último capítulo, apresentamos algumas proposições que entendemos adequadas, com fundamento no Direito Internacional e no Direito Comparado, a viabilizar a exploração e a produção não convencionais de petróleo e gás natural no Brasil, bem como adequações na regulação que permitiriam, a nosso ver, a maior atratividade do setor de P&G no país em um cenário desfavorável à indústria de escassez de capital.

CAPÍTULO 1

O DIREITO INTERNACIONAL CONTEMPORÂNEO, A REGULAÇÃO E O DIREITO DO PETRÓLEO E DO GÁS NATURAL: DA CONFLUÊNCIA DOS INSTITUTOS

Sumário: 1.1. Introdução – 1.2. Do fenômeno da globalização e suas vertentes: 1.2.1. A globalização jurídica e as mutações do Direito Internacional – 1.3. Da relação simbiótica entre Direito Internacional e Direito Interno – 1.4. O Direito Administrativo Global como uma interseção entre o Interno e o Internacional – 1.5. Aspectos relevantes a serem considerados na regulação do petróleo e do gás à luz da governança global e do *New Public Management*: 1.5.1. Direito Internacional do Desenvolvimento; 1.5.2. Direito Internacional dos Investimentos; 1.5.3. Direito Internacional do Meio Ambiente; 1.5.4. O princípio da eficiência; 1.5.5. O princípio da legitimidade; 1.5.5.1. Mecanismos de controle dos atos administrativos dos reguladores à luz do sistema de freios e contrapesos como reforço ao princípio da legitimidade; 1.5.6. O princípio da participação.

1.1. Introdução

O Direito Internacional Privado é classicamente visto como o ramo do Direito Interno que regula, direta ou indiretamente, as relações privadas internacionais, intensificadas com o fenômeno da globalização, sendo uma ferramenta de grande utilidade para os juristas contemporâneos por adotar uma abordagem dinâmica, pluralista e dialética na busca por soluções justas às situações jurídicas multiconectadas.[1]

A Novíssima Ordem Internacional se retroalimenta da crescente interação entre o interno e o internacional com vistas a promover a conjugação de novos atores do sistema internacional, que passa a elevar o ser humano como destinatário último das relações jurídicas transfronteiriças.[2] Tem-se, com isso, a consagração

---

[1] Nesse sentido, RIBEIRO e ALMEIDA, 2011, p. 3, 7.
[2] Para aprofundamento do assunto, ver: TRINDADE, 2008.

da proteção dos direitos humanos no âmbito da nova ordem cosmopolita, em reforço aos direitos já constitucionalizados em ordenamentos nacionais.[3]

Ampliados os horizontes da sociedade internacional global, esta passa a requerer respostas globais para seus problemas e dilemas, pelo que vêm sendo instituídos sistemas de governança global com o propósito de conferir respostas a tais dilemas. Nesse contexto, entendemos como imprescindível a integração e maior articulação dos Estados e suas respectivas ordens internas a esses sistemas globais que, por vezes, lançam mão do exercício da regulação de âmbito e repercussão globais. Com a valorização primária do indivíduo, tal regulação deve se voltar não apenas à correção de "falhas de mercado" e à viabilização da exploração privada, mas possuir um comprometimento real com o bem-estar dos indivíduos e com o desenvolvimento de cada nação que o engloba.

1.2. Do fenômeno da globalização e suas vertentes

Afirma-se que a globalização é um fenômeno crescente e em contínua aceleração, desencadeado a partir dos anos 1990, propiciado pelo cenário político internacional que viabilizou uma maior inter-relação entre Estados e indivíduos nos campos político, econômico, social, científico, cultural e tecnológico, bem como o desenvolvimento de uma mentalidade e de uma cidadania globais.

Em decorrência desse fenômeno, fala-se de um processo de internacionalização do *status quo* e a transnacionalização de regras, modelos e paradigmas, que atravessam limites geográficos e delineiam a sociedade internacional contemporânea (*cf.* MENEZES, 2008, p. 973). Nesse sentido, Boaventura de SOUZA SANTOS (2002, p. 85) define globalização como "*conjuntos de relações sociais que se traduzem na intensificação das interações transnacionais, sejam elas práticas interestatais, práticas capitalistas globais ou práticas sociais e culturais transnacionais*".

Wagner MENEZES (2008, p. 969) entende que a globalização é, em realidade, um fenômeno antigo, que teve início com a mobilidade da própria sociedade, quando tiveram início, na história, os choques e a interação de diferentes culturas, que passaram a trocar e assimilar informações, conhecimentos científicos e técnicas. Não se discorda, contudo, que esse fenômeno acirrou-se mais recentemente (a partir da década de 1990) com a revolução tecnológica, que aprimorou os meios de comunicação e de locomoção, encurtando o tempo e a distância, facilitando o comércio internacional, a interação social global e o pluralismo de ideias.

Assiste-se, desde as décadas de 1980 (em países da Europa e Estados Unidos) e de 1990 (em países latino-americanos), a um processo de queda de barreiras e de liberalização do comércio exterior, tanto no campo mercantil quanto na intensifi-

---

[3] HIGINO NETO (2014) usa a expressão "constitucionalismo cosmopolita".

cação da movimentação de recursos financeiros, na transferência de tecnologia, e com relação aos investimentos. À medida que essa tendência se generaliza e passa a abarcar um grande número de nações, vem à tona a nomenclatura *globalização*.

Nesse contexto, os critérios de eficiência na produção, na comercialização, nos investimentos e na economia em geral são fixados em nível mundial, e não mais em nível nacional ou local. Há uma transnacionalização das companhias, que enfraquecem os seus vínculos com os Estados de origem, ao mesmo tempo em que buscam legislações tributárias e ambientais que lhes sejam mais favoráveis; além de fatores de produção, como o suprimento de mão de obra, gerando uma nova forma de divisão internacional do trabalho (NUSDEO, 2013, p. 351).

A intensificação do processo de globalização da economia obrigou as organizações a buscarem mercados internacionalizados, cujas dimensões viabilizem a distribuição massiva de produção assentada em escalas econômicas crescentes. A busca pelo gigantismo, como forma de garantir padrões de custos e níveis de preços competitivos, fez multiplicar o número de fusões, incorporações e aquisições empresariais, bem como a formação de alianças estratégicas e operacionais. Investidores, gestores e *holdings* globalizam suas ações amparadas no desenvolvimento da tecnologia de informações. Essas megaempresas concentram as operações de produção e distribuição, lastreando-se em elevados volumes de capitais que migram de país para país, na velocidade das transmissões eletrônicas de dados (GRISI, 1997).

Vicente de Paulo BARRETO (2008, p. 944) tece crítica à globalização econômica protagonizada pelas transnacionais, argumentando que estas trouxeram à cena político-institucional "fatores de desestabilização", ao implementar políticas próprias independentes da vontade das comunidades locais, o que colocaria em risco, no entender do professor, a representação política, como fonte legitimadora da lei e do exercício efetivo do poder.

Thomas WAELDE (2000, p. 6-7) defende que a globalização é acompanhada da liberalização, especificamente da desregulamentação dos métodos tradicionais de regulação da economia nacional nos campos do investimento estrangeiro, importação e exportação e controle dos mercados financeiros, sendo que países com regulação não competitiva encontram dificuldade em atrair investimentos ou promover seu comércio internacional.

Apesar de terem sido no âmbito da atividade econômica os primeiros manifestos da globalização, tal fenômeno não é algo estritamente relacionado à economia, sendo empregado de modo abrangente a englobar várias dimensões, tais como a globalização geopolítica, energética, científica, das comunicações, cultural, social e jurídica. Cada dimensão possui sua própria característica e dinâmica, porém interagem e correlacionam-se.

Como ressalta BARRETO (2008, p. 941), o emprego da expressão "globalização" vem associado a julgamentos valorativos, sejam positivos ou negativos, a respeito da forma globalizada como ocorrem as relações intersubjetivas, intergrupais e interestatais. Assim, a despeito dos inquestionáveis benefícios trazidos pela globalização, a exemplo do suprimento de bens, qualificação de mão de obra, incremento da tecnologia, facilidade no acesso à informação e à comunicação, há quem atente para os seus possíveis riscos e impactos socioeconômicos e políticos, sobretudo em países em desenvolvimento, atribuindo ao fenômeno o crescimento do desemprego e a desnacionalização industrial.[4]

David HELD (1998, p. 13) aponta para dois fenômenos distintos que ocorrem no processo de globalização: o primeiro (externo ou internacional, por assim dizer) ocorre em função da transformação das cadeias de atividade econômica, social e política, que deixaram de ser nacionais, ganhando dimensões inter-regionais e intercontinentais; o segundo (interno ou nacional) remete à constatação de que existe uma intensificação e alteração na natureza dos níveis de interação e interconexão dentro dos próprios sistemas políticos nacionais, no âmbito das interestatalidade e das conexões entre sociedades e culturas. Constata-se, dessa forma, que a globalização não é um processo linear, mas um fenômeno multidimensional e complexo, que envolve diversos domínios da atividade e da interação humanas.

A globalização cultural é manifestada na transnacionalização dos sistemas de televisão e cinematográfico que tendem a uma homogeneização de padrões e valores culturais, em que pese reações pontuais locais a essa tendência. A potencializar esse processo, têm-se o advento e o aprimoramento da internet, cada vez mais global e acessível, inclusive a indivíduos de lugares mais longínquos, cujo acesso era antes impensável, ampliando o acesso à informação e à comunicação.

O meio ambiente passa a ser crescentemente uma área de atividades com destaque no processo de globalização, carreado pela preocupação mundial com relação ao aquecimento global, ao esvaziamento da camada de ozônio e à expansão demográfica. Afirma-se que, à medida que se fortalece a conscientização política sobre o necessário respeito a valores e bens comuns da humanidade, estes se tornam cada vez mais indivisíveis (BARRETO, 2008, p. 947).

A globalização energética, que muito impulsiona a integração mundial, merece nosso destaque, em função da maior pertinência com o tema desta obra. Essa globalização advém, inicialmente, de uma distribuição geográfica distinta entre regiões que dispõem de recursos energéticos abundantes e exportáveis,

---

[4] BARRETO (2008, p. 944), por exemplo, argumenta que as dificuldades oriundas da globalização residem no fato de que *"se trata de um processo onde as relações entre os diversos agentes ocorrem no quadro de uma hierarquia, que estabelece relações assimétricas, tanto no acesso às redes globais, como na distribuição de infraestruturas sociais e econômicas"*, o que produziria "efeitos socialmente nefastos" alimentando as mais acerbas críticas ao processo de globalização.

e aquelas que dispõem de mercados consumidores, porém carentes de energia doméstica, tendo que importá-la. Há projetos energéticos que contemplam áreas fronteiriças e englobam investimentos binacionais ou multinacionais, o que contribui ao efeito de globalização.[5]

Com os chamados "choques ou crises do petróleo" de 1974 e 1979, os países consumidores, particularmente da América Latina, endividaram-se pesadamente e tiveram dificuldade em fazer frente aos juros da dívida e à conta do petróleo. Por conseguinte, houve uma retração nas importações, e as indústrias domésticas em muitos desses países formaram monopólios ou oligopólios, com altos preços e pouco estímulo à melhora qualitativa dos produtos (NUSDEO, 2013, p. 350).

Posteriormente, sobreveio uma maior internacionalização de potenciais investidores, com a maior abertura dos mercados, impulsionado por um processo de reestruturação institucional e regulatória. Depois de anos de economias fechadas e carências de investimento na maior parte dos setores energéticos, bem como demandas fortemente reprimidas, os países emergentes surgem para os investidores como mercados com potencial de crescimento rápido e lucros substancialmente superiores àqueles que poderiam ser normalmente esperados em mercados mais desenvolvidos. Ao mesmo tempo, evolui o processo de contestação oficial de Estado, em que líderes de países emergentes aumentam seu poder de barganha e procuram crescentemente influenciar no estabelecimento de novas normas de globalização.

Como pontua Clarissa Brandão Cardoso ALVES (2006, p. 246), a indústria do petróleo passa a ter um caráter essencialmente internacional quando, após a substituição da figura inicial do produtor individual por companhias petrolíferas, estas passam a exportar o óleo dos países produtores a terceiros, criando assim um mercado internacional para a *commodity*. Tais companhias são qualificadas como empresas transnacionais que, conforme definição de Celso MELLO (1993, p. 104-105), são aquelas que atuam em mais de um Estado, por meio de subsidiária ou filial, tendo como características: a) a capacidade de influenciar a economia de diversos países ao exercer neles suas atividades; b) ter o poder de decisão disperso nas suas subsidiárias que atuam no exterior; c) ser uma grande empresa de considerável potencial econômico; d) possuir unidade econômica e diversidade jurídica por meio de subsidiárias e filiais de diferentes nacionalidades; e) ter patrimônio científico-tecnológico.

Na dimensão sul-americana, por exemplo, os componentes mais importantes da globalização energética, segundo SANTOS (2002, p. 30), são: (i) os processos de privatizações de ativos nos setores de eletricidade e gás natural; (ii) a consolidação do Mercosul, assim como a expansão da área de influência desse

---

[5] São exemplos os projetos energéticos que envolvem países latino-americanos, integrantes do Mercosul, como o Gasoduto Brasil-Bolívia (GASBOL), a Usina de Itaipu, dentre outros.

bloco regional para demais países do Cone Sul (Bolívia, Chile e Peru); (iii) o crescimento de excedentes para alguns parceiros e de demandas para outros.

1.2.1. A globalização jurídica e as mutações do Direito Internacional

Também o Direito, como fruto da vontade política dos Estados nacionais, é abarcado pela globalização e sofre alterações à medida que tais Estados submetem-se a diferentes influências culturais, políticas e econômicas resultantes desse fenômeno. São exemplos de normas que inevitavelmente influenciam os direitos internos de Estados, as legislações do comércio internacional, de exploração e ocupação do espaço, e de exploração dos mais diversos recursos naturais, contempladas em acordos internacionais e por organizações internacionais. Assim, o processo de globalização desafia o paradigma kelseniano de Estado-Direito como uma ordem una, em que todo o Direito deriva da força do Estado.

Nesse contexto, o Estado nacional situa-se como parte de um sistema global e regional, com diferentes níveis, submetido a diferentes tipos de pressões, que influenciam, em última instância, em sua soberania; certo que sem subverter a autonomia e autoridade política estatal, porém flexibilizando a rigidez antes impregnada ao conceito tradicional de soberania. Como parte desse sistema global, acreditamos que também a regulação interna deve se adequar às exigências reguladoras da globalização.

Neste ponto, deve-se ressaltar que, com a evolução do processo de globalização, e de uma sociedade cada vez mais global, inúmeras questões e desafios, de maior complexidade, passaram a não encontrar respostas nos limites da normatividade intraestatal. Trata-se de questões, ademais, cujos efeitos igualmente transbordam os limites geográficos de um Estado, afetando a outros Estados, organizações e indivíduos.

Nesse panorama, ganha espaço e amplitude o Direito Internacional (em especial, o Direito Internacional Privado), como ferramenta para dar respostas às relações multifacetadas apresentadas com a globalização, que levou a uma inter-relação constante entre diferentes povos, empresas e Estados, perpassando os limites de um Estado. Para tanto, o Direito Internacional sofre mutações e passa a incluir, além de seus temas tradicionais, questões relativas, por exemplo, ao desenvolvimento socioeconômico, aos direitos ambientais, e aos direitos humanos.

Como ressalta a professora Marilda Rosado (RIBEIRO, 2003, p. 19):

> A internacionalização crescente do nosso cotidiano, bem como a crescente interdependência e indeterminação entre os países, conduziu a novos padrões e relações internacionais, tanto na esfera privada quanto na comercial, apresentando um desafio sem precedentes ao Direito Internacional Privado.

Tradicionalmente, as empresas transnacionais, conjuntamente a organizações internacionais, figuravam (e ainda figuram) como os principais agentes do sistema internacional econômico, responsáveis pelo fluxo de investimentos, intensificado com a globalização.[6] Tais agentes organizaram um sistema autônomo próprio para reger o comércio internacional,[7] denominado *lex mercatoria*, que, segundo Clarissa Brandão, "*se consubstancia no primado dos usos no comércio internacional e se materializando também por meio dos contratos e cláusulas-tipo, jurisprudência arbitral, regulamentação de profissionais elaboradas por suas associações representativas e princípios gerais comuns às legislações dos países*" (ALVES, 2006, p. 241-242). Os usos e costumes referem-se às práticas reiteradas ao longo do tempo e aceitas como Direito, conforme definição constante do art. 38, I, "b", do Estatuto da Corte Internacional de Justiça, consolidadas e uniformizadas por meio de associações (profissionais) internacionais referentes aos ramos às quais pertencem.

A sociedade internacional, como designam BATIFFOL e LAGARDE, ilustra a dimensão internacional de normas jurídicas do Direito Interno e abriga um importante segmento referente à projeção dos potenciais conflitos de leis emanadas de diferentes soberanias. Como afirma a professora Marilda Rosado (RIBEIRO, 2014, p. 17), a análise de questões decorrentes do Direito do Petróleo é compatível com o enfoque do Direito Internacional Privado porque recomenda a permanente visão comparatista, a qual dá ferramentas para lidar com os potenciais conflitos de leis emergentes das situações multiconectadas dos contratos da indústria.

No âmbito do Direito do Petróleo e do Gás, esse conjunto normativo voltado para a regulação de atividades relacionadas à exploração petrolífera e gaseífera, enquanto atividade econômica exercida internacionalmente, recebe o nome de *lex petrolea*, tendo forte influência em sua formação a Association of International Petroleum Nagotiators (AIPN) por meio da elaboração e divulgação de contratos-tipos de ampla aceitação, formulados, mediante prévia e ampla discussão, por grandes especialistas e interessados da indústria. Integram, ainda, a *lex petrolea* as boas práticas da indústria do petróleo e a jurisprudência inter-

---

[6] Isso não quer dizer que empresas transnacionais e organizações internacionais figurem como os principais sujeitos de Direito Internacional, que hoje recai sobre a figura do indivíduo/pessoa humana, que recebe maior proteção da ordem internacional.

[7] STRENGER (2000, p. 750) define o comércio internacional como a "*atividade que traduz uma visão projetiva transfronteiras de todos os acontecimentos que envolvem intercâmbios visíveis e invisíveis manifestados pelos mecanismos da compra e venda de mercadorias, transferência de tecnologia, investimentos, representações e outros entendimentos que possibilitem a consecução de lucro e vantagens para as partes intervenientes, compreendendo os atos formais possibilitantes dessas relações*".

nacional, judicial e arbitral[8] – esta, em grande parte, decorrente de arbitragens cujas causas de pedir versam sobre Direito do Investimento, como as dirimidas pelo International Centre for Settlement of Investment Disputes (ICSID) entre Estado hospedeiro e investidor.

Afirma-se na doutrina que, por possuir um caráter transnacional, a *lex petrolea* não se vincula a nenhum ordenamento jurídico nacional, o que facilita sua aceitação por parte dos Estados hospedeiros, bem como das empresas transnacionais atuantes no setor petrolífero (*cf.* ALVES, 2006, p. 249). Alfredo de JESÚS O. (2012, p. 9 e ss), inspirado nos ensinamentos da *École de Dijon* (dos Prof. Berthold Goldman, Philippe Kahn e Philippe Fouchard), defende a existência de uma ordem legal autônoma e específica da sociedade petrolífera transnacional, a qual denomina de *Societas Petroleatorum*.

Entretanto, poder-se-ia criticar o caráter vinculante dessas normas (o seu reconhecimento como lei ou a sua aceitação pelos Estados nacionais), por não integrar necessariamente o Direito Positivo,[9] em que pese a atentada crise no paradigma do positivismo jurídico estrito (JESÚS, 2012, p. 12). Registra-se opinião de autores como André-Noël ROTH, calcado em ensinamentos de Helmut, Bourdieu e Teubner, que defendem tal reconhecimento apoiados na doutrina do Direito Reflexivo, consistente em um processo dialético discursivo de construção do Direito, capaz de reconhecer a produção da norma em sistemas sociais independentes e de codificá-las, sem, contudo, reduzi-las ao estatuto cognitivo-normativo típico do Direito Positivo. Objetiva-se, com isso, uma regulação mais flexível e menos centralizada do Estado. Para esse autor (ROTH, 1998, p. 22), o Estado e o direito não acompanham as evoluções que ocorrem na sociedade em face de sua complexidade e a existência de múltiplos subsistemas, os quais têm adquirido uma autonomia relativa entre eles e frente ao Estado e a seu Direito Positivo.

A complexidade dessa discussão acirrou-se, mais recentemente, com a intensificação da revolução globalizante e o aparecimento de demandas regulatórias que não conseguem ser supridas internamente, por tratarem de relações travadas no espaço global, e tampouco pelos instrumentos tradicionais do Direito Inter-

---

[8] Registra-se na doutrina que o termo *lex petrolea* foi mencionado, pela primeira vez, pelo Tribunal Arbitral composto para dirimir litígio entre ARAMCO e Arábia Saudita (1958), o qual entendeu que a lei nacional aplicável ao caso deveria ser interpretada e preenchida pelos princípios gerais do Direito, pelos costumes e pelas boas práticas da indústria do petróleo. Igual entendimento foi externado nos casos Kuwait *vs.* AMINOIL, Sapphire International Petroleum *vs.* NIOC e British Petroleum*vs.* Líbia. (*cf.* DOLINGER e TIBURCIO, 2003, p. 104 e ss).

[9] Há situações, contudo, em que o Direito Interno incorpora elementos da *lex petrolea* como é o caso, por exemplo, da incorporação das boas práticas da indústria nas minutas de contrato de concessão para exploração, desenvolvimento e produção de petróleo e gás natural elaboradas pela ANP para a Rodada de Licitações.

nacional. Surgem, em decorrência, novas organizações e entidades supraestatais e não estatais que passaram a produzir regulação que escapa aos formatos e ao alcance de tais instrumentos, ao mesmo tempo que não se enquadra na normatividade típica dos ordenamentos internos.[10]

Em vista de tais peculiaridades que escapam tanto do escopo do Direito Internacional, como tradicionalmente concebido, e do Direito Administrativo, que pressupõe o elo com determinado Estado, deu-se ao estudo da regulação global a nomenclatura de Direito Administrativo Global, já amplamente difundido no Direito Estrangeiro e com estudos ainda incipientes no Brasil. Antes de adentrarmos ao instituto do Direito Administrativo Global, e a propósito do tema ora tratado, destacaremos, a seguir, a nossa percepção sobre a atual relação entre Direito Internacional e Direito Interno.

1.3. Da relação simbiótica entre Direito Internacional e Direito Interno

O Direito Internacional tem impacto direto no âmbito interno dos Estados, premissa que entendemos cada vez mais incontestável na atual conjuntura globalizante. Em muitos casos, as normas internacionais são incorporadas à ordem jurídica doméstica a facilitar a sua aplicação nos territórios dos entes estatais, visto que se tornam imediatamente exigíveis pelos órgãos competentes do Estado soberano (PORTELA, 2009, p. 51). Há outros casos, todavia, de princípios e normas internacionalmente consagrados que, independentemente de sua incorporação formal à ordem interna, já possuem aplicação imediata, como no caso de normas de Direitos Humanos (*ius cogens*) ou outros princípios gerais do Direito, como os reconhecidos pelas nações civilizadas, nos termos utilizados pelo art. 38 do Estatuto da Corte Internacional de Justiça, ou mesmo os princípios da razoabilidade, da proporcionalidade e da transparência procedimental, impostos pelo Direito Administrativo Global a vários sistemas jurídicos nacionais, ainda que predominantemente revestidos de uma forma não vinculante (*cf.* BOUGHEY, 2013, p. 55-95; KRISCH e KINGSBURY, 2006, p. 1).

Dúvida surge, no entanto, nas hipóteses em que tais normas não são formalmente incorporadas pelo ordenamento interno, havendo antinomias entre os

---

[10] A título de ilustração, tem-se o Comitê da Basileia de Bancos Centrais – que congrega reguladores domésticos, a International Standard Association (ISO), a Agência Mundial Antidoping (WADA), e a Comissão *Codex Alimentarius* – composta por entidades estatais e particulares, que foi criada pela Food Agriculture and Organization (FAO) e pela Organização Mundial da Saúde (OMS) para elaborar um Código de padrões com vistas a harmonizar as regulações nacionais referentes a alimentos em prol da proteção dos consumidores (BAPTISTA e RIBEIRO, 2014, p. 801 e ss).

preceitos de Direito Internacional e de Direito Interno, suscitando a necessidade de se definir qual norma deva prevalecer na hipótese. Em resposta à indagação, foram criadas na doutrina duas principais teorias que tratam da relação entre Direito Interno e Direito Internacional: a teoria monista e a teoria dualista, que foram resumidas por Charles Rousseau (1970, p. 38) da seguinte forma: "*ou os dois ordenamentos jurídicos são independentes, distintos, separados e impenetráveis (dualismo), ou um deriva do outro, o que implica uma concepção unitarista do direito*".

A premissa do dualismo, cujos principais expoentes foram Heinrich Trieppel e Dionísio Anzilotti, é a de que o Direito Internacional e o Direito Interno são dois ordenamentos jurídicos distintos e totalmente independentes entre si, cujas normas, em realidade, não poderiam conflitar umas com as outras. O Direito Internacional, para tal corrente, estaria dirigido para a convivência entre os Estados e expressa a vontade coletiva de vários Estados, obedecendo a uma lógica de coordenação; e o Direito Interno estaria destinado a reger as relações entre os indivíduos e entre estes e o Estado, sob um sistema de subordinação. Nessa perspectiva, os tratados seriam apenas compromissos assumidos na esfera internacional, sem gerar efeitos no interior dos Estados, de modo que o Direito Interno tampouco precisaria conformar-se com as normas internacionais.

Segundo a teoria da incorporação, a que se vincula a Escola dualista, um tratado poderá regular relações dentro do território de um Estado somente se for incorporado a tal ordenamento, por meio de um procedimento que o transforme em norma nacional – alguns defendem a necessidade de edição de lei (dualismo extremado ou radical) e outros a dispensam, sustentando ser necessária apenas a ratificação do tratado por meio de procedimento interno que inclua os Poderes Legislativo e Executivo (dualismo moderado).[11] Uma vez incorporado ao Direito Interno com a mesma hierarquia de uma norma interna,

---

[11] Afirma-se que o Brasil adota o dualismo, em sua vertente moderada, na medida em que, de acordo com o entendimento prevalecente na doutrina e já consagrado no âmbito da jurisprudência pátria, para que um tratado internacional produza efeitos no plano interno, faz-se necessária a obediência de um *iter* procedimental, que envolve os Poderes Executivo e Legislativo, composto pelas seguintes etapas de internalização: (i) negociação e assinatura do texto do tratado pelo Presidente da República (CRFB/1988, art. 84, VII e VIII); (ii) aprovação pelo Congresso Nacional por meio de decreto legislativo (CRFB/1988, arts. 84, VIII e 49, I); (iii) ratificação – quando o Presidente assina o texto original do tratado e o deposita perante a organização internacional – ou adesão – quando o Estado brasileiro torna-se parte do tratado após a sua celebração original; e (iv) promulgação e publicação, por meio de decreto do Chefe do Poder Executivo (TIBURCIO, 2006, p. 6). Note-se, contudo, que a vigência/aplicação interna não se confunde com a vigência internacional de um tratado ou de uma convenção assinados pelo Brasil. Esta dar-se-á com o transcurso do prazo contido no tratado ou na convenção, sendo que, uma vez aderido o tratado ou a convenção, o Brasil passa a assumir o compromisso de adotar a norma internacional perante aos demais Estados que a ratificaram, independentemente de qualquer ato interno.

eventuais conflitos são dirimidos pelos critérios adotados internamente. No caso no Brasil, por exemplo, sujeitam-se às mesmas regras de solução de antinomias entre normas de mesma hierarquia, quais sejam: a) norma posterior prevalece sobre a anterior (critério cronológico); b) norma específica prevalece sobre a genérica, ainda que esta seja posterior (Princípio da Especialidade).

O monismo, por sua vez, fundamenta-se na premissa de que existe apenas uma ordem jurídica, com normas internacionais e internas, interdependentes entre si. Assim, as normas internacionais podem ter eficácia condicionada à harmonia de seu teor com o Direito Interno, ao mesmo tempo em que a aplicação de normas nacionais pode exigir que estas não contrariem os preceitos do Direito Internacional aos quais o Estado encontra-se vinculado. De todo modo, não é necessária a elaboração de novo diploma legal que transforme o Direito Internacional em Interno.

Dentro da Escola Monista, foram desenvolvidas duas vertentes teóricas: (i) o monismo internacionalista, que pregava a primazia do Direito Internacional sobre o Direito Interno, igualmente subdividido em uma vertente radical e outra moderada; e (ii) o monismo "nacionalista", que defendia a primazia do Direito Interno sobre o Internacional (PORTELA, 2009, p. 53).

Os monistas "radicais", tendo Hans Kelsen como estudioso de destaque, defendem a supremacia do tratado sobre o Direito Nacional e a imediata invalidação de uma norma interna que o contrarie. Para essa corrente, o Direito Internacional conteria as normas de hierarquia superior, sendo o *pacta sunt servanda* – dever de os Estados cumprirem as obrigações assumidas reciprocamente – a norma máxima da qual todas as demais seriam derivadas.

Para a ala moderada do monismo internacionalista, incluindo dentre os teóricos Alfred von Verdross, não há de se falar em invalidação de norma interna que contraria norma internacional; ambas podem ser aplicadas pela autoridade estatal, obedecendo-se critérios de estabelecimento no ordenamento interno, a exemplo dos critérios cronológico ou da especialidade, já aplicados pelas cortes brasileiras para dirimir conflitos entre normas internas e internacionais. Contudo, o eventual descumprimento da norma internacional poderia ensejar a responsabilização internacional do Estado que a violasse.

O monismo nacionalista, por sua vez, prega a primazia (e hierarquia) do Direito Interno de cada Estado, com base na soberania estatal, na linha da convivência internacional difundida a partir da Paz de Vestfalia. Nessa perspectiva, os Estados apenas se vinculariam às normas com as quais consentissem e nos termos estabelecidos pelas respectivas ordens jurídicas nacionais.

Em crítica as concepções mais radicais de ambas as teorias, acreditamos que a divisão formal defendida pelos renomados teóricos não mais parece sustentável à medida que o Direito Internacional e o Direito Interno aproximam-se ao ponto de o primeiro abarcar temas do segundo.[12] Entendemos que o foco da autoridade local, ao se deparar com eventual conflito entre normas (internacional e interna), não deva ser na procedência formal dessa norma, porém no real valor que a norma exprime. Nesse sentido, a considerar o atual contexto de exaltação da proteção aos Direitos Humanos, difundido junto ao direito cosmopolita e com fulcro no princípio da primazia da norma mais favorável ao indivíduo decorrente do Direito Internacional dos Direitos Humanos, filiamo-nos a corrente doutrinária que defende a prevalência do imperativo da proteção da pessoa humana, independente de se tratar de norma interna ou internacional.[13]

Em vez de um suposto primado da ordem internacional ou da ordem interna nacional, entendemos mais razoável falar-se em uma complementariedade entre ambas as ordens ou na existência de uma relação de coordenação entre elas. Como bem coloca MENEZES (2008, p. 987): *"a relação do Direito Internacional com o Direito interno, no cenário contemporâneo, pode ser definida por uma interpenetração cada vez mais profunda entre os dois ordenamentos jurídicos. (...) o Direito Internacional penetra em muitas esferas da competência do Direito interno e influencia cada vez mais a produção de normas para conformação dos objetivos traçados nos foros internacionais".*

Acreditamos que essa tese encontra respaldo na doutrina de KRISCH e KINGSBURY (2006, p. 11), os quais, em estudo sobre a governança global e o Direito Administrativo Global na Ordem Internacional, afirmam que as características da governança regulatória global e do Direito Administrativo Global impuseram aos estudiosos repensar sobre as ideias ortodoxas da Ordem Internacional, em especial, a rígida distinção entre Direito Interno e Direito Internacional, a base para a legitimidade do Direito Internacional, o conceito de soberania estatal e a doutrina das fontes. Afirmam esses autores, com relação

---

[12] MENEZES (2008, p. 988) afirma acerca da construção de Direitos Internos com base em tratados internacionais, em instrumentos *soft law*, ou em leis-modelo derivadas de foros internacionais como a UNCITRAL, exemplificando com o Direito do Consumidor, o Direito Ambiental, os Direitos Humanos, a arbitragem comercial, contratos, Direito do Trabalho, dentre outros. KRISCH e KINGSBURY (2006, p. 11) afirmam, similarmente, que a necessidade de ratificação e implementação do Direito Internacional ao Direito Interno perde importância no âmbito da regulação global, em que pese ser esta ainda a posição adotada no Brasil.

[13] Nesse sentido, PORTELA, 2009, p. 55. Com respeito à posição da jurisprudência brasileira, ressalte-se que, em julgamento ao Recurso Extraordinário nº 406343, julgado em 3 de dezembro de 2008, o Ministro Gilmar Mendes consignou, em seu voto, o caráter especial dos diplomas internacionais sobre direitos humanos aderidos pelo Brasil (no caso em julgamento, o Pacto Internacional sobre Direitos Civil e Políticos e a Convenção Americana sobre Direitos Humanos – Pacto São José da Consta Rica) reservando-lhes lugar específico no ordenamento jurídico, qual seja, abaixo da Constituição Federal, porém acima da legislação interna, além de conferir-lhes *status* normativo supralegal. Desse modo, julgou-se inaplicável a legislação infraconstitucional com ele conflitante, seja ela anterior ou posterior ao ato de adesão ao tratado.

à dicotomia Direito Interno e Direito Internacional, que os parâmetros estabelecidos pelos reguladores em instituições globais são por eles implementados em suas ordens jurídicas domésticas, assim como os indivíduos e as entidades privadas destinatários dessas normas as cumprem independentemente do formato (formalmente incorporadas ou não ao ordenamento jurídico); ao mesmo tempo em que os tribunais pátrios têm aplicado normas globais ou, em certos casos, aplicado o mecanismo de revisão dessas normas.

A considerar, portanto, a aplicabilidade direta das normas globais é preciso que se garanta, no âmbito de fóruns globais regulatórios, a igualmente material e a participação de todos na confecção dessas normas, para que não prevaleçam apenas as vozes de atores mais fortes de determinadas nações. Acredita-se que o processo de diálogo entre a regulação transnacional e a regulação interna possa atingir níveis de participação e de debate maiores que as formas tradicionais de interação entre Estados soberanos no plano estritamente internacional.[14]

1.4. O Direito Administrativo Global como uma interseção entre o Interno e o Internacional

O Direito Administrativo Global surge da percepção de que os sistemas de governança global podem ser compreendidos como um sistema administrativo regulatório, cujas funções se desenvolvem globalmente por meio de uma malha de cooperação entre diferentes instituições, que exercem a regulação por uma variedade de instrumentos. Nesse sentido, a multiplicidade de instituições regulatórias em detrimento da figura de uma autoridade central e de entidades reguladas (Estados, empresas nacionais e transnacionais, indivíduos, grupos internacionais privados, organizações não governamentais internacionais, instituições supranacionais regionais e outros) caracteriza um espaço administrativo global, em que a dicotomia entre doméstico e internacional restou mitigada e no qual as funções administrativas são executadas de forma integrada entre reguladores e instituições em diferentes níveis (cf. KRISCH e KINGSBURY, 2006, p. 1).

Nesse contexto, o aludido Direito emerge como uma teoria para articular os fenômenos que contemporaneamente se desenvolvem para além das fronteiras nacionais, ou mesmo para unificar práticas dispersas – relacionadas, por exemplo, com a regulação bancária global, a administração internacional de refugiados, a regulação doméstica de questões ambientais transfronteiriças – compreendendo-as como parte de algo comum e reconhecendo os desafios postos ao Direito Administrativo Interno e ao Direito Internacional (cf. KRISCH e KINGSBURY, 2006, p. 2).

---

[14] Nesse sentido, vide: BARR e MILLER, 2006, p. 35.

Com efeito, o Direito Administrativo Global pode ser inscrito em uma lógica de "governança sem governo", na expressão de James ROSENAU (1992),[15] segundo a qual as soluções para promover o interesse público são alcançadas a partir de arranjos institucionais cooperativos, conduzidos em grande parte por reguladores internos, oriundos da interação e da complementação entre os interesses conflitantes dos atores envolvidos em um setor da atividade humana.

KINGSBURY, KRISCH e STEWART (2005, p. 21-23) sugerem cinco áreas em potencial, nas quais poderia o Direito Administrativo Global se desenvolver, em síntese: i) dentro de organizações internacionais formais, como a Organização das Nações Unidas (ONU), o Conselho de Segurança, ou a OMS (Organização Mundial da Saúde); ii) em sistemas de administração descentralizada estabelecidos por meio de acordos internacionais, como o Acordo Geral sobre Comércio de Serviços (AGCS[16]) e a Organização Mundial do Comércio (OMC[17]), e outros que adotam, inclusive, sistemas autônomos de resolução de controvérsias; iii) em redes transnacionais de reguladores (ou outros atores administrativos) engajados em empreendimentos (governamentais) conjuntos; iv) em grupos de instituições privadas ou em grupos híbridos, dotados de funções regulatórias delegadas, como a Comission on Food Safety Standards responsável por elaborar o *Codex Alimentarius*; e v) por meio da autorregulação de entidades privadas, como a International Olympic Committee, a World Anti-Doping Agency ou a Corte Internacional de Arbitragem Esportiva.

A nomenclatura conferida a esse ramo do Direito – "Direito Administrativo Global" – encontrou certa resistência no meio internacional, havendo quem defendesse a inclusão de seu objeto no âmbito do próprio Direito Internacional. Wagner MENEZES (2008, p. 989), por exemplo, propõe a criação de uma teoria da transnormatividade para reger o que, em nossa leitura, seria objeto do Direito Administrativo Global, qual seja uma *"estrutura institucional que abrange, em vários níveis, elementos do governo local, nacional, regional e global, envolvendo processos econômicos, sociais e culturais, que induzem uma movimentação jurídica que transpassa as fronteiras estatais"*. Karl-Heinz LADEUR (2011, p. 8-11) caminha no sentido de vislumbrar o Direito Administrativo Global como parte de uma ordem jurídica transnacional híbrida, que se articula com uma estrutura de cooperação em redes, cujas normas, desta emanadas, não encontram bases no Direito Público, concebido em uma estrutura com centralidade do Estado. Por outro lado, sua inserção no âmbito do Direito Administrativo justifica-se na medida em que seu arcabouço normativo congrega funções típicas de administração, ao mesmo tempo em que impõe uma limitação ao poder estatal em

---

[15] No original: *governance without government*.
[16] GATS, no original em língua inglesa, que significa General Agreement on Trade in Services.
[17] WTO, no original em língua inglesa, que significa World Trade Organization.

face do indivíduo, com base no Estado de Direito, apesar de se diferenciarem em razão do caráter progressivo, descentralizado e cooperativo do Direito Administrativo Global.

Adicionalmente, o termo "Global" é atribuído por traduzir, de igual modo, uma integração entre a regulação interna e a extranacional em níveis pluri ou multilaterais, regionais e bilaterais. Segundo esse autor, a utilização do termo "Global" em detrimento de "Internacional" foi preconizada de forma a evitar a associação à relação exclusivamente entre Estados ou a questões estruturais internas das organizações sociais (CASSESSE, 2005, p. 680; KRISCH e KINGSBURY, 2006, p. 5).

Similarmente aos regimes jurídicos internacionais, buscou-se, na construção do Direito Administrativo Global, a manutenção de uma unidade ou uniformidade, requerida para que se possa vislumbrá-lo como efetivamente global. Defende-se que tal unidade é alcançada pela construção de um sistema multilateral de regulação das matérias de interesse transfronteiriço, sendo a construção de acordos multilaterais, na opinião de XAVIER JUNIOR (2012, p. 340), o mecanismo mais eficiente encontrado para formular um regime único e abrangente para as relações jurídicas transnacionais.

Nessa perspectiva, o Direito Administrativo Global reúne alguns princípios legais fundamentais decorrentes da governança global e/ou do transplante de outros sistemas jurídicos – o que Carol HARLOW (2006, p. 209-210) denomina de "*cross-fertilization*"[18] – como: (a) a transparência e participação nos procedimentos decisórios e normativos em âmbito global; (b) o dever de motivação das decisões pelos reguladores; (c) a existência de mecanismos de revisão de atos e decisões e o direito de defesa dos regulados; (d) a garantia de proporcionalidade e razoabilidade das decisões administrativas; (e) a proteção das expectativas legítimas dos regulados, (f) a vedação às medidas restritivas desnecessárias e (g) a flexibilização das imunidades dos Estados e exceções a regimes especiais para certas áreas reguladas (*cf.* KINGSBURY, KRISCH e STEWART, 2005, p. 37-42).

Contudo, há quem defenda a necessária manutenção de um pluralismo jurídico em detrimento de uma harmonização desse Direito, que, segundo ARNAUD (1999, p. 214-215), é oriundo da fragmentação das soberanias. Tal pluralismo seria marcado tanto pelos modos de regulação do Direito como pelas fontes desta regulação, absorvendo mecanismos de regulação alternativa não estatal, que resulta em um pluralismo de racionalidades e em uma diversificação de produção normativa, com a *standartização* de direitos elementares que são absorvidos pelos Estados. Partilha desse entendimento SNYDER (1999, p. 334-374),

---

[18] O autor atenta para o risco dessa origem resultar, na prática, na imposição de determinado modelo (normalmente oriundo de países desenvolvidos) sobre outros (menos desenvolvidos ou em desenvolvimento).

que prefere falar em um "sistema de pluralismo jurídico global", o qual estaria situado em uma variedade de instituições, normas e procedimentos de soluções de controvérsias localizadas e produzidos em diferentes pontos do mundo.

HARLOW (2006, p. 187-214), com uma posição divergente, afirma que o estabelecimento de um conjunto de princípios administrativos universais, difícil de ser identificado, não é bem-vindo e tampouco desejável, sendo preferível a diversidade e o pluralismo. Defende esse autor que as normas de Direito Administrativo evoluíram a tal ponto de serem capazes de operar dentro de diferentes sistemas, ao tempo em que endereça diversas indagações ao público que denotam incertezas e o caráter incipiente do Direito Administrativo Global, como a questão acerca da definição de seus principais atores (se burocratas internacionais, cortes, governos ou acadêmicos que defendem a internacionalização do Direito Constitucional ou, ao revés, a constitucionalização do Direito Internacional); de qual seria o domínio próprio desse Direito, e se restaria apenas limitado ao espaço global como uma espécie de Direito Cosmopolita; da existência de princípios universais reconhecidos, que poderiam formar, de forma legítima, uma base para tal Direito; se tais princípios deveriam influenciar o ordenamento jurídico interno e como lhe atribuir efetividade e coercibilidade.

Entendemos razoável defender que, mesmo no advento de novos princípios adotados pelo Direito Administrativo Global (a considerar que muitos desses princípios já foram internalizados pelos ordenamentos nacionais), deveriam estes receber a mesma aplicação por parte dos Estados em reconhecimento e respeito a um regime regulatório global, o qual acreditamos que deva prevalecer em casos de impossibilidade ou inadequação de uma regulação unilateral interna, porquanto não há de se falar hoje em uma soberania absoluta em face à revolução conglobalizante que demanda maior cooperação entre os Estados.

Inobstante, a considerar a existência de uma zona cinzenta entre os níveis global e nacional, acreditamos ser preciso desenvolver uma técnica de ação conjunta que corresponda à partilha entre os níveis das decisões que afetam o sistema regulatório do Direito Administrativo Global. De um lado, as decisões nacionais podem depender de um exame preliminar pelos atores globais e, de outro lado, as decisões globais podem ter sua eficácia dependente da implementação pelos atores nacionais. Ainda no âmbito dessas decisões e da composição dos atores globais é preciso que se garanta a efetiva participação de cidadãos e representantes da sociedade civil a fim de se garantir a mesma efetividade e legitimidade ao Direito Administrativo Interno e ao Direito Administrativo Global.

Em síntese, em que pese o global e o nacional continuarem a ser considerados política e operacionalmente separados, acreditamos que os dois níveis estão intimamente ligados em muitas áreas da regulação em especial, como em matéria de meio ambiente, petróleo e gás, sendo a divisão entre Direito Interno e Direito Internacional cada vez mais tênue. O surgimento da regulação em nível global e sua influência nos níveis nacionais demonstram que as decisões dos órgãos nacionais tendem a estar cada vez mais limitadas por normas substantivas e processuais estabelecidas globalmente.

Passaremos a analisar as exigências formuladas à luz da governança global que consideramos imprescindíveis a uma regulação apropriada, e, em seguida, os princípios específicos à exploração e à produção de recursos energéticos nos Estados, internacionalmente consagrados.

1.5. Aspectos relevantes a serem considerados na regulação do petróleo e do gás à luz da governança global e do *New Public Management*

Primeiramente, insta salientar que a regulação caracteriza um fenômeno global, cujo debate foi recentemente acirrado, em parte, em função da intensidade das atividades de organizações internacionais. Críticas e preocupações com as ortodoxias regulatórias tornaram-se proeminentes durante a crise econômica de 2008, que afetou diversos países, período em que os pleitos de desregulação ou abrandamento regulatório cederam espaço a demandas por uma regulação mais rigorosa do mercado financeiro.

Ao mesmo tempo que atrai diversos defensores, há também diversos críticos da regulação. Os primeiros enxergam a regulação como um invento tecnocrata que tem o potencial de exercer controle sobre importantes atividades econômicas e sociais, ao passo que os seus críticos a veem como um verdadeiro fardo às atividades econômicas.

Em 2010, a regulação ocupou um lugar de vanguarda no debate público em mais de um domínio. A crise econômica que inicialmente conduziria a um "retorno no Estado" sinalizou os problemas que poderiam ser causados por uma confiança extrema nas capacidades autorreguladoras das organizações privadas. Afirma-se que a aludida crise chamou a atenção para uma série de questões relacionadas a arranjos regulatórios e acrescentou à regulação global debates, por exemplo, sobre como riscos sistêmicos podem ser superados por meio de diferentes jurisdições, e como reguladores nacionais podem coordenar suas ações "macroprudentes" e impor requisitos de capital para superar economias nacionais superaquecidas.

Atualmente, debates sobre regulação ainda são frequentes, com demandas, por um lado, por uma maior regulação (incluindo o aumento de normas e sanções, a qualificação dos reguladores etc.) e, de outro, os que alertam que um reforço na regulação pode gerar efeitos indesejáveis. Soma-se a isso o crescente debate no âmbito do Direito Internacional e do Direito Administrativo (como um ponto de encontro e de tênue separação entre ambas as disciplinas do Direito) acerca de uma regulação global em determinadas matérias, que tenha a mesma eficácia e coercibilidade que a regulação interna, como vimos anteriormente.

O que se busca, portanto, é averiguar se a regulação pode resolver outros problemas complexos atuais, não relacionados à crise financeira propriamente dita, mas ao meio ambiente, como, por exemplo, é o caso da exploração e produção de gás não convencional, tema desta dissertação de mestrado.

Com efeito, segundo Antoine JEAMMAUD (1998, p. 53), o vocábulo "regulação" significa um trabalho de introduzir regularidade em um objeto social, assegurando sua estabilidade e perenidade, sem, contudo, fixar-lhe todos os elementos. Desse conceito, Maria Sylvia Zanella DI PIETRO (2003, p. 27) extrai do vocábulo tanto a ideia de *regularidade* quanto a ideia de *mudança*, argumentando que *"ao mesmo tempo em que se procura assegurar um certo grau de estabilidade no objeto da regulação, também se deixam as portas abertas para mudanças que sejam necessárias em benefício da própria estabilidade"*.

Vital MOREIRA (1997, p. 34-37), clássico no tema, faz referência a duas ideias distintas que se ligariam à etimologia da regulação: a primeira seria a ideia de estabelecimento e implementação de regras (normas) e a segunda, a de manter ou restabelecer o funcionamento equilibrado de um sistema. Além disso, o autor destaca três concepções jurídicas aplicáveis à regulação, são elas: (1) no sentido amplo, toda forma de intervenção do Estado na economia, independentemente de seus instrumentos e fins; (2) no sentido menos abrangente, a intervenção estatal na economia por outras formas que não participando diretamente na atividade econômica, mas condicionando-a, coordenando-a e disciplinando-a; e (3) no sentido restrito, por meio do condicionamento normativo da atividade econômica exercida pelo particular. Richard POSNER (2000, p. 1) restringe a duas concepções: (1) no sentido amplo, significaria a intervenção do Estado em toda atividade, seja ela de cunho econômico ou social, por meio do Direito; (2) no sentido restrito, o termo significaria a intervenção do Estado na atividade econômica de forma mais intensa.

BALDWIN, CAVE e LODGE (2012, p. 3), por sua vez, conferem ao vocábulo *regulação* os seguintes sentidos: (1) um conjunto específico de comandos – neste sentido, a regulação envolveria a promulgação de regras vinculantes aplicadas por um órgão responsável; (2) influência deliberada do Estado – sentido mais amplo ao termo, que abarca todas as ações do Estado que são estruturadas para influenciar transações comerciais ou o comportamento social; (3) toda forma de influência econômica ou social – todo mecanismo que afete comportamento é considerado regulatório. Nessa visão mais ampla, atrela-se à regulação a condição de atividade que, por vezes, restringe comportamento e previne a ocorrência de atividades indesejáveis (*red light*), bem como de atuação mais permissiva em outras (*green light*).

Em regra, o Estado intervém no domínio econômico para restringir e condicionar as atividades dos particulares em favor do interesse público e implementar as políticas econômicas fixadas, ao mesmo tempo em que tem a responsabilidade de fomentar o mercado e tornar atrativo o desempenho das atividades econômicas pelos particulares. Por isso a importância de se criar uma regulação clara, segura e transparente, que viabilize todos esses objetivos.

No atual cenário, em que o ser humano torna-se o centro do ordenamento interno e da ordem internacional, que passa a qualificá-lo como sujeito de direito (se não o principal sujeito), entendemos que não mais se pode restringir a regulação apenas ao aspecto puramente econômico, conferindo-se igual importância à regulação no campo social e ambiental, como pontua SUNDFELD, ademais de imprescindível sua compatibilização ao sistema de direitos fundamentais e ao princípio democrático. Nesse sentido, a proposta de reforma regulatória da Organização para a Cooperação e Desenvolvimento Econômico (OCDE),[19] que

---

[19] Originalmente, na língua inglesa, Organisation for Economic Co-operation and Development (OECD). Para mais informações, ver: <www.oecd.org/regreform>. A Recomendação do Conselho sobre Política Regulatória e Governança, adotada em 22 de março de 2012, contém os seguintes princípios: 1. Assumir o compromisso no mais alto nível político com uma política explícita de qualidade regulatória para o governo como um todo. A política deve ter objetivos claros e estruturas para a implementação que assegurem que, se a regulação for usada, os benefícios econômicos, sociais e ambientais justifiquem os custos, os efeitos distributivos sejam considerados e os benefícios líquidos maximizados. 2. Respeitar os princípios de um governo aberto, incluindo transparência e participação no processo regulatório para garantir que a regulação sirva ao interesse público e para que seja informado das necessidades legítimas dos interessados e das partes afetadas pela regulação. Isso inclui a oferta de canais efetivos (incluindo *on-line*), para que o público possa contribuir para o processo de preparação de propostas regulatórias e para a qualidade da análise técnica. Os governos devem assegurar que regulações sejam compreensíveis e claras e que as partes possam facilmente compreender seus direitos e obrigações. 3. Estabelecer mecanismos e instituições para supervisionar ativamente os procedimentos da política regulatória e seus objetivos, apoiar e implementar a política regulatória e, assim, promover a qualidade regulatória. 4. Integrar a Avaliação do Impacto Regulatório (AIR) desde os estágios iniciais do processo de políticas para a formulação de novas propostas de regulação. Identificar claramente os objetivos da política e avaliar se a regulação é necessária e como ela pode ser mais efetiva e eficiente na consecução desses objetivos. Considerar outros meios de regulação e identificar os *trade-offs* das diferentes abordagens analisadas para escolher a melhor alternativa. 5. Conduzir programas sistemáticos de revisão do estoque regulatório em relação a objetivos que sejam claramente definidos pela política, incluindo considerações de custos e benefícios, para assegurar que as regulações estejam atualizadas, seus custos justificados, efetivos e consistentes, e almejem os objetivos pretendidos. 6. Publicar regularmente relatórios sobre o desempenho da política regulatória, dos programas de reforma, bem como das autoridades públicas responsáveis pela aplicação das regulações. Esses relatórios devem incluir informações sobre como instrumentos regulatórios, tais como a Análise de Impacto Regulatório (AIR), práticas de consulta pública e revisões de regulações existentes funcionam na prática. 7. Desenvolver uma política consistente capaz de abranger o papel e as funções das agências reguladoras, a fim de proporcionar maior confiança de que as decisões regulatórias sejam tomadas de maneira objetiva, imparcial e consistente, sem conflito de interesse ou influência indevida. 8. Assegurar a efetividade das instâncias de revisão da legalidade e da imparcialidade processual da regulação e das decisões tomadas pelos órgãos competentes para aplicar as sanções regulatórias. Garantir que os cidadãos e as empresas tenham acesso a estas instâncias a um custo razoável. 9. Aplicar, conforme apropriado, a avaliação de riscos, gestão de riscos e estratégias de comunicação de risco para a concepção e implementação das regulações para garantir que a regulação seja direcionada e efetiva. Os reguladores devem avaliar os efeitos da regulação e devem elaborar estratégias para

influenciou amplamente países latinos, como o Brasil, apresenta três categoriais da atividade regulatória: a regulação econômica,[20] a regulação social[21] e a regulação administrativa.[22]

No que tange aos responsáveis pela consecução das atividades regulatórias, surgem, em detrimento ao modelo *piramidal* de Administração Pública prevalecente no continente europeu desde o século XIX, em que os governantes dirigiam, orientavam e controlavam as estruturas da burocracia estatal, as autoridades administrativas independentes, com o objetivo inicial de implementar leis criadas pelo governo para atender a determinado interesse público, dotadas de grau reforçado de autonomia em relação à Administração Central. Instaura-se, dessa forma, um modelo *descentralizado* ou *policêntrico* de Administração, que se prolifera posteriormente (século XX) na Europa Ocidental sob o influxo dos projetos de governança comunitária promovidos pela União Europeia, rompendo-se com o modelo tradicional de recondução direta de todas as ações administrativas ao governo (BINENBOJM, 2008, p. 244-245).[23]

---

implementação responsiva e *enforcement*. 10. Promover sempre que necessário a coerência regulatória através de mecanismos de coordenação entre os níveis supranacional, nacional e subnacional do governo. Identificar questões regulatórias transversais em todos os níveis do governo, para promover a coerência entre as abordagens regulatórias e evitar a duplicação ou conflito de normas. 11. Fomentar o desenvolvimento da capacidade de gestão regulatória e de desempenho nos níveis subnacionais do governo. 12. Considerar, no desenvolvimento de medidas regulatórias, todos os padrões internacionais relevantes e as estruturas de cooperação na mesma área e, quando apropriado, seus possíveis efeitos sobre as partes que estejam fora da sua jurisdição. Disponível em: <http://www.oecd.org/gov/regulatory-policy/Recommendation%20PR%20with%20cover.pdf>. Acesso em 1 fev. 2015.

[20] A "regulação econômica", na linha da doutrina supradestacada, caracterizar-se-ia pela intervenção direta nas decisões de mercado, tais como a definição de preços, competição, entrada e saída de novos agentes nos mercados. De acordo com a OCDE, nessa categoria a reforma deve se propor a aumentar a eficiência econômica por meio da redução de barreiras à competição e à inovação, utilizando a desregulamentação, a privatização e fornecendo estrutura para o funcionamento e a supervisão das atividades do mercado.

[21] A "regulação social" destina-se a proteger o interesse público nas áreas de saúde, segurança, meio ambiente e em questões nacionais. Trata-se de atuação da regulação sobre recursos sociais, não sujeitos a transações de mercado, porém imprescindíveis à produção de um bem ou serviço regulado. Segundo a OCDE, cabe neste plano aferir a necessidade de intervir em decisões relativas à provisão de bens públicos e à proteção social, reduzindo os efeitos das externalidades geradas por outros agentes sobre a sociedade.

[22] A "regulação administrativa" é aquela designada a estabelecer os procedimentos por meio dos quais o governo intervém nas decisões econômicas (chamados *red-tapes*). Esses instrumentos burocráticos podem gerar impactos substanciais sobre o desempenho do setor privado. De acordo com a OCDE, para evitar esse efeito, os governos devem buscar em suas reformas regulatórias eliminar as formalidades desnecessárias, simplificar aquelas que são necessárias e melhorar sua transparência e aplicação.

[23] Nos Estados Unidos, a institucionalização de entidades administrativas independentes (que nesse país receberam o nome de agências reguladoras independentes) dá-se sob orientação do princípio da separação de poderes, datando-se de 1887 a criação da Interstate Commerce

O fenômeno da institucionalização de autoridades administrativas com acentuado grau de autonomia em relação ao Poder Executivo Central, que antes se revelava restrito e peculiar à estrutura organizacional do Reino Unido e dos Estados Unidos, adquiriu tom universal e chega à América Latina na década de 1990, como consequência do processo de reforma do Estado. Por meio de desestatizações, privatizações e flexibilização de monopólios, o modelo de Estado empresário, marcado pela forte intervenção estatal direta na economia, foi substituído pelo modelo de Estado Regulador.[24] Neste modelo, o Estado incumbe-se de estabelecer as regras disciplinadoras da ordem econômica em especial, com vistas a ajustá-las aos ditames da justiça social, sendo sua intervenção verificada pelas imposições normativas destinadas, principalmente, aos particulares, bem como de mecanismos preventivos e repressivos para coibir condutas abusivas, que são limitados, por sua vez, pela juridicidade (*cf.* CARVALHO FILHO, 2009, p. 867).

Guardada as devidas especificidades de cada jurisdição, verifica-se uma institucionalização globalizada dessas autoridades (entidades) independentes, manejadas, segundo Alexandre Santos de Aragão, "*para dar conta da regulação de setores sensíveis da vida social, neles incluídos certos setores da economia*".

Logo, com o advento da atividade regulatória estatal, não se teve a supressão da intervenção estatal direta na ordem econômica, mas a separação entre o operador estatal e o ente encarregado da regulação do respectivo setor e a admissão do setor regulado da existência de operadores privados competindo com o operador público. MARQUES NETO (2005, p. 31) as diferencia – intervenção regulatória e intervenção estatal direta – com base em seus pressupostos, por considerar que "*a atividade regulatória é muito mais pautada pelo caráter de mediação do que pela imposição de objetivos e comportamentos ditada pela autoridade*". Segundo o doutrinador, seria própria dessa concepção de regulação a permeabilidade do ente regulador aos interesses dos regulados, sejam estes operadores econômicos, usuários ou os próprios interesses estatais enredados no setor regulado, e a busca pelo equilíbrio entre os vários interesses existentes no setor regulado.

Nessa perspectiva, ademais de intervir em setores da economia sem afastar a participação dos agentes privados, tal intervenção, na lógica da moderna regulação estatal, deve se orientar predominantemente para a defesa dos interesses dos cidadãos como participantes das relações econômicas travadas no setor re-

---

Commission (tida como primeira agência reguladora norte-americana) para regular os serviços interestaduais de transporte ferroviário.

[24] No Direito brasileiro, como veremos, há previsão constitucional de que a intervenção do Estado na economia se dê de modo indireto e, excepcionalmente, de modo direto, se necessária aos imperativos de segurança nacional ou relevante interesse coletivo, nos termos do art. 173 da Constituição Federal, *in verbis*: "*Art. 173. Ressalvados os casos previstos nesta Constituição, a exploração direta de atividade econômica pelo Estado só será permitida quando necessária aos imperativos da segurança nacional ou a relevante interesse coletivo, conforme definidos em lei*."

gulado, procurando manter o equilíbrio interno do setor, sem descumprir com pautas desenvolvimentistas típicas de políticas públicas (MARQUES NETO, 2005, p. 50). Intrínseca a ideia de equilíbrio, encontra-se a necessária neutralidade (equidistância) que o regulador deve manter em face dos interesses regulados (neste incluindo os interesses do Poder Público), assegurando que o setor se desenvolva de acordo com suas próprias regras e os critérios técnicos do setor em causa (*cf.* MOREIRA e MAÇÃS, p. 29-30). Além disso, a autoridade estatal deve ser exercida por mecanismos e procedimentos menos impositivos e mais reflexivos, o que envolve maior transparência e participação na atividade regulatória, como trataremos à frente.

Para Verônica CRUZ (2009, p. 61), a delegação de poderes para as agências reguladoras, assim como a necessidade de elevar o grau de comprometimento do Poder Público com a manutenção de decisões, leis e normas que afetam diretamente os agentes do mercado, são fatores-chave que motivaram a criação dessas instituições. Para tanto, os reguladores devem possuir uma *expertise* própria do setor que regulam e, por estarem mais próximos destes do que outros núcleos burocráticos, podem mais facilmente obter informações relevantes para atender aos seus anseios. Possuem, em tese, a prerrogativa de flexibilizar suas decisões em prol de ajustes regulatórios, o que deve ser devidamente ponderado à luz do princípio da segurança jurídica e do dever de credibilidade. Entendemos desejável que se crie um ambiente regulatório estável e previsível, amigável, dessa forma, ao investidor, assegurando-lhe que os mecanismos regulatórios não sofrerão mudanças súbitas.

Isso a considerar, inclusive, que um dos sentidos da democracia, como ensina MARQUES NETO (2005, p. 84), "*é justamente o de ser o regime em que se assegura o cumprimento das regras do jogo, é dizer, a estabilidade das regras de convívio social*". Logo, apesar de o conteúdo democrático não interditar a mudança, esta fica adstrita aos limites institucionais e aos princípios regentes de nosso ordenamento jurídico.

Apesar de o saldo exitoso do modelo construído de agências reguladoras, que configura um meio termo, por assim dizer, entre o liberalismo clássico da autorregulação do mercado e do intervencionismo direto do Estado Social ou Desenvolvimentista na economia, há, ainda, muitos críticos desse modelo. Nesse sentido, CRUZ (2009) observa que, apesar de idealizado na retórica de modernização das instituições, o desenho institucional das agências reguladoras é impregnado de elementos administrativos ultrapassados e incompatíveis, na visão da especialista, com o ambiente administrativo democrático, como o insulamento burocrático e a precariedade dos mecanismos de controle, apesar de existentes.

Em relevante estudo dentro da economia política, LEVY e SPILLER (1996) argumentam que a credibilidade e a efetividade da estrutura regulatória, bem como sua habilidade para encorajar investimentos e apoiar a eficiência na produção e no uso de serviços públicos variam de acordo com as instituições políticas e sociais de cada país. Para que o desempenho da atividade regulatória seja satisfatório, na visão desses autores, faz-se necessário o atendimento de, pelo menos, três mecanismos: (i) restrições substantivas sobre as ações discricionárias do regulador; (ii) restrições formais e informais sobre mudanças do sistema regulatório; e (iii) instituições para reforçar essas restrições.[25]

A estrutura e a organização dos Poderes Legislativo, Executivo e Judiciário, os costumes e normas amplamente aceitos, e a capacidade administrativa de cada país, dentre outros, compõem um conjunto de critérios que influenciam, segundo LEVY e SPILLER (1996), as opções regulatórias em cada país. Significa dizer que, se um país dispõe de instituições que se mostrem mais capazes de conter a ação discricionária do regulador do que outro, esse país provavelmente irá dispor de mais credibilidade e, por essa razão, poderá contar com mecanismos regulatórios que outro país com menos credibilidade não teria sucesso se o adotasse.

Diretamente relacionado à capacidade de um país em comprometer-se com determinado sistema regulatório está o componente da governança. Esta, tal como concebida, incorpora os mecanismos sociais úteis para restringir a ação discricionária do regulador e solucionar os conflitos que essas restrições venham suscitar;[26] estabelece, ademais, uma série de requisitos, que incluem um serviço público eficiente, um sistema judicial independente e um ordenamento jurídico que garanta o cumprimento dos contratos, uma administração responsável das verbas públicas, auditores independentes, respeito à lei em todos os níveis governamentais, uma estrutura institucional pluralística e uma imprensa livre (*cf.* HARLOW, 2006, p. 199).

No âmbito internacional, construiu-se a figura da governança global como uma forma de combinação de interações humanas voluntárias que regulam as ações internacionais em diversos setores, baseada na partilha de expectativas, bem como nas instituições e nos mecanismos internacionalmente concebidos. Nesse prisma, consiste tal instituto em uma forma de gerenciamento que emerge das instituições, de processos, de normas, de acordos formais e de mecanismos informais que proporcionam um campo de ação para as atividades humanas. Esse gerenciamento coloca-se sob escrutínio jurídico, a partir do momento em que impõe à ordem internacional um conjunto de novas regras e institutos dirigidos à regulação precisa de inúmeros ramos da atividade humana. Trata-se,

---

[25] Diante do apontado mecanismo de restrição de mudanças no sistema regulatório, essencial ao desempenho da regulação, Verônica CRUZ (2009, p. 64) identifica um possível paradoxo entre o comprometimento com um sistema regulatório estável e a igualmente necessária flexibilidade da regulação para atender às constantes mudanças tecnológicas.

[26] Nesse sentido, LEVY e SPILLER (1996), MELO (2000) e PEREIRA e MUELLER (2001).

portanto, de uma regulação no plano internacional conduzida por entidades não estatais que gerenciam atividades de ambos os setores público e privado, que se projetam para além das fronteiras estatais (STEPHAN, 1999, p. 1558).[27]

A governança global refere-se aos processos que visam ao gerenciamento e à solução de problemas que envolvem diversos Estados, incluindo (a) esforços convergentes entre entidades públicas e privadas para a elaboração de normas; (b) produção de dispositivos normativos por organismos internacionais conduzindo à celebração de acordos; (c) negociação interestatal para a assinatura de tratados; (d) solução de controvérsias por organizações internacionais; (e) desenvolvimento de códigos de conduta, guias e normas por parte dos governos; (f) elaboração de códigos de conduta, acordos, e políticas de ação pelo setor privado e (g) ação coordenada de agentes reguladores internacionais (BODANSKY, 1999, p. 603).

A integração do Estado aos sistemas de governança global instituídos com o propósito de dar resposta a alguns desafios da pós-modernidade permite que a esfera jurídica em que se desenvolve a Administração Pública deixe de circunscrever exclusivamente a concretização das ordens jurídicas nacionais e passe a se articular igualmente com esferas sobrepostas de normatividade ultraestatal, disciplinadoras das relações jurídicas no espaço global (XAVIER JUNIOR, 2012, p. 345).

Autores como Santiago MONTT (2009, p. 299), Thomas COTTIER e Maya HERTIG (2003, p. 302) argumentam que a preservação do domínio reservado do Estado ou a prerrogativa deste de regular amplamente em seus limites territoriais restariam limitados com a regulação global. Vão além e sustentam que a própria Constituição Nacional (tida como a norma suprema de diversos ordenamentos jurídicos) deve ser hoje considerada "parcial", dependendo sua completude de "outros níveis de governança".

A nosso ver, não seria essa a correta abordagem a ser dada ao conceito de governança global; voltando à concepção originária do termo, no sentido de mecanismo apto a controlar a discricionariedade regulatória interna, não se trata de reduzir a autoridade ou a atuação estatais (e muito menos de questionar a efetividade das normas constitucionais), mas de reconhecimento pelo Estado, primeiramente, de que o seu sistema interno de regulação insere-se no conceito de sistema regulatório global, cuja origem remete ao próprio Estado, e que determinadas questões, principalmente quando perpassam e geram consequências para além dos limites territoriais do Estado ou que escapam a seu controle, clamam pela aplicação de normas regulatórias ultraestatais e globais.

---

[27] O termo "governança global" encontra sua utilização acentuada para indicar a atividade de administração na ausência de uma instituição administradora central, de maneira a contrapor a ideia de governo, razão pela qual parte da doutrina opta pela expressão "sistema regulatório global". (CASSESSE, 2006, p. 44).

Trata-se, na linha do que defende Sabino CASSESSE (2006, p. 44-45), de uma transferência de poderes regulatórios tradicionalmente exercidos pelo Estado a entidades globais, que adquirem competência para formular soluções regulatórias que se sobrepõem ou influenciam aquelas eventualmente existentes no plano interno, e que não condizem com uma regulação unilateral do Estado. Reconhecemos que não é uma tarefa fácil delimitar os feixes de competência regulatória do Estado e da ordem global, porém o autor cita como exemplos: a migração de espécies marinhas, o fluxo de capitais, a liberação de substâncias nocivas ao meio ambiente, a transmissão de dados eletrônicos e as crises financeiras. Acreditamos que a exploração e a produção de gás não convencional poderiam, em certa medida, demandar de igual modo uma regulação global, a qual não está isenta de controle.

Relacionados à ideia de credibilidade, legitimidade e controle da atividade regulatória estão os instrumentos de *accountability*[28] e transparência das decisões dos reguladores. MAJONE (1996) sugere o desenvolvimento de um conceito de *accountability* consistente com o princípio democrático e propõe solução ao problema: primeiramente, definindo o tipo de questão que pode ser legitimamente delegada para especialistas independentes e, em segundo lugar, definindo qual o mecanismo de *accountability* indireto que pode ser reforçado. Com relação à primeira etapa da solução, defende esse autor que apenas as questões de eficiência poderiam ser delegadas aos reguladores independentes, dessas excluindo-se questões concernentes a políticas redistributivas em especial, que tem por objetivo melhorar as condições de um grupo à custa de outro.

LODGE (2004) enumera cinco dimensões que devem ser levadas em consideração em discussões sobre *accountability* e transparência, quais sejam: (1) *accountability* e transparência dos processos decisórios envolvidos na fixação das regras e normas; (2) transparência das regras a serem seguidas; (3) *accountability* e transparência dos atores regulados; (4) *accountability* e transparência dos reguladores; (5) *accountability* e transparência dos processos de avaliação. Vê-se que a análise proposta pelo autor amplia a prestação de contas e as responsabilidades para uma variedade de relações multidimensionais que podem ocorrer em um sistema regulatório, incluindo atores estatais e não estatais que atuam nesse sistema.

LODGE (2004) propõe, ainda, ferramentas que fortaleceriam esses institutos, divididas em duas dimensões: (i) ferramentas individualmente exercidas ou coletivamente estipuladas; e (ii) ferramentas orientadas por *inputs* – cujo objetivo é fortalecer a qualidade do processo decisório e do provimento dos serviços regulados – e por *outputs*, que facilitam a avaliação dos resultados da regulação e dos servi-

---

[28] Vincula-se a prática do *accountability* a conceitos como cidadania, sociedade organizada, prestação de contas, controle, punição, boa governança e poder.

ços regulados. A informação e a representação destinam-se a tornar a regulação; e, consequentemente, o provimento dos serviços, transparente aos usuários e demais atores envolvidos, enquanto voz e escolha são instrumentos disponibilizados aos indivíduos para o uso discricionário deles, permitindo-lhes expressar suas demandas.

Pode-se dizer que toda essa orientação de transparência e *accountability* dos atos dos reguladores encontra fundamento na doutrina do New Public Management (NPM), traduzido como Administração Pública Gerencial, que introduz novos conceitos como "cidadão consumidor" e "boa governança", que se dá por meio da superioridade técnica em detrimento da representação de interesses políticos.[29] O NPM rompe, em sua essência, com os vícios do burocratismo, valorizando elementos como a descentralização (administrativa e política) e delegação de poderes, a redução de patamares hierárquicos, a ênfase nos resultados (ao invés do rígido controle dos processos administrativos em cada etapa), os contratos de gestão e, em especial, a democratização da Administração Pública, com a criação e ampliação das esferas de participação dos cidadãos (*cf.* FERREIRA, 2011, p. 231; CARNEIRO, 2002, p. 96). É o que MOREIRA NETO (2007, p. 42) classifica como um novo paradigma de Administração: coordenativa e não subordinativa, de caráter multilateral, com manifestações sempre novas e em plena expansão.

Nesse novo paradigma, ensina MOREIRA NETO (2007, p. 42), a Administração perde, aos poucos, suas características imperativas ("poder do Estado") para ser entendida como "função do Estado", a ser compartilhada com a sociedade desde o seu planejamento, passando pela decisão e pela execução, até o seu controle; o Estado e a sociedade civil, portanto, passam a agentes corresponsáveis pelo fazer-político. Dessa forma, o NPM expressa e estimula uma nova atitude do cidadão em face da Administração Pública e, com o foco no resultado, busca otimizar a eficácia da Administração em face dos propósitos firmados pela dialética dos interesses sociais. A legitimidade do Estado passa a fundar-se, então, não na expressão legislativa da soberania popular, mas na realização de finalidades coletivas.

---

[29] Para Regina Sílvia PACHECO (2014), contemporaneamente as políticas públicas, à luz do NPM, devem contemplar: (i) *forward looking*: definição clara dos impactos esperados e visão de longo prazo; (ii) *outward looking*: consideração do contexto nacional, regional e internacional, e da experiência de outros países; (iii) *innovation and creativity*: questionamento de soluções tradicionais, identificação e gestão de riscos e, experimentação e diversidade; (iv) *evidence based*: sugestão de alternativas e decisões baseadas em evidências, a partir de múltiplas fontes e de especialistas; (v) *inclusiveness*: consideração das necessidades dos usuários diretos e beneficiários indiretos da política, e envolvimento destes atores no processo de formulação da política; (vi) *joined up*: superação dos limites institucionais e setoriais; (vii) *review*: monitoramento constante da política, ações e de possíveis efeitos inesperados, em face dos problemas que se quer resolver; (viii) *evaluation*: avaliação sistemática da efetividade da política, desenhada desde o início, com critérios de sucesso previamente definidos; (ix) *learn lessons*: aprendizado a partir da experiência; disseminação de boas práticas, com a identificação de falhas da política e de seu processo de gestão e implementação.

Assim é que MARQUES NETO (2005, p. 32) assevera ser essencial à noção de moderna regulação que o ente regulador estatal dialogue e interaja com os agentes sujeitos à atividade regulatória, buscando não apenas legitimar a sua atividade como tornar a regulação mais qualificada, porquanto mais aderente às necessidades e perspectivas da sociedade. Ademais, alerta o autor ser necessário que a atuação estatal seja pautada pela negociação, transparência e permeabilidade aos interesses dos regulados. Daí decorre o entendimento de que, na moderna regulação, a imposição da vontade da autoridade estatal deve ceder lugar à noção de mediação de interesses, no qual o Estado exerce sua autoridade não de forma impositiva, mas arbitrando interesses e tutelando hipossuficiências.

Nesse contexto, pontuamos, a seguir, diretrizes e princípios que entendemos de imperioso respeito por parte dos reguladores na elaboração de suas normas regulatórias, em especial, as voltadas para o setor energético.

1.5.1. Direito Internacional do Desenvolvimento

O Direito ao Desenvolvimento nasceu no contexto internacional de reestruturação da sociedade pós-colonial, como forma de compensar os desequilíbrios socioeconômicos prevalecentes (CASTRO, 2014, p. 70). Keba M'BAYE (1980) o define como um direito coletivo (dos povos) que serve para determinar o estado de desenvolvimento e cujos indicadores usados referem-se necessariamente ao indivíduo. Por isso a preocupação dos Estados em planejar e elaborar os seus arcabouços jurídicos e políticas públicas com base no Direito ao Desenvolvimento visando ao bem-estar de sua população.

Registre-se que, inicialmente, o Direito ao Desenvolvimento era visto restritamente sob seu aspecto econômico e, apenas posteriormente, deu-se destaque ao seu aspecto social. Gilberto BERCOVICI (2005, p. 67) alarma para a necessidade de se estabelecer uma política deliberada de desenvolvimento, em que se garanta tanto o desenvolvimento econômico como o social, conjuntamente. Da mesma forma, Luiz Carlos Bresser PEREIRA (2003, p. 32) afirma que o desenvolvimento não é outra coisa senão um processo de transformação econômica, política e social conjunta, pelo qual a melhora no padrão de vida da população tende a tornar-se automática e autônoma.

Nesse diapasão, Amartya SEN (2000) vincula o Direito ao Desenvolvimento à verdadeira liberdade individual em todas essas esferas (econômica, política e social). Para o economista, *"o desenvolvimento requer que se removam as principais fontes de privação de liberdade: pobreza e tirania, carência de oportunidades econômicas e destituição social sistemática, negligência dos serviços públicos e intolerância ou interferência excessiva de Estados repressivos".*

Teóricos do liberalismo, como Jack DONNELLY (1998, p. 160), dissertam sobre o duplo papel do Estado de garantir liberdades e de buscar uma igualdade social, de modo que, para esse autor, as políticas públicas são essenciais para assegurar que as minorias, em desvantagem ou privadas pelo mercado, sejam consideradas com o mínimo de respeito na esfera econômica. À medida que o processo de desenvolvimento econômico aumenta a renda e a riqueza de um país, estas se refletem no correspondente aumento do poder aquisitivo e bem-estar da população.

Flávia PIOVESAN (2008, p. 677-678), por sua vez, condiciona à máxima efetividade do Direito ao Desenvolvimento à sua capacidade de sobrepujar as assimetrias globais respeitando três dimensões: a primeira delas diz respeito à implementação transparente e eficaz de políticas públicas, com plena participação da sociedade; a segunda atenta à proteção das necessidades básicas de justiça social, considerando a pessoa humana como sujeito central do desenvolvimento, sendo sua maior beneficiária; por fim, sob um terceiro aspecto, a cooperação internacional cumpre papel importante na busca pelo Direito ao Desenvolvimento, uma vez que os países desenvolvidos, ávidos por investimentos rentáveis e duradouros em países em desenvolvimento, também devem cooperar para o progresso ético e solidário.

Ressalte-se que a cooperação internacional em prol do desenvolvimento é prevista, dentre outros, na Declaração do Direito ao Desenvolvimento, proclamada pela Assembleia Geral das Nações Unidas e consignada na Resolução nº 41/128, de 1986. Esse instrumento classifica tal Direito como "um direito humano inalienável" – portanto, de imperiosa observância por todos os Estado – e ressalta que *"a igualdade de oportunidade para o desenvolvimento é uma prerrogativa tanto das nações quanto dos indivíduos que compõem as nações"*, devendo os Estados tomar medidas para assegurar o pleno exercício e fortalecimento progressivo do Direito ao Desenvolvimento, incluindo a formulação, a adoção e a implementação de políticas, medidas legislativas e outras, em âmbitos nacional e internacional.[30]

Por conseguinte, promoveu-se a complementação das áreas do estudo do Direito Internacional em prol do objetivo comum de proteção dos direitos humanos na ordem jurídica transnacional. Assim, surge o Direito Internacional do Desenvolvimento, definido como o ramo do Direito Internacional que visa a garantir o desenvolvimento no âmbito da sociedade internacional, possuindo um caráter transcendental que concorre para a legitimação de políticas públicas nacionais de promoção do desenvolvimento.

---

[30] Íntegra da Declaração pode ser visualizada em: <http://www.un.org/documents/ga/res/41/a41r128.htm>. Acesso em: 7 jul. 2015.

Em diversos documentos internacionais reconhece-se o caráter inalienável do Direito ao Desenvolvimento, a exemplo da Carta Africana dos Direitos do Homem e dos Povos, de 1981, e da Declaração de Viena, de 1993. Em outros, como na Resolução da Assembleia Geral das Nações Unidas nº 626/52, na Resolução nº 2.158/1966 e na Carta dos Direitos e Deveres Econômicos dos Estados, atrela-se a legitimação da exploração de recursos naturais ao progresso e ao desenvolvimento econômico, social e cultural, ademais de instar o fortalecimento das habilidades dos países para exercerem efetivamente suas escolhas sobre como explorar e comercializar seus recursos (*cf.* FIAD, 2013).

A Declaração do Rio, de 1992, fruto da Conferência das Nações Unidas sobre Meio Ambiente e Desenvolvimento (ECO-92), realizada no Rio de Janeiro, segue o mesmo entendimento e traz o Estado como um dos responsáveis por concretizar o desenvolvimento de seu povo ao afirmar que "*todos os Estados e todos os povos devem cooperar na tarefa essencial de erradicar a pobreza como um requisito indispensável para um desenvolvimento sustentável*". Essa Conferência viabilizou a emergência de novos paradigmas nas relações entre os diversos atores internacionais, revitalizando o tema do desenvolvimento econômico sob a aura da sustentabilidade, universalizando e humanizando o seu conceito (REI, 2006, p. 7-8).

Para Celso Alves PEREIRA (1993), tal Direito configura manifestação jurídica voltada à mudança, ao progresso e ao desenvolvimento sustentável, devendo ser capaz de impulsionar o desenvolvimento integrado. A expressão "desenvolvimento sustentável", em realidade, é tida como uma dimensão do Direito ao Desenvolvimento, também originada em âmbito internacional, e definida como o desenvolvimento que satisfaz as necessidades do presente sem comprometer a capacidade de as futuras gerações satisfazerem suas próprias necessidades (CASTRO, 2014, p. 80).[31] Para tanto, VIEIRA (2006, p. 3305) alerta para a necessidade de se utilizar os recursos naturais disponíveis de forma racional, que pressupõe a maximização de sua capacidade produtiva sem levar ao esgotamento das reservas; com isso, garante-se uma melhor qualidade de vida e um meio ambiente ecologicamente equilibrado.

Vê-se, portanto, que a promoção do desenvolvimento não é mera obrigação moral dos Estados, mas obrigação jurídica baseada em normas internacionais, refletida em muitas Constituições, como a brasileira (art. 3º, II). Nessa perspectiva,

---

[31] Como ressalta a autora, a expressão "desenvolvimento sustentável" teve sua primeira utilização registrada no Relatório Brundtland, elaborado em reuniões da Comissão Mundial sobre o Meio Ambiente e Desenvolvimento da ONU. Para maior detalhamento, vide: UNITED NATIONS. Report of the World Commission on Environment and Development: Our Common Future. Disponível em: <http://www.un-documents.net/our-common-future.pdf>. Acesso em: 1 jul. 2015. São exemplos de outros fóruns e diplomas internacionais que contemplam a expressão: a RIO-92, a Declaração de Copenhague sobre Desenvolvimento Social (1995), a Conferência das Nações Unidas sobre Desenvolvimento Sustentável (RIO+20).

uma regulação para a exploração e a produção de recursos não convencionais deve ser elaborada com vistas a propiciar o desenvolvimento socioeconômico e cultural dos Estados e de sua população.

1.5.2. Direito Internacional dos Investimentos

Outra diretriz que deve ser observada pelo regulador ao editar normas para o setor energético é aquela propagada pelo Direito Internacional dos Investimentos, sobre o qual dissertaremos brevemente neste item.

Vê-se uma clara relação entre os investimentos e o campo energético. Como resultado das crises do petróleo da década de 1970 e do aumento dos preços dessa *commodity*, prevaleceu nos mercados internacionais de capital uma ampla liquidez, conduzindo-se a uma significante transferência de rendas dos países mais desenvolvidos para os países exportadores de petróleo. Incapazes de absorver o enorme volume de recursos em suas próprias economias, tais países criaram uma grande liquidez no sistema financeiro internacional por meio dos chamados "petrodólares". Países menos desenvolvidos e não exportadores de petróleo puderam financiar, por meio de endividamento externo crescente, a expansão de suas infraestruturas de telecomunicações, transporte e energia (SANTOS, 2002, p. 25).

Após a escassez de crédito internacional a partir da segunda metade da década de 1980 e a estagnação do setor energético, novo fluxo de investimento direto estrangeiro, principalmente na América Latina, é intensificado na década de 1990, em razão dos processos de reforma institucional que ocorreram no continente, com a abertura dos mercados e a privatização de empresas estatais de infraestrutura.[32]

Salienta RIBEIRO (2014, p. 101) que, já nas décadas de 1970/1980, verifica-se um refinamento nas legislações internas com relação aos investimentos estrangeiros, seja na maior regulação quanto à entrada e à saída de capitais estrangeiros, seja no maior equilíbrio da relação Estado Hospedeiro e Investidor, e respeito à figura do investidor, evoluindo para a constitucionalização de valores como a segurança jurídica, a proteção aos direitos adquiridos e à legítima confiança do particular, o respeito à boa-fé objetiva e a vedação à retroatividade não benéfica.

Sobre o tema, Luiz Olavo BAPTISTA (1998, p. 17-18) destaca que o regime de investimentos estrangeiros se desenvolve em três planos: 1) o do acesso do

---

[32] No caso do Brasil, em particular, os recursos externos diretos aplicados no País mais do que dobraram no período de 1993 a 1999, segundo dados do Banco Central, passando de US$ 73 bilhões para US$ 157 bilhões (em dezembro de 1999). Isso, por um lado, foi benéfico, na medida em que permitiu que o País financiasse sua recuperação econômica após a crise de 1999; por outro, a dependência crescente de investimentos externos faz com que o País esteja mais vulnerável às crises financeiras internacionais.

estrangeiro às atividades econômicas; 2) o da liberdade de ele adquirir e dispor dos bens necessários para a sua atividade econômica; e 3) o da garantia dos direitos individuais que lhe forem concedidos no país. Acoplando os diferentes planos, emerge o Direito Internacional dos Investimentos como um conjunto de parâmetros emanados do Direito Internacional Econômico, com princípios e regras específicas, que se incorporam às leis dos países hospedeiros. Tal Direito surge em resposta às necessidades do pioneiro investidor industrial, igualmente contemplado como sujeito de Direito Internacional, e seu escopo abrange, precipuamente, as relações entre investidores e os Estados hospedeiros de investimentos (RIBEIRO, 2010, p. 11-12).

Articula-se a criação de um conjunto de princípios para reger o Direito Internacional dos Investimentos a partir dos tratados bilaterais, regionais ou multilaterais e dos costumes internacionais, estipulando-se alguns parâmetros mínimos, como os sugeridos por DOLZER e SCHREUER (2008, p. 7-8), tais como: (i) as cláusulas e as condições devem ser estabelecidas à luz do princípio da boa-fé; e (ii) sua amplitude deve ser constitucionalmente validada pelos ordenamentos jurídicos internos e compatível com o Direito Internacional.

Segundo Nicolas SCHRIJVER (1995, p. 164), tais parâmetros são constituídos pelos seguintes postulados: (i) respeito à lei interna do Estado hospedeiro: em princípio, um investidor estrangeiro tem de aceitar e respeitar as leis e costumes do país em que reside e investe; (ii) vedação de tratamento ao investidor estrangeiro abaixo do mínimo exigido no âmbito internacional: o Estado hospedeiro deve garantir um padrão razoavelmente seguro e propício ao investidores; (iii) possibilidade das medidas de expropriação: o Estado hospedeiro reconhecidamente pode interferir na propriedade privada, do investidor, desde que obedeça a certos requisitos protetivos emanados do Direito Internacional.

Há, ainda, outros fatores importantes para balizar a atuação soberana do Estado hospedeiro, como ressalta RIBEIRO (2010, p. 13), sendo eles: (i) o destaque para a natureza e o real propósito da conduta estatal, em que se busca a relação racional entre o propósito da medida expropriatória e o tratamento conferido ao investidor estrangeiro; (ii) o nível da proteção e do risco que o Estado oferece, que visa investigar se a medida foi direcionada especialmente a determinado investidor em conduta discriminatória que é, portanto, vedada; e (iii) o impacto desta medida na legítima expectativa do investidor, assegurada pelo Estado.

Destaque merece ser dado aos parâmetros estabelecidos na jurisprudência internacional decorrentes de tribunais arbitrais, de que é exemplo o ICSID. A este Tribunal são direcionadas, em grande maioria, controvérsias sobre a adequação de medidas regulatórias implementadas por autoridades nacionais em relação aos parâmetros globalmente estabelecidos de tratamento dos investidores estrangeiros. Dentre os parâmetros mais consagrados no âmbito da ICSID, têm-se: a) nação mais favorecida; b) tratamento nacional; c) tratamento justo e equitativo; e d) compensação imediata, adequada e efetiva.

O tratamento justo e equitativo deve ser entendido como a materialização do conceito de Estado de Direito. Ele contém uma série de requisitos específicos que devem ser incorporados no ordenamento jurídico interno por força de acordos em matéria de investimento, como a estabilidade, a previsibilidade e a consistência das regras e relações jurídicas; a observância da legalidade; a proteção da confiança e da legítima expectativa do investidor; a proteção contra a arbitrariedade e discriminação; a transparência; e a proporcionalidade e a razoabilidade (SCHILL, 2006, p. 9-10).

O tratamento nacional, por sua vez, obriga o país receptor a conceder ao investidor estrangeiro (investimento estrangeiro) tratamento não menos favorável do que o tratamento concedido ao investidor/investimento nacional (*cf.* Karla KLOSS, 2008, p. 97).

A cláusula da nação mais favorecida é comum no sistema internacional de comércio, estando presente desde a época dos tratados de amizade, comércio e navegação. De acordo com essa cláusula, os países são proibidos de discriminar entre parceiros comerciais. Dessa forma, se um país oferecer vantagem a outro parceiro comercial, mas tiver em vigor tratado com cláusula de nação mais favorecida com terceiro Estado, a vantagem oferecida será estendida a esse terceiro Estado.

A obrigação da compensação imediata, adequada e efetiva do investidor surge como uma condicionante à adoção de medidas expropriantes por parte do Estado, no exercício de sua soberania permanente sobre recursos naturais. Essa compensação deve ser acompanhada da motivação do ato com base no interesse público, ou motivos de ordem política e socioeconômica, ademais de ater-se ao princípio da não discriminação e da vedação ao confisco (RIBEIRO, 2010, p. 21).

Nesse sentido, vê-se que o Direito Internacional dos Investimentos encoraja uma releitura do conceito de soberania na medida em que o Estado, ao regular setores da economia, deve observar a normativa existente de proteção aos investimentos.

Paralelamente aos direitos garantidos aos investidores, a Novíssima Ordem Internacional apresenta uma série de obrigações a serem cumpridas, em especial, pelas transnacionais e pessoas jurídicas atuantes no cenário internacional e interno, que compõem a chamada governança corporativa, consistente em uma série de regras e princípios utilizados na gestão da companhia. Dentre tais regras e princípios destacam-se a transparência (*disclosure*), a prestação de contas (*accountability*), o senso de justiça e equidade (*fairness*) e a obediência às leis (*compliance*), que visam à valorização da companhia, o aumento de sua confiabilidade e, por conseguinte, o incremento dos investimentos (RIBEIRO, 2014, p. 102).[33]

---

[33] Ver também: RIBEIRO, Marilda Rosado de Sá. As empresas transnacionais e os novos paradigmas do comércio internacional. *In*: DIREITO, Carlos Alberto Menezes; TRINDADE, Antônio Augusto Cançado; PEREIRA, Antônio Celso Alves (Orgs). *Novas perspectivas do direito internacional contemporâneo*: estudos em homenagem ao Professor Celso D. de Albuquerque Mello. Rio de Janeiro: Renovar, 2008.

A ausência de investimento, diga-se de passagem, gerada muitas vezes pelo aumento da percepção de risco de um país, agrava a perda de credibilidade na economia local, provocando a desvalorização da moeda, pressões inflacionárias, necessidade de aumento nas taxas de juros e recessão econômica. Neste ponto, releva notar a importância de uma regulação boa, clara e transparente para facilitar a atração de capital, garantindo a confiança do investidor na nação e, contribuindo, dessa forma, à redução do risco do país.

De se asseverar, por fim, que a proteção aos investimentos é de extrema importância no âmbito da indústria do P&G, e mais ainda com relação aos projetos exploratórios de recursos não convencionais, tendo em vista o incremento dos custos dos projetos, assim como as expectativas em termos de segurança, impacto ambiental e responsabilidade social.

1.5.3. Direito Internacional do Meio Ambiente

Como ensina a professora Marilda Rosado (RIBEIRO, 2013, p. 1), o Direito Internacional do Meio Ambiente, como área nova e dinâmica do Direito Internacional, tem seu nascimento identificado a partir da emergência das preocupações ambientais com os grandes acidentes ambientais ocorridos no século XX. Trata-se de um ramo do Direito Internacional focado na instituição de regras ambientais internacionais com fins de conservação e uso racional do meio ambiente, ínsito ao processo de globalização, vez que também a natureza dos fenômenos físicos não conhece fronteiras entre Estados.[34]

Um marco de grande importância para a evolução do Direito em tela foi a Conferência das Nações Unidas para o Meio Ambiente, realizada em Estocolmo, em 1972 (na qual o Brasil posicionou-se na liderança dos países em desenvolvimento, na polarização que antecedeu a Resolução nº 2.057 (XXV) da Assembleia Geral das Nações Unidas). Nessa Conferência foram definidas as prioridades das futuras negociações sobre meio ambiente, contribuindo para a criação do Programa das Nações Unidas para o Meio Ambiente e de órgãos nacionais dedicados à questão do meio ambiente em países nos quais inexistentes, ao fortalecimento de organizações não governamentais e à maior participação da sociedade civil nas questões ambientais. Na Declaração firmada ao final da Conferência, consagrou-se o programa de cooperação internacional para conservação, recuperação e melhoria de qualidade ambiental em 26 princípios, dos quais diversos dedicados à emancipação econômica dos países subdesenvolvidos.

---

[34] Nesse sentido, Guido SOARES (2001, p. 139) lembra que a poluição, gerada num território bem definido, pode ultrapassar suas fronteiras e causar danos ao território de outros Estados, ou aos espaços internacionais comuns, como o alto-mar, o espaço sideral e a Antártida.

Nessa linha, Guido SOARES (2001, p. 164-165) entende que qualquer tentativa normativa de proteção ao meio ambiente, tomando como referencial o ser humano, só poderá ser eficaz, seja no plano interno dos Estados, seja no âmbito internacional, se basear-se em uma cooperação internacional entre pessoas submetidas à jurisdição dos Estados e entre os próprios Estados. Para esse Professor, a cooperação internacional em matéria ambiental resulta do aprimoramento das normas ambientais, que evoluíram de um enunciado proibitivo para outro de prevalência da prevenção do dano, da assunção de responsabilidades e da assistência recíproca em caso de emergências e acidentes.

O Direito Internacional do Meio Ambiente possui estreita relação com a Indústria do Petróleo e do Gás, e seus princípios são de observância obrigatória na realização das atividades inerentes a essas indústrias, inclusive nas etapas finais dos empreendimentos petrolíferos, consistentes no abandono de poços, desinstalação ou descomissionamento (RIBEIRO, 2013, p. 18).

De se destacar que o escopo e o número de cláusulas atinentes ao meio ambiente inseridas nos contratos celebrados para a exploração, o desenvolvimento e a produção de petróleo e gás cresceu substancialmente nos últimos anos. São exemplos de tais previsões, as restrições quanto à exploração em áreas (*onshore* e *offshore*) utilizadas para fins turísticos; a obrigação de submeter um Estudo de Impacto Ambiental elaborado por especialista independente, contemplando aspectos socioeconômicos e culturais do desenvolvimento do reservatório; obrigação de submissão às autoridades competentes um plano de gerenciamento ambiental; alocação de responsabilidades ambientais ao operador; obrigação de apresentar garantias destinadas à responsabilidade ambiental; obrigação de realizar auditores e permitir fiscalizações de órgãos reguladores nas instalações do operador; obrigação de adotar as melhores práticas e padrões da indústria, com ênfase em práticas protetivas ao meio ambiente, e programas de mitigação de riscos e desastres ambientais; obrigação de restauração de áreas e regras sobre abandono de instalações (MALIK, 2008, p. 150).

Logo, também as diretrizes emanadas do Direito em tela devem ser observadas pelo regulador, em âmbito nacional e/ou global, e com maior rigor em vista dos possíveis riscos ambientais, na edição de uma regulação sobre a exploração e a produção de petróleo e gás não convencionais.

1.5.4. O princípio da eficiência

Segundo lição do professor Alexandre ARAGÃO (2009, p. 31-32), a eficiência deve ser entendida como o "*melhor exercício das missões de interesse coletivo que incumbe ao Estado, que deve obter a maior realização prática possível das finalidades do ordenamento jurídico, com os menores ônus possíveis*", tanto para o próprio

Estado como para as liberdades dos cidadãos. Nesse panorama, argumenta o professor que o ato normativo ou concreto do regulador somente será válido, *ex vi* do princípio da eficiência, se for a maneira mais eficiente ou, ao menos, razoavelmente eficiente de realização dos objetivos fixados pelo ordenamento jurídico.

Nesse contexto, a atuação estatal não deve mais ser balizada apenas pelos critérios da legalidade, moralidade e impessoalidade, mas igualmente no princípio da eficiência, por meio da ênfase na produtividade e obtenção de resultados. Emprega-se, dessa forma, nova lógica ao princípio da legalidade, que seria a "legalidade finalística e material" em detrimento da "legalidade formal e abstrata".[35]

FERRAZ JUNIOR (2011, p. 216-217) afirma que o princípio da eficiência cria para a Administração Pública uma responsabilidade que não se reduz nem ao risco administrativo (responsabilidade pelo risco) nem à igualdade perante os encargos públicos (responsabilidade institucional), mas a de disciplinar a atividade administrativa nos seus resultados (responsabilidade pelo êxito). Para tanto, argumenta-se necessário que a delegação do Legislativo apresente finalidades específicas, postas na forma de princípios finalísticos de ação, não bastando que tenha por objetivo fins genéricos do tipo *interesse público* (ainda que setorial) ou *interesse do consumidor*, exigindo-se o seu detalhamento. Esse detalhamento, realizado no âmbito da competência instrumental delegada, deve estabelecer fins tecnicamente viáveis e os meios adequados a alcançá-los, responsabilizando-se, ao final, pelo êxito.

Acreditamos, ainda, que a eficiência pode ser melhor e mais rapidamente alcançada por meio de uma cooperação/coordenação entre agentes reguladores, em especial, em espaços de regulação compartilhada, em se tratando de matéria, por exemplo, que toque mais de um regulador, como é o caso da exploração de gás natural não convencional, como veremos com maior detalhamento no último capítulo do livro.

1.5.5. O princípio da legitimidade

Além da submissão à eficiência, a atuação do regulador deve obediência ao princípio da legitimidade. Esta, ademais de exigir o respeito aos direitos fundamentais, relaciona-se com a democratização da atuação administrativa, com a participação do cidadão na tomada de decisões públicas. Trata-se, conjuntamente com a finalidade, a eficiência e o resultado, de novo paradigma vigente no Estado pós-moderno, no qual deve o administrador público se pautar. Esses novos paradigmas são acrescidos aos da existência (realidade), da validade (legalidade)

---

[35] Nesse sentido, vide decisão proferida pelo Tribunal de Contas da União (Decisão nº 765/1999-Plenário), na qual se afirmou que "*a atuação administrativa legítima, nos dias atuais, será aquela que, além de realizar os princípios tradicionais da impessoalidade, legalidade, etc., igualmente dê ênfase à obtenção de resultados positivos sob o ponto de vista da eficiência, da economicidade*".

e da eficácia (aptidão para produção de efeitos jurídicos) que qualificam juridicamente a ação administrativa (*cf.* MOREIRA NETO, 2008, p. 28-29).

Com efeito, sabe-se que, em uma democracia, a atividade de governo cabe àqueles democraticamente eleitos, a quem incumbe a direção da máquina pública, com obediência aos objetivos e princípios que, apresentados à sociedade, ensejaram-lhes os mandatos conferidos por sufrágio. A legitimidade democrática dos governantes, porém, como bem alerta MARQUES NETO (2005, p. 81), não implica dizer que, eleitos, possam dispor da máquina estatal como bem entendam. Dessa forma, nada impede que existam espaços públicos – no caso, instituições independentes – nos quais a ingerência estatal seja restrita e condicionada pela lei. Nas palavras do doutrinador:

> A democracia pressupõe instrumentos para que, observados os ritos e o processo institucional, se implementem objetivos gerais da política macro do governante eleito (só os marcos gerais podem ser eleitoralmente referendados), obrigando uma negociação com os outros setores da sociedade (mesmo os derrotados eleitoralmente) e permitindo mecanismos de controle e validação do que será implementado, considerando todos os interesses envolvidos. (MARQUES NETO, 2005, p. 83-84).

Entendemos necessário, contudo, o reforço de determinados aspectos para que se reforce a legitimidade democrática das agências reguladoras. Conforme nos ensina MOREIRA NETO (2008, p. 24), o novo conceito de constitucionalização não estaria completo sem a funcionalização de seu conteúdo, devendo o Estado, além de afirmar o seu primado de valores, garanti-los e promovê-los por meio de políticas públicas adequadas, pautadas pelo primado dos direitos humanos e da democracia integral (substancial). Para a democracia ser considerada plena, faz-se necessária, segundo o jurista (1992, p. 27), a efetivação da "legitimidade corrente" e da "legitimidade finalística", que significam, respectivamente, a participação no exercício do poder e a participação no controle dos resultados do poder, devendo tal legitimidade ser aferida em função da satisfação das expectativas e necessidades dos administrados constitucionalmente asseguradas.

No mesmo sentido, observa BINENBOJM (2008, p. 56), à luz do pensamento procedimentalista de Habermas, que os direitos fundamentais do homem passam a ser compreendidos como condições viabilizadoras da participação dos cidadãos na formação do consenso democrático, sendo certo que "*o direito legítimo será aquele em que os cidadãos participam não apenas como destinatários, mas também como autolegisladores*". Nessa perspectiva, o Estado apenas será legítimo e justificável nesse ambiente de confluência da democracia e do respeito aos direitos fundamentais; a Constituição, por ser o espaço em que se interacionam esses dois elementos, deve irradiar-se para toda a ordem jurídica do Estado.

A permeabilidade, como forma de garantia da legitimidade, como ensina MARQUES NETO (2005, p. 65), envolve (i) mecanismos de participação nas atividades dos órgãos reguladores (como audiências, consultas públicas, sessões de deliberação abertas); (ii) a institucionalização de organismos de representação da sociedade no cumprimento das funções do regulador (como conselhos consultivos); (iii) a institucionalização de espaços de interlocução entre regulador e regulado (mesas de negociação, comitês técnicos); (iv) a disponibilidade aos interessados do acervo de informações amealhado pelo regulador, com facilitação de acesso e possibilidade de cruzamento com outros bancos de dados; (v) a abertura de órgãos com as ouvidorias ou conselhos de representantes dos operadores ou usuários; (vi) a formação de convênios com órgãos governamentais ou não governamentais que permitam o intercâmbio de experiências, demandas e informações relevantes para o setor regulado; e (vii) o incentivo à criação, na sociedade, de agrupamentos voltados a participar da atividade regulatória, como conselhos de usuários ou comitês de acompanhamento dos regulados.

Logo, é pressuposto para uma atividade regulatória legítima que a atuação dos reguladores seja condicionada pela abertura aos atores sociais, franqueando e incentivando o envolvimento do administrado na formulação da decisão regulatória, por meio do diálogo e da transparência (com a divulgação de informações relevantes), em meio a uma efetiva deliberação pública, que trará, como consequência, uma maior aceitação dos destinatários dessas decisões.

1.5.5.1. Mecanismos de controle dos atos administrativos dos reguladores à luz do sistema de freios e contrapesos como reforço ao princípio da legitimidade

Com vistas a conferir maior legitimidade aos atos editados por reguladores, mitigando, de certa forma, sua plena autonomia, tem-se a possibilidade de controle desses atos e decisões pelos Poderes Executivo, Legislativo e Judiciário, como exemplificamos concretamente no último capítulo.

De se reconhecer primeiramente que, apesar de sua independência, as políticas setoriais propostas pelas agências devem se adequar ao planejamento macroeconômico do governo, bem como às metas e diretrizes por este traçadas, já que integram tais entidades à Administração Pública, ainda que indireta ou descentralizada. Assim é que o Poder Executivo central possui mecanismos de controle sobre a atuação das agências por meio da verificação do atendimento dessas metas e diretrizes.[36]

---

[36] Nos Estados Unidos, o controle presidencial é intensificado pela atuação do Office of Management and Budget (OMB), encarregado de supervisionar as propostas orçamentárias das agências, e do Office of Information and Regulation Affairs (OIRA), vinculado ao OMB e responsável pela conformidade da atuação das agências com as políticas traçadas pelo

Admite-se igualmente o controle dos atos das agências pelo Poder Legislativo, que pode ser prévio, isto é, por meio do exame do projeto de norma antes de sua submissão ao devido processo regulatório, ou posterior à edição do ato.[37] Defende-se que o Legislativo fixe *standards* para que a regulação tenha limites claros (e não ocorra pura e simples delegação legislativa) e que possa acompanhar o cumprimento dos objetivos definidos para o setor, exigindo relatórios detalhados e submetendo-os às comissões específicas do Parlamento.[38]

O terceiro controle é o exercido pelo Judiciário sobre a juridicidade dos atos regulatórios,[39] bem como dos procedimentos adotados previamente à sua edição, evitando condutas caprichosas ou arbitrárias por parte do regulador.[40] A doutrina tradicional tratou a questão da sindicabilidade do ato administrativo com severa restrição. Entendia-se, inicialmente, que o mérito administrativo não estava sujeito a controle judicial, por se tratar de assunto que a Constituição

---

Chefe do Executivo. Destaque é feito por OLIVEIRA (2010, p. 139) para as sucessivas ordens emitidas pelo Presidente Reagan, à época, por via das quais se submeteram os atos das agências à prévia aprovação do OMB, e outras emitidas pelo então Presidente Bill Clinton, que estabeleceu a necessidade de comunicação prévia dos procedimentos regulatórios ao órgão central do governo. No Brasil, a CRFB/1988 prevê, em seu art. 87, parágrafo único, inciso I, a competência dos Ministérios para *exercer a orientação, coordenação e supervisão* (logo, controle) *dos órgãos e entidades da administração federal na área de sua competência* (nestas incluídas as agências reguladoras).

[37] Em termos de Brasil, extrai-se do art. 49, inciso V, da CRFB/1988, a possibilidade de o Legislativo suspender a eficácia dos atos normativos dos reguladores que ultrapassem os limites legais, na tentativa de desincentivar a prática de abusos por parte desses agentes. Adicionalmente, o inciso X do mesmo dispositivo prevê a possibilidade de o Congresso Nacional fiscalizar e controlar os atos da Administração Indireta. Tal controle, contudo, não impõe uma atuação restrita do regulador às ordens do legislador, mas, sim, sugere que a agência paute suas condutas segundo a legislação pela qual foram constituídas (*cf.* BINENBOJM, 2008, p. 293). É uma forma de o Legislativo assegurar o cumprimento das atribuições e metas definidas em lei, ao mesmo tempo em que mitiga o *déficit* democrático das agências, pois são fiscalizadas por representantes diretamente eleitos pelo povo.

[38] A título de ilustração, destaque merece ser feito à Lei nº 9.472/1997 (lei criadora da ANATEL) que, em seu art. 19, XXIX, prevê expressamente a necessidade de a agência enviar o relatório anual de suas atividades ao Ministério das Comunicações e, por intermédio da Presidência da República, ao Congresso Nacional.

[39] Tradicionalmente, a doutrina afirma que o controle judicial dá-se sobre a legalidade e razoabilidade do ato administrativo regulatório. No entanto, na concepção moderna do Direito Administrativo Constitucionalizado, entendemos que tal controle da atuação administrativa deva se dar à luz de todo ordenamento jurídico, incluindo os princípios constitucionais.

[40] No âmbito do Direito brasileiro, este controle pode se dar pela via direta, por meio de Ação de Arguição de Descumprimento de Preceito Fundamental, pelos legitimados do art. 103 da CRFB/1988 (*cf.* art. 2º da Lei nº 9.882/1999), ou pela via indireta, por qualquer interessado que tenha tido seu direito lesionado ou ameaçado, nos termos do art. 5º, inciso XXXV da CRFB/1988 (incluindo-se a via do mandado de segurança, ação popular), ou coletivamente, por meio de ações civis públicas, regidas pela Lei nº 7.347/1985.

reservou à Administração Pública. Posteriormente, essa doutrina evoluiu para a possibilidade de questionamento do mérito do ato administrativo nas hipóteses de abuso, excesso e desvio de poder. Ainda em termos evolucionários, reconheceu-se que a esfera de escolhas conferidas ao administrador, apesar de sua discricionariedade técnica, não o autorizaria à prática de atos irrazoáveis ou desproporcionais, sendo cabível o seu controle com fundamento no viés substantivo do devido processo legal.[41-42]

Em que pese prevalecer em algumas jurisdições a deferência do Poder Judiciário às escolhas técnicas do regulador, não se pode dizer de forma terminante que a tecnicidade da questão impede o conhecimento pelo juiz independente de eventual questão trazida pelo administrado.[43] Isso porque o controle jurisdicional da Administração Pública é um dos pilares da separação de poderes no Estado de Direito, pois visa garantir que a Administração atue em conformidade

---

[41] A propósito do tema, destaque-se posição de Almiro do Couto e SILVA (1990, p. 60) com respeito ao exame judicial de atos administrativos de aplicação de conceitos jurídicos indeterminados, segundo a qual tal controle não estaria sujeito a um limite estabelecido previamente na lei. Caberia ao próprio julgador, no momento da decisão, verificar se há um limite ou não ao controle judicial. Para o doutrinador, haverá limite se, em face da complexidade do caso, da diversidade de opiniões e pareceres, não podendo ver com clareza qual a melhor solução, não lhe couber alternativa senão a de pronunciar um *non liquet*, deixando intocável a decisão administrativa. Similarmente, CYRINO (2010, p. 135) defende que, salvo quando se estiver diante de regras, ou das zonas de certeza dos conceitos jurídicos indeterminados, o *judicial self-restraint* deverá, em linha do princípio, orientar o Poder Judiciário.

[42] No direito norte-americano, prevalece a adoção pelos magistrados da doutrina *Chevron* (decorrente do caso Chevron USA, Inc. v. Natural Resources Defense Council, Inc., 467 US 837 (1984)), que reflete entendimento corrente da Suprema Corte quanto aos limites do poder normativo das agências reguladoras nos Estados Unidos e o controle de sua juridicidade pelo Judiciário. Há, para tal doutrina, duas etapas a serem seguidas pelo juiz: primeiramente, as cortes deverão utilizar as ferramentas tradicionais de interpretação, buscando verificar a verdadeira intenção legislativa; se a norma for clara, o juiz poderá controlar a interpretação dada pela Agência; porém, se houver um espaço para a atuação do regulador, passa-se a uma segunda etapa, qual seja, a Corte deverá verificar se a norma regulatória decorreu de uma construção autorizada pelo ato legislativo a partir de critérios de razoabilidade, que orientam para uma maior deferência judicial às decisões das agências, que teriam amplo espaço de deliberação em matérias deixadas em aberto.

[43] Sob a perspectiva do ativismo judicial, CYRINO (2010, p. 193 e ss) trata igualmente dos limites para a atuação do juiz no exercício do controle da regulação econômica (leia-se, leis e atos normativos editados por reguladores), entendendo, com fundamento no pragmatismo de Richard Posner e no raciocínio econômico de Stephen Breyer, ser possível considerar elementos econômicos no controle desses atos. POSNER (2003, p. 61), em superação ao conceito formalista de *rule of law*, propõe uma postura do juiz que vá além de uma conformidade cega com normas preexistentes e busque, em suas decisões, obter os melhores efeitos sistêmicos, mantida a estabilidade do Direito; acredita que a referida conformidade cega consistiria em uma renúncia à flexibilidade judicial, à criatividade e à capacidade de adaptação do juiz.

com a ordem jurídica, consistindo em elemento essencial do sistema de freios e contrapesos.[44]

Outrossim, argumenta-se que o controle judicial foi ampliado pela doutrina do *hard look* que, de um lado, impele ao administrador motivar os seus atos e, por outro, legitima o Poder Judiciário a avaliar se o regulador conferiu a devida atenção às contribuições das partes interessadas à edição de determinada norma. Trata-se de um princípio de criação jurisprudencial,[45] cujo pressuposto é o prévio dever administrativo de elaboração de um *record* exaustivo e completo, para além dos casos em que a lei expressamente o prever, possibilitando um amplo controle judicial (*cf.* MONCADA, 2001, p. 127-134).

Aponte-se, por fim, o controle exercido pela sociedade, que pode se dar de forma direta, por meio da via participativa, quanto de forma indireta, por meio de mecanismos de pressão. Esse controle é feito preponderantemente pelos agentes econômicos regulados; porém, estende-se a todo titular de direitos atingidos pela atividade regulatória e/ou cidadãos cujos interesses sejam direta ou indiretamente afetados por tal atividade. Didaticamente, é possível registrar dois níveis de interesses envolvidos no controle social da regulação estatal: os interesses individuais e os interesses difusos e coletivos. Os primeiros abarcam administrados que desenvolvem uma relação de parceria com a Administração, e aqueles submetidos, de alguma maneira, à regulação, sem que figurem como parceiros da Administração.[46] No que tange aos interesses coletivos ou difusos, destaca-se a posição dos consumidores (sejam eles consumidores efetivos dos bens e serviços objetos da regulação, ou consumidores potenciais) e de núcleos de defesa de interesses mais amplos, como entidades ambientalistas, as quais,

---

[44] CYRINO (2010, p. 220) argumenta que é necessário haver uma reflexão de viés institucional que deva ter compromisso com o diálogo entre as instituições e defende um modelo promotor de interações e cooperação entre diversos órgãos e entidades técnicos e magistrados, com um intuito de aperfeiçoar a regulação, a realização de direitos e o controle judicial.

[45] No *leading case* em que é aplicada tal doutrina – Motor Vehicle Manufactures *v.* State Farm Mutual –, a Suprema Corte anulou a decisão do Departamento de Transportes de revogar norma instituidora da exigência de instalação de sistemas automatizados de segurança veicular, por entender tratar-se de um ato praticado com excesso de poder, já que (i) sem fundamentação adequada para a mudança de norma e (ii) por não ter respondido às questões suscitadas durante a discussão que precedeu à edição da norma, que versavam, basicamente, sobre maior ou menor vantagem dos sistemas convencionais em relação aos automáticos de proteção ao passageiro.

[46] MARQUES NETO (2005, p. 114-115) distingue os interesses dos administrados parceiros e não parceiros da Administração Pública da seguinte forma: os administrados que travam parceria com a Administração concentram sua demanda na busca do maior grau de certeza e segurança jurídica possíveis no ambiente regulado, visando resguardar investimentos realizados e garantir o maior rendimento possível; por outro lado, os administrados que não são parceiros tendem a pugnar para que a regulação seja a mais tímida e reduzida possível, com vistas a mitigar os ônus advindos de sua sujeição à atividade ordenadora das agências.

diga-se de passagem, tiveram forte atuação no que concerne à regulação criada para a exploração de petróleo e gás não convencionais, como trataremos no quarto capítulo deste livro.

1.5.6. O princípio da participação

A participação popular ganha suporte filosófico na teoria do discurso de Jürgen Habermas e na teoria da argumentação jurídica de Robert Alexy. HABERMAS (2003, p. 32) preocupa-se em legitimar o direito por meio da adesão dos cidadãos aos procedimentos de sua criação – por considerar que o ordenamento não pode subsistir apenas pelo uso da força –, podendo defender suas ideias por meio de argumentos. Reconhece o estudioso que os cidadãos são, ao mesmo tempo, autores e destinatários dos direitos, e propõe a noção de "democracia deliberativa", fundada no procedimento discursivo e na institucionalização de processos e condições de comunicação que permitam um discurso entre cidadãos livres e iguais.

Nessa perspectiva habermasiana de democracia deliberativa procedimental, ao contrário do que ocorre no modelo de democracia representativa, a legitimidade das decisões públicas não se resume à vontade pura e simples da maioria, nem se perfaz apenas no momento das eleições; sendo, portanto, fundamental um processo comunicativo permanente entre o Estado e a população, para que se discutam ideias e se prestem as devidas justificativas. Na mesma linha, ALEXY (2005, p. 190) aponta uma série de regras procedimentais, monológicas e dialógicas, que garantem a racionalidade do procedimento argumentativo e dos seus respectivos resultados. O Direito seria, na visão desse autor, um sistema de regras, princípios e procedimentos.

É nesse contexto, de reconhecimento e participação popular como elemento de legitimação na tomada de decisões públicas, que emerge o princípio da participação na atividade regulatória, que visa superar o descrédito gerado pela ineficiência do modelo representativo e legitimar a decisão pública a ser tomada para que os destinatários finais das normas e decisões a aceitem mais facilmente (*cf.* OLIVEIRA, 2010, p. 116).[47]

---

[47] Marcos Juruena Villela SOUTO (2012, p. 301) conceitua o Direito de Participação como *"instrumento de atendimento dos princípios republicano, democrático, do devido processo legal, da eficiência, da legitimidade e da publicidade"*. Em relação aos princípios republicano e da publicidade, explica o saudoso jurista que aquele que administra bem alheio tem o dever de prestar contas de suas ações, por meio de um processo que assegure a visibilidade de suas ações e decisões e a participação dos administrados; no que tange ao princípio democrático, afirma que a formação da vontade do Estado decorre da vontade da sociedade livremente manifestada, não podendo esta ser desconsiderada; a considerar que a decisão regulatória implica escolhas que restringem direitos, faz-se necessário assegurar a ampla defesa (devido

Sobre o princípio da participação, afirma MOREIRA NETO (2000, p. 152) que:

> Em teoria, o Princípio da Participação tem plena aplicação em vários aspectos em que o Instituto pode ser analisado, mas a sua importância sobressai principalmente pela criação de uma conexão administrativa imediata e despolitizada, às vezes bastante interativa, entre a agência e o administrado interessado.

O princípio da participação é também consagrado e praticado em âmbito internacional e transnacional por meio de procedimentos de *public notice and comment*, seja em agências reguladoras, seja em espaços globais de regulação, como ocorre no Comitê da Basileia. Esse Comitê, a título de ilustração, passou a dar transparência e publicidade no seu processo de elaboração de normas, por meio da submissão de seus projetos de acordo aos comentários de quaisquer interessados, que são postados no sítio eletrônico do Comitê, o que permite ao público avaliar se os seus comentários estavam ou não sendo considerados pela Comissão. Com base nos comentários que são apresentados, o Comitê elabora alterações e submete a nova versão do projeto à consulta pública, instaurando um diálogo com os regulados até chegar a um consenso, de forma a conferir maior legitimidade e *accountability* (*cf*. BAPTISTA e RIBEIRO, 2014, p. 810-811).

Alguns ordenamentos jurídicos consagram expressamente o princípio da participação, como é o caso da Constituição portuguesa e espanhola, respectivamente transcritas a seguir:

> *Artigo 267, 1. A Administração Pública será estruturada de modo a evitar a burocratização, a aproximar os serviços das populações e a assegurar a participação dos interessados na sua gestão efetiva, designadamente por intermédio de associações públicas, organizações de moradores e outras formas de representação democrática.*[48]

> *Art. 9º, 2. Corresponde a los poderes públicos promover las condiciones para que la libertad y la igualdad del individuo y de los grupos en que se integra sean reales y efectivas; remover los obstáculos que impidan o dificulten su plenitud y facilitar la participación de todos los ciudadanos en la vida política, económica, cultural y social.*

---

processo legal) desses regulados; finalmente, para se alcançar a eficiência no exercício da atividade regulatória, consistente no equilíbrio entre custos e benefícios da regulação, por meio da ponderação entre interesses, é preciso que haja a participação da sociedade para que também seus interesses sejam conhecidos pelo regulador.

[48] Portugal, Constituição da República Portuguesa de 1976 (VII Revisão Constitucional [2005]), disponível em: <http://www.parlamento.pt/Legislacao/Paginas/ConstituicaoRepublicaPortuguesa.aspx>. Acesso em: 9 jan. 2015.

(...)

Art. 105. La ley regulará:

a) La audiencia de los ciudadanos, directamente o a través de las organizaciones y asociaciones reconocidas por la ley, en el procedimiento de elaboración de las disposiciones administrativas que les afecten.

b) El acceso de los ciudadanos a los archivos y registros administrativos, salvo en lo que afecte a la seguridad y defensa del Estado, la averiguación de los delitos y la intimidad de las personas.

c) El procedimiento a través del cual deben producirse los actos administrativos, garantizando, cuando proceda, la audiencia del interesado.[49]

Em comentário ao art. 9º, anteriormente transcrito, Cristina Rodriguez Coarasa, professora titular da Universidad Rey Juan Carlos,[50] afirma que a Constituição Espanhola reconhece a igualdade material, real e efetiva, de todos os indivíduos da sociedade, devendo o Poder Público intervir para que seus cidadãos possam usufruir plenamente de todos os direitos que lhe são constitucionalmente garantidos, independentemente de sua situação social.

No que tange ao art. 105 da Constituição espanhola, Ernesto García Trevijano, professor titular da Universidad Complutense, pontua algumas observações sobre a norma. Primeiramente, ressalta que tal norma constitucional estabelece três obrigações (garantias) que, apesar da reserva legal, possuem aplicação imediata, conforme já decidido pelo Tribunal Constitucional (sentença 18/1981[51]), cabendo a tutela judicial caso descumpridas. São elas: a) a audiência dos cidadãos no procedimento de elaboração de normas administrativas (regulatórias) que lhes afetem; b) o acesso aos arquivos e registros administrativos; c) a audiência de interessados nos procedimentos que antecedem a edição de atos administrativos. O preceito constitucional estabelecido na alínea "a" desse art. 105 admite que a audiência possa ocorrer com os cidadãos diretamente ou por meio de organizações e associações, reconhecidas por lei, que defendam os seus direitos e interesses legítimos, já que se trata da elaboração de normas que, de alguma forma, os afetarão. Trata-se de hipótese mais ampla que a contida na alínea "c" dessa norma, pois esta restringe apenas aos diretamente interessados. Em ambos os casos é concedido prazo aos interessados ou a seus representantes

---

[49] Espanha, Constituição Espanhola de 1978, disponível em: <http://www.congreso.es/consti/constitucion/indice/index.htm>. Acesso em: 9 jan. 2015.

[50] Espanha, Constituição Espanhola de 1978, disponível em: <http://www.congreso.es/consti/constitucion/indice/sinopsis/sinopsis.jsp?art=9&tipo=2>. Acesso em: 9 jan. 2015.

[51] Espanha, Constituição Espanhola de 1978, disponível em: <http://www.congreso.es/constitucion/ficheros/sentencias/stc_018_1981.pdf>. Acesso em: 9 jan. 2015.

para apresentarem suas manifestações e documentos que entendam pertinentes, tendo direito de vista sobre todo o procedimento (e documentação correlata).

Ao que afirma o professor Ernesto García Trevijano,[52] não existe uma jurisprudência uniforme espanhola acerca das consequências invalidatórias do ato administrativo quando não precedido de participação popular (leia-se: audiência pública). Há decisões que consideram a ausência de audiência como um vício inoperante ou irregularidade que não invalida, dependendo das circunstâncias concretas do caso; outras decisões consideram tratar-se de caso de anulação enquadrada no art. 63 da Lei 30/1992,[53] e, por fim, decisões que consideram que tal omissão gera vício de nulidade absoluta, por violar um direito fundamental.

No âmbito da União Europeia, destaque merece ser feito à previsão expressa do princípio da democracia participativa no art. I-47 do Tratado que estabelece uma Constituição para a Europa, assinado em 29 de outubro de 2004, em Roma, porém ainda não ratificado.[54] *In verbis*:

Princípio da democracia participativa
1. As instituições, recorrendo aos meios adequados, dão aos cidadãos e às associações representativas a possibilidade de expressarem e partilharem publicamente os seus pontos de vista sobre todos os domínios de ação da União.
2. As instituições estabelecem um diálogo aberto, transparente e regular com as associações representativas e com a sociedade civil.
3. A fim de assegurar a coerência e a transparência das ações da União, a Comissão procede a amplas consultas às partes interessadas.
4. Um milhão, pelo menos, de cidadãos da União, nacionais de um número significativo de Estados-Membros, pode tomar a iniciativa de convidar a Comissão a, no âmbito das suas atribuições, apresentar uma proposta adequada em matérias sobre as quais esses cidadãos considerem necessário um ato jurídico da União para aplicar a Constituição. As normas processuais e as condições para a apresentação de tal iniciativa pelos cidadãos, incluindo o número mínimo de Estados-Membros de que aqueles devem provir, são estabelecidas por lei europeia.[55]

---

[52] Espanha, Constituição Espanhola de 1978, disponível em: <http://www.congreso.es/consti/constitucion/indice/sinopsis/sinopsis.jsp?art=105&tipo=2>. Acesso em: 9 jan. 2015.

[53] Lei nº 30/1992, de 26 de novembro de 1992, que dispõe acerca do regime jurídico da Administração Pública e dos procedimentos administrativos comuns. Disponível em: <https://www.boe.es/buscar/doc.php?id=BOE-A-1992-26318>. Acesso em: 9 jan. 2015.

[54] Atualização constante do sítio: <http://europa.eu/eu-law/decision-making/treaties/index_pt.htm>. Acesso em: 9 jan. 2015.

[55] Disponível em: <http://europa.eu/eu-law/decision-making/treaties/pdf/treaty_establishing_a_constitution_for_europe/treaty_establishing_a_constitution_for_europe_pt.pdf>. Acesso em

Paralelamente, pode-se extrair do art. 37, § 3º da Constituição brasileira, com redação dada pela Emenda Constitucional nº 19, de 1998, o princípio da participação na Administração Pública. Confira-se a redação da norma:

> § 3º A lei disciplinará as formas de participação do usuário na administração pública direta e indireta, regulando especialmente:
>
> I – as reclamações relativas à prestação dos serviços públicos em geral, asseguradas a manutenção de serviços de atendimento ao usuário e a avaliação periódica, externa e interna, da qualidade dos serviços;
>
> II – o acesso dos usuários a registros administrativos e a informações sobre atos de governo, observado o disposto no art. 5º, X e XXXIII;
>
> III – a disciplina da representação contra o exercício negligente ou abusivo de cargo, emprego ou função na administração pública.

Entendemos que as hipóteses previstas nos incisos I a III anteriormente transcritas não são taxativas (*regulando especialmente*), pelo que entendemos defensável, em conjunto com o princípio democrático em sede administrativa (art. 1º, CRFB/1988), extrair a obrigação de os interessados participarem efetivamente na elaboração de normas e no processo decisório levado a cabo pelas Agências Reguladoras, ainda que não prevista tal participação em suas leis criadoras, por força do princípio da juridicidade, antes examinado.[56]

Apenas para fazer um contraponto, importante ressaltar que existe na doutrina (principalmente estrangeira) quem critique o princípio da participação na Administração Pública. Mesmo na Espanha, por exemplo, que tal princípio restou consagrado constitucionalmente, há quem afirme, como Juan Alfonso Santamaría PASTOR (2004, p. 113), que a participação é uma linha de atuação possível e lícita no marco de um Estado democrático, porém não um preceito constitucional vinculante e de eficácia genérica. Entendemos que tal posição, ademais de contrariar a cláusula de Estado Democrático de Direito e a teoria da efetividade das normas constitucionais,[57] vai de encontro a toda a moderna construção do consensualismo administrativo, figurando, a nosso ver, como verdadeiro retrocesso.

---

9 jan. 2015. Para mais informações sobre a iniciativa de cidadania europeia, ver: <http://ec.europa.eu/citizens-initiative/public/?lg=pt>.

[56] A participação popular é também prevista no art. 3º, inciso. I, da Lei nº 10.683/2003, que determina à Secretaria de Governo da Presidência da República assistir o Presidente da República no relacionamento e articulação com as entidades da sociedade civil e na criação e implementação de instrumentos de consulta e participação popular de interesse do Poder Executivo.

[57] Para aprofundamento do tema, ver: BARROSO, Luís Roberto. *O Direito Constitucional e a efetividade de suas normas* – limites e possibilidades da Constituição brasileira. 7. ed. Rio de Janeiro: Renovar, 2003.

CAPÍTULO 2

A REGULAÇÃO DO PETRÓLEO E DO GÁS NATURAL NO BRASIL

Sumário: 2.1. Da emergência do moderno Estado Regulador brasileiro – 2.2. A criação da Agência Nacional do Petróleo, Gás Natural e Biocombustíveis – 2.3. Da base constitucional para a regulação dos recursos naturais – 2.4. Os modelos regulatórios atualmente vigentes no Brasil para a E&P de P&G – 2.5. Um panorama sobre a regulação aplicável às atividades de exploração, desenvolvimento e produção de P&G no modelo da concessão: 2.5.1. Direitos e obrigações contratuais e normativa aplicável; 2.5.2. Sanções contratuais e administrativas; 2.5.3. Cessão de participação indivisa.

2.1. Da emergência do moderno Estado Regulador brasileiro

As diretrizes liberais inspiraram e preponderaram no Estado brasileiro durante o século XIX e início do século XX, período em que o Brasil adotou uma postura não intervencionista. Limitava-se a conceder empréstimos especiais às companhias estrangeiras aqui instaladas, em especial no ramo das ferroviais que se expandia, garantindo-lhes os respectivos rendimentos.

Com as cíclicas crises econômicas do início do século XX e a constatação da insuficiência do modelo liberal, há no Brasil, nesse período, o rompimento do projeto liberal e o surgimento da figura do Estado Social, que passa a intervir com maior intensidade na economia, com vistas à correção de conflitos entre capital e trabalho. Há a nacionalização de empresas e o controle estratégico da economia nas mãos do Estado, cuja prioridade é transferida da proteção das liberdades individuais para a promoção de ações sociais e da igualdade material (*cf.* DINIZ, 2010, p. 246).

A Constituição Federal de 1934 absorveu essa tendência e inaugurou no constitucionalismo brasileiro o que se denomina de "Constituição Econômica", inspirada na Constituição de Weimar, definindo as funções do Estado como agente normativo e regulador da atividade econômica. A partir desse ano, o Estado passa a participar ativamente da atividade econômica, assumindo a postura de empreendedor (Estado desenvolvimentista). Para tanto, cria-se a Administração Pública Indireta, composta por empresas públicas e sociedades de economia mista, além de autarquias e fundações, para atuar em paralelo com a iniciativa privada,[1] ao mesmo tempo em que estabelece regras de convivência entre ambos, à luz do princípio da igualdade.[2]

O Estado Social, contudo, não se sustentou (apesar de subsistir por meio século aproximadamente). Note-se que, com o nacionalismo econômico inflado, ocorreu o inchaço da máquina estatal por meio de empregos públicos e benefícios concedidos, e o aumento da burocracia. O cenário, ao final do século XX, é de crise fiscal, em que o potencial arrecadatório não supre as demandas de sua estrutura, elevando-se o *déficit* público, a inflação, os juros e a insatisfação e descrédito popular. Acresce-se a isso a constatação da ineficiência das atividades econômicas prestadas pelo Estado, assim como a falência do sistema previdenciário e de crédito bancário, que determinaram que o Estado devesse reduzir dimensões (*cf.* BARROS FILHO, 2010, p. 420).

Ao longo da década de 1990, foi institucionalizado no Brasil o modelo de Estado Regulador, exercido por meio de agências independentes, resultante do processo global de reforma do Estado e de seu consequente afastamento de empreendimentos produtivos e de serviços básicos, por meio da privatização de empresas estatais e da liberalização financeira, e das reformas estruturais capazes de reduzir os deveres do Estado perante a sociedade, em função dos escassos recursos disponíveis.[3]

A opção pela desestatização no Brasil recebeu inspiração de ideários internacionais, sobretudo do Fundo Monetário Internacional, em vista da necessidade de se reduzir o *déficit* público e gerar *superávit* primário para o adimplemento de obrigações assumidas perante financiadores estrangeiros. Com esse objeti-

---

[1] São exemplo de estatais criadas: a Petrobras, a Eletrobras, a Telebras, a Caixa Econômica Federal.

[2] Nesse período, o Estado brasileiro, presidido por Getúlio Vargas, assume o protagonismo do desenvolvimento econômico e institui políticas típicas do Estado Social, como a proteção ao desemprego (com a criação do FGTS e do seguro-desemprego), a concessão de benefícios previdenciários, e constitui-se em um agente fomentador da expansão industrial, por meio de incentivos veiculados pelo Banco Nacional de Desenvolvimento Econômico e Social (BNDES), fundado em 1952. Na década de 1960, há a implementação de um arcabouço normativo para regular o sistema financeiro. Dentre as ações propostas, tem-se a criação do Conselho Administrativo de Defesa Econômica (CADE), entidade responsável pelo controle da concorrência econômica, e do Banco Central do Brasil (BACEN), responsável pelo controle do Sistema Financeiro Nacional.

[3] Diversas foram as emendas constitucionais promulgadas à época que viabilizaram a implementação do novo modelo, a saber: a EC nº 5/1995, que contemplou o fim da exclusividade da prestação direta, pelos Estados-membros, dos serviços locais de gás canalizado; a EC nº 6/1995, responsável pela extinção do tratamento favorecido para as empresas brasileiras de capital nacional, especialmente quanto à pesquisa e à lavra de recursos minerais e ao aproveitamento dos potenciais de energia hidráulica; a EC nº 8/1995, que eliminou a exclusividade estatal na prestação dos serviços de telecomunicação; EC nº 9/1995, que flexibilizou o monopólio sobre o exercício das atividades de exploração e produção de petróleo.

vo, empreendeu-se um pacote de medidas, dentre as quais as privatizações de empresas estatais. Esperava-se que a retirada do Estado da atividade produtiva seria suprida, com maior êxito e eficiência, pela iniciativa privada, cabendo ao Estado zelar para que eventuais crises cíclicas do mercado fossem superadas, propiciando, dessa forma, um ambiente adequado para a estabilidade e o desenvolvimento econômico (*cf.* DINIZ, 2010, p. 241).

É então promovida a abertura de setores do mercado brasileiro, outrora fechados à iniciativa privada, com a consequente criação de agências reguladoras independentes para regular tais setores, impondo aos particulares a adequação das atividades aos fins colimados pelo Estado e às estratégias econômicas e administrativas inspiradoras desse processo de desestatização. A ideia que presidiu a criação dessas entidades independentes era dotar o Estado de órgãos que possuíssem agilidade, especialidade e conhecimento técnico suficientes para o direcionamento de determinados setores da atividade econômica, criando um cenário favorável ao investimento. A criação de alguns desses órgãos é prevista expressamente nos arts. 21, XI, e 177, § 2º, III, ambos da Constituição Federal de 1988 (CRFB/1988).[4]

Afirma-se que o sucesso para a conversão brasileira do modelo de Estado Interventor para Estado Regulador dependia de intensa atração de capital privado. Para tanto, fazia-se imprescindível superar a crise de credibilidade do País e de suas instituições, apresentando o Brasil como um local atrativo para investidores, em que lhe fosse garantida a manutenção dos contratos celebrados (segurança jurídica) e o direito de propriedade.[5] Isso porque um dos *rationales* da idealização e criação das agências reguladoras foi o compromisso com a credibilidade, na medida em que as agências seriam insuladas das influências políticas e das pressões eleitorais rotineiras, e munidas com um grau reforçado de autonomia, bem como investidas de funções técnicas. Tal autonomia reforçada é caracterizada, basicamente, pela independência política de seus dirigentes, pela independência orçamentária financeira, pela independência técnica decisional e pela independência normativa.

Em breve síntese, a independência política dos dirigentes das agências reguladoras (que são indicados pelo Presidente da República ao Senado e por este sabatinados para posterior nomeação) dá-se por meio da estabilidade de seu

---

[4] As agências reguladoras possuem natureza jurídica de autarquia especial, integrante da Administração Indireta. Consoante o disposto no Decreto-lei nº 200, de 1967, são definidas como sendo o *"serviço autônomo criado por lei, com personalidade jurídica, patrimônio e receita próprios, para executar atividades típicas da Administração Pública que requeiram, para seu melhor funcionamento, gestão administrativa e financeira descentralizada"*.

[5] No tocante ao direito de propriedade e à necessária segurança jurídica, insta pontuar o contexto de nacionalização e expropriações correntes verificados em países hospedeiros, que deu origem, inclusive, à criação de um direito internacional dos investimentos.

mandato, que possui prazo fixo. Logo, tais dirigentes não podem ser demitidos *ad nutum* e seu mandato somente pode ser retirado em casos excepcionais, mediante o preenchimento das condições expressamente instituídas. Busca-se, com isso, garantir a desvinculação relativa dos agentes com relação ao Executivo (e, por conseguinte, a neutralidade política) e favorecer o profissionalismo, mediante o recrutamento de especialistas em detrimento de correligionários políticos dos governantes. Além disso, optou-se pela constituição de uma direção colegiada nessas agências, composta de pessoas com notório saber no segmento regulado (e não de uma autoridade singular), a fim de se preservar tal independência.

Com respeito à independência orçamentária financeira, pontua-se que a Agência Reguladora tem como principal receita a oriunda das taxas de fiscalização ou regulação pagas pelos regulados, inexistindo, portanto, dependência exclusiva de recursos do orçamento do Tesouro. Tal garantia foi instituída para que a agência não sofra intervenção na elaboração de seu orçamento e não se sujeite à subordinação hierárquica (*cf.* GUERRA, 2011, p. 365).

Outrossim, ressalta-se a independência técnica decisional do Regulador, cujas decisões tem caráter final e, portanto, não são, em regra, revistas pelos Ministérios ou pelo Presidente da República (descabimento de recurso hierárquico impróprio). Busca-se, dessa forma, assegurar a despolitização de tais decisões que envolvam o setor regulado e lhes gerem consequências, com a predominância de motivações técnicas para seus atos.[6] A partir de uma decisão regulatória, a Agência, sopesando custos e benefícios, fixa um entendimento acerca do que deva ser a correta conduta ou o resultado eficiente, impactando não apenas o passado, mas fixando entendimento a todo segmento regulado; da mesma forma que atribui direito de ingresso, pode determinar o afastamento de determinado operador no mercado (SOUTO, 2005, p. 378).

Por fim, para reforçar ainda mais a autonomia das agências reguladoras, condizente com a sua função técnica, foi-lhes atribuída a capacidade de editar normas que disciplinem os serviços públicos e as atividades econômicas submetidos ao seu controle, o que foi denominado por parte da doutrina como o fenômeno da "deslegalização técnica". Tal prerrogativa é justificada por Marcos JURUENA (2005, p. 374) a partir de três teorias, a saber: (i) a *Teoria da Transmissão Democrática*, pela qual a lei atribui a agentes reguladores o poder de editar normas técnicas e comandos necessários ao desenvolvimento eficiente do setor, para uma generalidade de casos; (ii) a *Teoria da Especialização*, pela qual o legislador reconhece que o regulador deve ser um especialista na maté-

---

[6] Há de se ressaltar, todavia, que, consoante entendimento de Marcos Juruena Villela SOUTO (2002, p. 347), pautado nos arts. 84, II, e 87, parágrafo único, I, da CRFB/1988, a independência da Agência Reguladora não afasta o controle finalístico de suas decisões pelo Ministério a que fica "vinculada", e não subordinada, como bem atenta o saudoso doutrinador.

ria e, por isso, confere-o liberdade para regular com vistas à obtenção de um funcionamento eficiente do setor e à consecução dos interesses da coletividade regulada; e (iii) a *Legitimação pela Participação*, por força da qual todas as normas antes de editadas devem ser submetidas a um processo de consulta pública, para que, desse modo, se chegue a um ponto ótimo de equilíbrio entre a estabilidade financeira do fornecedor e o poder aquisitivo do consumidor. A prerrogativa em análise, todavia, já foi muito criticada por juristas, sob o argumento da ausência de representatividade democrática dos reguladores, do embate com o princípio da legalidade, de observância obrigatória a toda Administração Pública e da tensão com o sistema de freios e contrapesos, em decorrência da fragilidade dos mecanismos de controle de tais atos.[7]

Em relação às demais prerrogativas outorgadas às agências reguladoras brasileiras, podemos destacar o poder de outorga, que consiste na possibilidade de emissão de atos concretos de licenças, autorizações, injunções, com vistas a franquear ou interditar o exercício de uma atividade regulada a um particular. Complementarmente, tem-se o poder de fiscalização do setor, o qual se revela tanto pelo monitoramento das atividades reguladas quanto na aferição das condutas dos regulados de modo a impedir o descumprimento de regras ou objetivos regulatórios. Em caso de tal descumprimento, pode a agência lançar mão do poder sancionatório, consistente na aplicação de advertências, multas ou mesmo medidas mais severas, como a cassação de uma licença ou concessão, por exemplo, e na imposição ao particular de reparar um dano causado a usuário/consumidor ou corrigir os efeitos de uma conduta lesiva a valor ou bem tutelado pelo regulador. É, ainda, previsto o poder conciliatório do ente regulador, previstos inclusive nas leis criadoras das agências, consistente na capacidade de o regulador conciliar ou mediar interesses conflituosos de operadores regulados, de consumidores ou de agentes econômicos que se relacionam com o setor regulado. Por fim, o poder de recomendação, que se traduz na prerrogativa de o regulador subsidiar ou recomendar medidas ou decisões a serem implementadas no âmbito das políticas públicas.

De todo modo, é certo que tais garantias e prerrogativas, alinhadas com a necessidade de se equipar as agências com pessoal de especialização técnica na

---

[7] A título de curiosidade, foi apresentada, em 2003, no Senado Federal, pelo senador Tasso Jereissati, proposta de Emenda Constitucional de nº 81/2003, que objetivava acrescentar o art. 174-A à Constituição Federal para fixar os princípios da atividade regulatória, dentre os quais constam: (i) a proteção do interesse público primário; (ii) a prestação de contas, em respeito às verbas orçamentárias destinadas às agências; (iii) investidura a termo e estabilidade dos mandatos para dirigentes; (iv) notória capacidade técnica e reputação ilibada para o exercício das funções de direção; (v) vinculação aos atos normativos e a contratos, com vistas a reduzir o risco regulatório. Pretendia-se minimizar, com isso, as interferências do Poder Executivo na gestão das agências reguladoras, garantir a sua autonomia e proporcionar o atendimento seguro do consumidor final. Entretanto, tal proposta foi arquivada em 2011.

matéria regulada, foram asseguradas às agências reguladoras com o fito de se alcançar uma conduta independente, técnica, neutra e equilibrada do regulador, pautada constantemente no propósito de sua criação. Há de se rechaçar, portanto, a desmedida utilização política da atividade dos órgãos reguladores – problema que ainda assola o Brasil – e impor um mínimo de especialização e profissionalização administrativa, para que se alcance a almejada imparcialidade, e para que o arbítrio não seja o resultado final.

Com bem pondera CYRINO (2010, p. 236), "*as pretensões de profissionalização e especialização técnica na Administração Pública não podem ser, assim, apenas um mito de legitimação, mas um esforço real, capaz de criar uma regulação bem informada, que considere a complexidade socioeconômica atual*". Nesse sentido, alerta ACKERMAN (2000, p. 693) que uma Constituição moderna deve ser concebida de modo a garantir o insulamento de certas estruturas administrativas fundamentais da intervenção *ad hoc* dos agentes eleitos. Ademais, os vetores informativos da intervenção apontam para a necessidade de moderação, extraindo-se, daí, consoante doutrina pátria, um mandamento de proporcionalidade, como um critério a orientar o nível de intervenção do Estado e conferir equilíbrio e contorno à atuação subsidiária do Estado,[8] conduzindo, dessa forma, para um modelo de "intervenção sensata", nas palavras de Egon Bockmann MOREIRA (2004, p. 81).[9]

2.2. A criação da Agência Nacional do Petróleo, Gás Natural e Biocombustíveis

A presença do Estado nos setores de infraestrutura ocorria fortemente apoiada na ação empresarial e, ainda, na ação de fomento e de avalista de investimentos. Em função de tal modelo, prevaleceu inicialmente uma determinada hierarquia no uso dos instrumentos de regulação econômica (*latu sensu*): muito da regulação setorial ocorria internamente nas empresas estatais e o papel da concorrência, como instrumento de regulação econômica, era relativamente pequeno. O que

---

[8] Ensina CYRINO (2010, p. 56-57), ao tratar da intervenção do Estado na economia, que esta é passível de ser norteada pelos três subprincípios da proporcionalidade – quais sejam: adequação ou idoneidade, necessidade ou exigibilidade e proporcionalidade em sentido estrito –, devendo ser, a um só tempo, *adequada* para atingir a finalidade constitucional e regulatória *necessária*, de modo que promova o menor sacrifício da liberdade ou de outros princípios de não intervenção; bem como *proporcional em sentido estrito*, sendo que o custo da medida não deve superar os seus benefícios. Nesse sentido: ARAGÃO, Alexandre Santos. *O Princípio da Proporcionalidade no Direito Econômico*. São Paulo: Revista dos Tribunais, v. 800, jun. 2002.

[9] A intervenção sensata, para MOREIRA, é aquela proporcional e razoável ao mercado e aos interesses públicos e privados em jogo. Ainda, à luz do que dispõe o art. 170 da CRFB/1988, a intervenção do Estado na economia há de ser necessária, ponderada, excepcional e pontual, com finalidade pública específica.

ocorreu foi que os recursos financeiros do Estado, há muito escassos, vinham sendo prioritariamente dirigidos para investimentos em infraestrutura, um papel que poderia ser majoritariamente desempenhado pelo setor privado. Por outro lado, as chamadas áreas sociais, como educação e saúde, estiveram relegadas a um segundo plano. Em decorrência, ocorre uma alteração de prioridades do Estado, que abre a economia a livre iniciativa e volta-se a consecução dos direitos prestacionais sociais.

Ambos os setores gaseífero e petrolífero, no entanto, com exceção de outras atividades econômicas no Brasil, não foram objeto de privatização, mas de abertura de mercado com a instituição de um regime de concorrência entre a empresa estatal criada para ser executora do monopólio da União e demais empresas privadas interessadas em exercer as atividades de exploração e de produção de petróleo e gás no país.

A Emenda Constitucional nº 09/1995 introduziu profunda alteração no regime jurídico relacionado ao petróleo e ao gás com a quebra da exclusividade e reserva de mercado antes atribuída à Petróleo Brasileiro S.A. (Petrobras), que passa a desempenhar suas atividades em regime de concorrência com outras empresas privadas.[10] Em vista desse novo regime concorrencial, o § 2º do art. 177 previu a criação, pela via legal, de um órgão regulador do monopólio da União, para controlar e fiscalizar as atividades dessa Indústria a serem exercidas por diversos *players*.

Nesse contexto, é editada, em 6 de agosto de 1997, a Lei nº 9.478, que delineia os objetivos da política energética nacional e cria a Agência Nacional do Petróleo, Gás Natural e Biocombustíveis (ANP). Esse mesmo diploma institui também o Conselho Nacional de Política Energética (CNPE), órgão de assessoramento da Presidência da República com a atribuição de elaborar propostas para assegurar o abastecimento interno e o aproveitamento racional dos recursos energéticos.

À ANP é atribuída a natureza jurídica de autarquia especial, vinculada ao Ministério das Minas e Energia (MME), e integrante da Administração Pública Indireta. Percebe-se, pelo rol de funções da ANP, consubstanciado no art. 8º da referida Lei, que esta passou a assumir o papel que caberia ao Poder Público, ao planejar, implementar e promover a política nacional de petróleo e gás, por meio da edição de atos normativos (Portarias, Resoluções, Decisões) que fixa diretrizes para o setor da economia regulado e, ainda, celebrar contratos, fiscalizar e aplicar penalidades, que seguem o trâmite estabelecido pela Lei nº 9.847/1999, regulada pelo Decreto nº 2.953/1999; pratica o que Manuel Gon-

---

[10] O § 1º do art. 177 da CRFB/1988 permitiu à União contratar empresas estatais ou privadas para a realização de atividades ligadas ao petróleo e sua exploração, previstas nos incisos I a IV desse dispositivo.

çalves FERREIRA FILHO (1995, p. 14) classifica de intervenção na economia, para orientar os regulados, sem lhes eliminar a livre determinação.

2.3. Da base constitucional para a regulação dos recursos naturais

O inciso XXII do art. 179 da Constituição brasileira de 1824 garantia o direito de propriedade, em sua plenitude (*ad coelum et ad ínferos*), ressalvadas as hipóteses de interesse público, em que o proprietário da terra deveria ser indenizado. Essa norma constitucional, contudo, não fez alusão ao subsolo, pelo que se entendeu prevalecer as ordenações e os regimentos à época vigentes que atribuíam a propriedade mineral (do subsolo) ao patrimônio estatal (durante o período colonial à Coroa e com o Império, ao Estado), tratando-a de forma distinta da superfície. Esse tratamento caracteriza o sistema regaliano de propriedade (PIRES, 2000, p. 14 e ss.).

De 1891 a 1934, passou-se a adotar no Brasil o sistema fundiário ou de acessão, sob o regime da livre iniciativa, no qual a riqueza do subsolo pertencia ao proprietário do solo. Nesse sentido, o art. 72, § 17, da Constituição de 1891 determinava que "*As minas pertencem aos proprietários do solo, salvo as limitações que forem estabelecidas por lei a bem da exploração deste ramo de indústria*" (BUCHEB, 2007, p. 1-2).

Ainda na primeira metade do século XX, imbuído da teoria keynesiana de Estado, o Brasil adotou uma política de incentivo ao desenvolvimento do setor energético brasileiro, tendo tido forte participação na indústria do petróleo e do gás natural. Assim é que, durante considerável período, apenas a União Federal ou empresas sob o seu controle podiam desenvolver atividades petrolíferas e/ou gaseíferas. Tal intervenção foi consagrada na Constituição Federal de 1946, que dispunha que a União, por meio de lei especial, poderia intervir monopolisticamente no domínio econômico. *In verbis*:

> Art. 146. A União poderá, mediante lei especial, intervir no domínio econômico e monopolizar determinada indústria ou atividade. A intervenção terá por base o interesse público e por limite os direitos fundamentais assegurados nesta Constituição.

Tal mudança do regime jurídico petrolífero traz implicações práticas no desenvolvimento nacional. Isso porque ao conferir a propriedade das riquezas do subsolo ao proprietário do solo, a Constituição de 1824 permitia que o proprietário utilizasse tais riquezas em prol de seus próprios interesses. Ao atribuir as riquezas do subsolo às mãos do Estado, a Constituição de 1946 permite que tais riquezas sejam utilizadas em políticas públicas, em prol do interesse público, isto é, em prol do desenvolvimento social e econômico da nação.

Nesse contexto, em 1953, é sancionada a Lei nº 2.004 que, dentre outros, institui no Brasil o monopólio estatal do petróleo e "gases raros" e define as atribuições do Conselho Nacional do Petróleo (CNP), órgão diretamente subordinado ao Presidente da República, com função de orientação e fiscalização do monopólio.

Ademais, a referida Lei autoriza a União a criar a Petrobras, empresa constituída na forma de sociedade por ações, para a execução desse monopólio estatal, tendo por objeto a pesquisa, a lavra, a refinação, o comércio e o transporte do petróleo proveniente de poço ou de xisto e de seus derivados, bem como de quaisquer atividades correlatas ou afins. Surge, daí, a ideia de monopólio natural, entendido como a atividade econômica cuja exploração somente pode ser realizada por um único agente (PIRES, 2000, p. 70-71; 77-79).

A Constituição de 1967 e a Emenda Constitucional nº 1/1969 mantiveram o monopólio destas atividades em poder da União, então executado pela Petrobras, mantendo a vedação da participação de outros agentes econômicos no setor.

Com o advento da CRFB/1988, o regime jurídico passou a ser regido pelos arts. 176 e 177 da CRFB/1988. O primeiro deles determina que as jazidas e demais recursos minerais localizados no subsolo pertencem à União, ficando ao concessionário garantida a propriedade do produto da lavra concedida à exploração, à luz do interesse nacional. Adicionalmente, o art. 177 da Carta arrola como monopólio da União as atividades de exploração, produção, refino, importação, exportação e transporte de petróleo e derivados.

Ao final da década de 1990, com a constatação de que o Estado carecia de recursos financeiros e de meios materiais para se desincumbir sozinho, e de modo satisfatório, de todas as demandas da sociedade e do bem-estar social, instituiu-se nova disciplina constitucional, por meio da Emenda Constitucional nº 9, de 9 de novembro de 1995, admitindo o capital privado, em regime de concorrência, a ser disciplinada em lei ordinária. Com isso, buscou-se atrair capital à indústria, bem como garantir a eficiência em atividades econômicas desenvolvidas em regime de livre competição, garantindo, desse modo, que o desenvolvimento nacional não fosse prejudicado por escassez de recursos.

A aludida Emenda confere nova redação ao citado art. 177, criando os §§ 1º e 2º, por meio dos quais a União é facultada a contratar com outras empresas as atividades antes exercidas exclusivamente pela Petrobras. Visando garantir que as empresas entrantes neste mercado, que possuem interesses privados, atuem de forma a promover o desenvolvimento nacional, a Emenda em tela prevê a instituição de um órgão regulador para administrar e fiscalizar tais direitos exploratórios em território nacional. Nessas circunstâncias, a Lei nº 9.478/1997 criou a ANP com tal finalidade, como visto no item anterior.

Note-se que o Estado, como detentor da propriedade dos recursos naturais localizados no subsolo, além dos mecanismos de regulação que visam a garantir padrões mínimos de segurança nas operações e no aproveitamento racional dos recursos naturais, possui também o poder de outorgar aos agentes econômicos o direito de acesso aos recursos petrolíferos e de sua produção, mediante a celebração de um contrato de exploração petrolífera.[11]

Dentre os objetivos da regulação dos setores petrolíferos e gaseíferos, estancados no referido diploma legal, constam assegurar a adoção pelos investidores das melhores práticas da indústria internacional do petróleo e o cumprimento às normas e aos procedimentos técnicos e científicos pertinentes, com vistas, inclusive, à segurança das pessoas e equipamentos, à conservação dos reservatórios e de outros recursos naturais, à proteção ao meio ambiente e à promoção ao desenvolvimento socioeconômico.

2.4. Os modelos regulatórios atualmente vigentes no Brasil para a E&P de P&G

Afirma-se que dois são os regimes previstos pela Lei nº 9.478/1997 para a atribuição do exercício das atividades da indústria aos interessados: concessão, precedida de licitação, para atividades de exploração e produção (*upstream*) e a autorização, para atividades de transporte, refino, importação e exportação de petróleo e gás (*midstream e downstream*).[12]

Aponta-se como os principais fatores que motivaram a escolha brasileira pelo modelo de concessão para as atividades exploratórias: (i) o alto risco exploratório existente à época de sua concepção; (ii) a baixa capacidade de financiamento do Estado; (iii) a existência de campos petrolíferos de tamanho pequeno ou médio e (iv) o baixo preço do barril de petróleo à época.

---

[11] Mesmo quando o Estado não detém a propriedade dos recursos petrolíferos localizados em seu subsolo, como é o caso do regime adotado pelos Estados Unidos, ele pode interferir nas atividades relativas ao seu aproveitamento, mediante a adoção de diversos instrumentos de regulação, com vistas a impor aos diversos agentes regulados padrões mínimos de segurança na condução das operações, de concorrência e de aproveitamento racional dos recursos naturais (DAM, 1976, p. 4).

[12] Posteriormente, o legislador pátrio editou a Lei nº 11.909, de 4 de março de 2009, com o objetivo de permitir a abertura do segmento da comercialização e a expansão da malha de transporte, o que decorre na elaboração de vários arranjos contratuais entre os importadores, exportadores, comercializadores, distribuidoras e consumidores livres. Essa lei trouxe uma normatização específica para a indústria do gás natural, mantendo-se, em princípio, diretrizes comuns às atividades petrolíferas, e regulando, com maior propriedade, aspectos peculiares ao gás natural. Em 2010, foi editado o Decreto nº 7.382, o qual, além de regular o acesso e o uso das instalações essenciais para o transporte de gás, previu o desenvolvimento das atividades da indústria do gás natural, que não deveria estar restrito apenas à conveniência e à oportunidade da iniciativa privada, mas em consonância com o planejamento do próprio Estado. A distribuição de gás natural, por sua vez, é regulada por regras estaduais, tendo em vista a competência atribuída pelo art. 25 da Constituição Federal de 1988.

Com a descoberta dos reservatórios do pré-sal com grande potencial petrolífero identificado, o que representaria um menor risco exploratório e, consequentemente, uma maior produção, foi proposto um novo regime para a exploração petrolífera na área do pré-sal brasileiro e áreas consideradas estratégicas, no qual a União pudesse obter maior controle e renda sobre tais reservas, de forma a refletir no que fosse mais vantajoso para a Nação.[13]

Primeiramente, a Lei nº 12.276, de 30 de junho de 2010 (Lei da Cessão Onerosa), autorizou a União a ceder onerosamente à Petrobras, com dispensa de licitação, o exercício das atividades de pesquisa e lavra de petróleo, de gás natural e de outros hidrocarbonetos fluidos, em áreas não concedidas do pré-sal brasileiro, até o limite de cinco bilhões de barris, cabendo à Petrobras a titularidade do petróleo, gás natural e hidrocarbonetos produzidos nos termos do contrato de cessão.

Posteriormente, com a Lei nº 12.351, de 22 de dezembro de 2010 (Lei da Partilha de Produção), institui-se no Brasil o regime de partilha para a exploração de petróleo e gás natural em áreas do pré-sal e em áreas estratégicas brasileiras, concretizando-se um novo marco legal para o setor.

O padrão internacional de contrato de partilha de produção é normalmente estruturado de forma que a estatal do país hospedeiro ou National Oil Company (NOC) tenha participação na administração e o investidor – designado como International Oil Company (IOC) – assuma o risco da parte técnica e financeira da operação em determinada área contratada (RIBEIRO, 2014, p. 140). A Lei da Partilha de Produção brasileira não se distanciou de tal padrão internacional, prevendo que a IOC contratada exercerá, por sua conta e risco, as atividades de exploração, avaliação, desenvolvimento e produção e, em caso de descoberta comercial, adquirirá o direito à restituição do custo em óleo,

---

[13] O então Presidente da República, Sr. Luiz Inácio Lula da Silva, submeteu ao Congresso Nacional quatro projetos de lei de sua iniciativa, com vistas a ser instituído um novo marco regulatório para as riquezas encontradas na área do pré-sal brasileiro e áreas consideradas estratégicas. O primeiro deles – Projeto de Lei nº 5.938/2009 – buscou instituir o regime de partilha de produção para a exploração e a produção de petróleo, de gás natural e de outros hidrocarbonetos fluidos em áreas do pré-sal e em áreas estratégicas, alterando dispositivos da Lei nº 9.478/1997. Em adição, o Projeto de Lei nº 5.939/2009, autorizava o Poder Executivo a criar uma empresa pública, vinculada ao MME, para gerir os contratos de partilha de produção celebrados pelo MME e para administrar os contratos para a comercialização de petróleo, de gás natural e de outros hidrocarbonetos fluidos da União. O Projeto de Lei nº 5.940/2009 autorizava a criação do Fundo Social para a realização de projetos e programas nas áreas de combate à pobreza e desenvolvimento da educação, da cultura, da ciência e tecnologia, e da sustentabilidade ambiental. E, por fim, o Projeto de Lei de nº 5.941/2009 autorizava a União a ceder onerosamente a Petrobras, dispensada a licitação, o exercício das atividades de pesquisa e lavra de petróleo, de gás natural e de outros hidrocarbonetos fluidos de que trata o inciso I do art. 177 da Constituição, em áreas não concedidas localizadas no pré-sal, limitada ao volume máximo de cinco bilhões de barris equivalentes de petróleo. Todos os aludidos Projetos foram convertidos nas Leis de nos 12.351/2010, 12.304/2010 e 12.276/2010.

bem como a parcela do excedente em óleo, na proporção, condições e prazos estabelecidos em contrato.[14]

Assim, destacamos duas peculiaridades desse modelo de partilha brasileiro, vigente até o fechamento desta obra. A primeira é o fato de a Petrobras ter de atuar obrigatoriamente como operadora de todos os blocos contratados sob o regime de partilha de produção, sendo-lhe assegurada, a este título, uma participação mínima de 30% no consórcio.[15] Além disso, a Lei impõe que o licitante vencedor (quando não a Petrobras) constitua consórcio com essa companhia e com a Empresa Brasileira de Administração de Petróleo e Gás Natural S.A. – Pré-Sal Petróleo S.A. (PPSA). Trata-se de empresa pública federal, constituída sob a forma de sociedade anônima de capital fechado, vinculada ao MME, criada pela Lei nº 12.304/2010 c/c Decreto no 8.063/2013 para, dentre outros, gerir os contratos de partilha de produção celebrados pelo MME e gerir os contratos para a comercialização de petróleo, de gás natural e de outros hidrocarbonetos fluidos da União.[16]

Nesse cenário, pode-se assim dizer que, atualmente, vigoram no Brasil três modelos regulatórios para a exploração e produção de petróleo e gás natural: o da concessão, o da cessão onerosa e o da partilha de produção (para áreas do pré-sal e denominadas estratégicas).

Sobre a renda advinda da produção de petróleo e gás no Brasil, incidem participações governamentais. A Lei nº 9.478/1997 prevê as seguintes participações governamentais, que incidirão conforme previsão no correspondente edital de licitação: bônus de assinatura, *royalties*, participação especial, pagamento pela ocupação ou retenção de área. O art. 45, § 1º, dessa Lei dispõe que apenas os *royalties* e o pagamento pela ocupação ou retenção de área serão obrigatórios. A Lei nº 12.276/2010, que autorizou o regime de cessão onerosa à Petrobras, faz menção apenas aos *royalties* como devidos sobre o produto da lavra, sem tratar das demais participações governamentais previstas no regime de concessão brasileiro. Para o regime de partilha de produção, a Lei 12.351/2010 previu duas receitas governamentais: os *royalties* e o bônus de assinatura; este é estabelecido

---

[14] De acordo com a minuta do contrato elaborada pela ANP para a 1ª Licitação de Partilha de Produção, especificamente a cláusula 2.8.1, estabeleceu-se que, em caso de descoberta comercial, caberá ao Contratado a apropriação originária do volume correspondente ao custo em óleo (*cost oil*) e aos *royalties* devidos e pagos, bem como à parcela do excedente em óleo (*profit oil*), na proporção, condições e prazos estabelecidos no edital e no contrato de partilha, sendo indiferente para este fim a localização do ponto de medição e do ponto de partilha.

[15] Vide art. 4º da Lei no 12.351/2010 c/c cláusula 2.3.1 da minuta do contrato de partilha de produção elaborado e divulgada pela ANP no sítio: <http://www.brasil-rounds.gov.br/round_p1/portugues_p1/edital.asp>. Acesso em: 25 ago. 2013.

[16] Demais competências da PPSA estão arroladas no art. 4º da Lei nº 12.304/2010.

pelo contrato de partilha de produção e pago no ato da sua assinatura, sendo vedado, em qualquer hipótese, seu ressarcimento ao contratado. O bônus corresponde a valor fixo devido à União pelo Contratado e não integra o custo em óleo.

Destacam-se os royalties, portanto, como espécie comum para todos os regimes. Tais participações têm como fato gerador o aproveitamento econômico de um recurso não renovável pertencente ao Estado pelo particular; representando, portanto, uma contrapartida ao Estado pela utilização desse bem público.

Tais participações governamentais são repartidas entre os entes federativos, sejam eles produtores ou não produtores. Com o significativo aumento da produção de petróleo e gás nos últimos anos e, em vista das perspectivas de considerável incremento das receitas petrolíferas com o início da produção no pré-sal brasileiro, aumentou o clamor dos Estados e Municípios não produtores por uma distribuição mais equitativa dos *royalties*.

Nesse contexto, após a derrubada do veto presidencial, foi editada a Lei nº 12.734/2012 que determina novas regras de distribuição entre os entes da Federação dos *royalties* e da participação especial devidos em função da exploração de petróleo, gás natural e outros hidrocarbonetos fluidos. Em face dessa lei foram interpostas Ações Diretas de Inconstitucionalidade pelos Estados do Rio de Janeiro, São Paulo e Espírito Santo, tendo sido deferida, nos autos da ADI 4917, medida cautelar para suspender os efeitos dos dispositivos impugnados da Lei com eficácia até o julgamento final dessa Ação.[17]

2.5. Um panorama sobre a regulação aplicável às atividades de exploração, desenvolvimento e produção de P&G no modelo da concessão

O regime de concessão, previsto nos arts. 23 e ss da Lei nº 9.847/1997, é materializado por meio da realização de leilões públicos, abertos a companhias

---

[17] Em que pese pendente a controvérsia sobre a distribuição/destinação dessas participações governamentais instaurada entre entes da Federação, no dia 9 de setembro de 2013, a Presidente Dilma Rousseff sancionou a Lei nº 12.858/2013, que dispõe sobre a destinação de parcela da receita da compensação financeira pela exploração de petróleo e gás natural, de que trata o § 1º do art. 20 da Constituição Federal, para as áreas de educação (prioritariamente educação básica da rede pública) e saúde. Conforme texto final do Projeto de Lei no 323/2007 aprovado pela Câmara, em agosto de 2013, determina-se a destinação de 75% dessa receita para a educação e 25% para a saúde. No caso da exploração da camada pré-sal, os recursos para as duas áreas sairão de metade do fundo social, vinculado à Presidência da República, que foi criado pela Lei da Partilha de Produção com a finalidade de constituir fonte de recursos para o desenvolvimento social e regional, na forma de programas e projetos nas áreas de combate à pobreza e de desenvolvimento da educação, da cultura, do esporte, da saúde pública, da ciência e tecnologia, do meio ambiente e da mitigação e adaptação das mudanças climáticas.

públicas e privadas, em que se licita o direito ao exercício de atividades de exploração, desenvolvimento e produção de petróleo e gás natural em determinadas áreas localizadas em território brasileiro. Vence o licitante que apresentar a proposta mais vantajosa à Administração Pública. Para tanto, é preciso que a companhia preencha todos os requisitos estabelecidos no edital de licitação à sua prévia qualificação técnica – como operador ou não operador –, econômica e financeira.

Consoante o disposto naquele diploma legal, o licitante vencedor poderá explorar as províncias petrolíferas por sua conta e risco, com exclusividade no exercício das atividades, e torna-se proprietário do petróleo após sua extração (porquanto como recurso natural no subsolo sua titularidade é da União).

À União é atribuída a prerrogativa de, por intermédio da ANP, acompanhar e fiscalizar permanentemente as operações desenvolvidas pelo particular e assegurar o cumprimento integral das obrigações assumidas contratualmente e, muitas delas, reguladas por atos normativos da Agência. Eventuais prejuízos incorridos nas operações em questão são suportados pelo próprio concessionário.

2.5.1. Direitos e obrigações contratuais e normativa aplicável

Em geral, os prazos de vigência dos contratos de concessão firmados entre a ANP e os concessionários variam de 20 a 30 anos e podem ser divididos em fases, a saber, a fase de exploração, a fase de avaliação e desenvolvimento e a fase de produção, cujas respectivas durações são estabelecidas no próprio contrato. Este tem por objeto, portanto, a execução na área concedida, pelo concessionário, de operações de exploração comprometidas no Programa Exploratório Mínimo (PEM), que consiste no programa de trabalho já previsto no edital de licitação e contrato anexo, a ser cumprido durante a fase de exploração.

Em breve síntese, a exploração compreende o conjunto de atividades destinadas a avaliar áreas, objetivando a descoberta e a identificação de jazidas de petróleo e gás natural. O Desenvolvimento, por sua vez, constitui o conjunto de operações e investimentos destinados a viabilizar as atividades de produção de um campo de petróleo e/ou gás. A Produção, por fim, engloba o conjunto de operações coordenadas de extração de petróleo ou gás natural de uma jazida e de preparo para sua movimentação.[18]

Na concessão convencional, a fase de exploração é dividida em dois períodos exploratórios, sendo condição obrigatória para a entrada no segundo período exploratório a consecução das atividades integrantes do PEM do primeiro período de exploração.

---

[18] Essas definições são previstas, respectivamente, no art. 6º, incisos XV, XVI e XVII, da Lei nº 9.478/1997.

As atividades exploratórias que devem ser realizadas pelo concessionário em cada período exploratório da fase de exploração, constante do PEM, são fixadas pela ANP em cada Rodada de Licitação e previstas em anexo ao contrato de concessão. Incluem-se nessas atividades o levantamento de dados exclusivos,[19] a aquisição de dados sísmicos não exclusivos,[20] o processamento e o reprocessamento de dados, os estudos geológicos, geofísicos e geoquímicos, a perfuração de poços exploratórios (incluindo perfilagem), dentre outros, que variam de Rodada a Rodada. Tais estudos e dados obtidos pelo concessionário na exploração agregam-se, com maior preciosismo, ao pacote de dados e informações obtido pelo concessionário quando da licitação.

A perfuração de poços pelo concessionário deve ser precedida de alguns documentos, como a Notificação de Perfuração de Poço (NPP) e a Comunicação de Início de Perfuração de Poço (CIPP), bem como seguida de Relatório Final de Perfuração (RFP). Os prazos para o atendimento dessas obrigações constam do contrato de concessão e da Resolução ANP nº 49/2011, que aprova o Regulamento Técnico de Procedimentos para Codificação de Poços.

Com relação à aquisição de dados sísmicos, note-se que ela é atualmente regulada pela Resolução ANP nº 11/2011, que distingue os dados quanto às espécies, à natureza de sua aquisição e a sua confidencialidade, e estabelece regras atinentes a dados exclusivos e não exclusivos, e a habilitação de empresas especializadas em aquisição, processamento, interpretação e venda de dados, que se refiram exclusivamente à atividade de exploração e produção de petróleo e gás natural. Esta atividade depende de prévia autorização da ANP.

O contrato de concessão faculta ao concessionário realizar atividades adicionais ao PEM. Há contratos que permitem, ainda, o descumprimento de parcela do PEM do primeiro período exploratório, desde que a parcela isenta, após sua conversão em unidades de trabalho, não seja superior a 10% do total das unidades de trabalho comprometidas. Em contrapartida à isenção, para que o PEM seja considerado integralmente cumprido, o concessionário deverá pagar um valor correspondente, em pecúnia, a duas vezes o total das unidades de trabalho não convertidas.

Em caso de descoberta de petróleo, gás natural, ou outros recursos naturais, na área de concessão, pelo concessionário, este poderá executar atividades de avaliação de descoberta nos termos de um Plano de Avaliação de Descoberta

---

[19] Dados exclusivos são os dados adquiridos por concessionário nos limites de sua área de concessão, sejam por meio de EAD por ele contratada ou por meios próprios (art. 3º, I, da Resolução ANP nº 11/2011).

[20] Dados não exclusivos são os dados adquiridos por EAD em área que seja ou não objeto de contrato de concessão, mediante autorização da ANP (art. 3º, II, da Resolução ANP nº 11/2011).

(PAD) por ele elaborado e aprovado pela ANP. Conforme definido no contrato de concessão, a notificação de descoberta deve ser enviada no prazo máximo de 72 (setenta e duas) horas após a constatação de indícios de hidrocarbonetos. Para a caracterização de descoberta, a ANP impõe a coexistência de duas ocorrências, dentre as seguintes: (i) indícios em rocha (calha, testemunho, amostra lateral) e/ou detetor de gás; (ii) indicação de petróleo e/ou gás por interpretação de perfis LWD ou convencionais; (iii) recuperação de petróleo e/ou gás livre em testes de formação (por tubulação ou cabo); e (iv) presença de petróleo e/ou gás em superfície quando perfurando *underbalanced* ou quando em ameaça de erupção (*kick*).[21]

Caso verificado que, após a execução do PAD, a descoberta é comerciável, o concessionário poderá apresentar à ANP uma Declaração de Comercialidade (DC) conjuntamente a um Plano de Desenvolvimento (PD). Neste caso, o contrato de concessão estabelece que o Relatório Final de Avaliação de Descoberta (RFAD) justifique a proposta de área a ser retida para desenvolvimento.

Não desejando prosseguir à fase de produção, é permitido ao concessionário encerrar a fase de exploração a qualquer momento, mediante notificação formal e por escrito à ANP. Caso o PEM não tenha sido integralmente executado pelo concessionário, pode a ANP, conforme previsão contratual, executar as garantias financeiras correspondentes apresentadas pelo concessionário, bem como aplicar as sanções contratuais e administrativas cabíveis.

Caso o concessionário opte por apresentar a DC, dá-se início à fase de produção na área de desenvolvimento, delimitada pelo concessionário, de acordo com o PD aprovado pela ANP. O Plano de Desenvolvimento, como definido no próprio contrato de concessão, é um documento preparado pelo concessionário, de acordo com a legislação brasileira aplicável e com as melhores práticas da indústria do petróleo, no qual ele especifica o programa de trabalho e os respectivos investimentos necessários ao desenvolvimento de uma descoberta de petróleo e/ou gás natural na área concedida. Uma vez elaborado, o documento deve ser submetido à ANP para aprovação, sendo que a Agência pode condicioná-la a alterações a serem feitas pelo concessionário. Por se tratar de documento eminentemente técnico, entende-se razoável defender que a ANP somente o rejeite caso demonstre, no caso concreto, que o documento proposto viole algum dos requisitos fixados no Regulamento Técnico do Plano de Desenvolvimento (RTPD) e na legislação aplicável.

O RTPD foi recentemente alterado pela Resolução ANP nº 17/2015, a qual revogou a Portaria ANP nº 90/2000 que tratava anteriormente da matéria. Esse

---

[21] Informações constantes do Catálogo de E&P da ANP – Notificação de descoberta, disponíveis em: <http://www.anp.gov.br/?pg=30210&m=&t1=&t2=&t3=&t4=&ar=&ps=&1461118891727>. Acesso em: 28 dez. 2015.

Regulamento estabelece o conteúdo mínimo do PD e define procedimentos de entrega, aprovação e revisão do referido Plano. Destaque merece ser dado ao art. 6º, § 1º, da referida Resolução, que prevê a possibilidade de *agrupamento dos Reservatórios* a considerar aspectos contratuais, geológicos, operacionais e econômicos, e ao § 2º, segundo o qual *"Não será aceita pela ANP qualquer delimitação de área de Campo que, sem considerar os critérios do § 1º, cause redução do pagamento das Participações Governamentais"*. Esses acréscimos do Regulador à lógica até então aplicável ao PD, baseada na técnica e na economicidade dos projetos – como autoriza o § 3º do mesmo dispositivo[22] – e a centralização na questão arrecadatória foram objeto de diversos questionamentos por parte dos concessionários, externalizados em consulta e audiência pública à referida Resolução.[23-24]

O art. 5º da referida Resolução autoriza o concessionário a realizar atividades de desenvolvimento e iniciar antecipadamente a produção, desde que autorizado expressamente pela ANP e após cumpridas as exigências legais. Nesse caso, a autorização à Agência deve ser acompanhada de dois documentos de confecção obrigatória pelo concessionário, relativos à produção: o Programa Anual de Trabalho e Orçamento do Campo (PAT) e o Programa Anual de Produção (PAP). Neste são discriminadas as previsões de produção e movimentação de petróleo, gás natural, água, fluidos especiais e resíduos oriundos do processo de produção de cada campo; enquanto aquele programa especifica o conjunto de atividades a serem realizadas pelo concessionário no decorrer de um ano civil, incluindo o detalhamento dos investimentos necessários à realização de tais atividades. Além desses documentos, é imperiosa a apresentação da Documentação de Segurança Operacional, atualmente regulada pela Resolução ANP nº 43/2007, no caso de unidades marítimas, e pela Resolução ANP nº 02/2010, no caso de campos terrestres.

A partir da data de início da produção de cada campo, o concessionário deverá, periodicamente, mensurar o volume e a qualidade do petróleo e/ou

---

22 Resolução ANP nº 17/2015. Art. 6º Fica o Contratado obrigado a entregar à ANP o Plano de Desenvolvimento nos prazos estabelecidos contratualmente, de acordo com as especificações da Agência referentes a meios, formatos e procedimentos. (...) § 3º A estratégia de exploração em que se baseia o Plano de Desenvolvimento deverá ter como objetivo a maximização da recuperação dos recursos *in situ*, presentes em cada Reservatório do Campo, *de acordo com bons princípios econômicos e segundo as Melhores Práticas da Indústria do Petróleo*. Essa estratégia e as soluções tecnológicas que a possibilitam deverão ser continuamente reavaliadas de forma a alcançar o objetivo. (Grifamos)

23 Para mais informações, acessar: <http://www.anp.gov.br/?pg=80506&m=&t1=&t2=&t3=&t4=&ar=&ps=&1461847269551>. Acesso em: 28 dez. 2015.

24 Há, também, algumas arbitragens, já judicializadas (e algumas suspensas, até o momento desta publicação, por força de decisão judicial proferida em ação anulatória de arbitragem), entre concessionário e ANP, que tocam a questão da unificação de campos.

do gás natural produzidos no ponto de medição da produção, usando-se dos métodos, equipamentos e instrumentos de medição previstos no PD respectivo e conforme a legislação aplicável. A Resolução Conjunta ANP/INMETRO nº 01/2013 aprovou o Regulamento Técnico de Medição de Petróleo e Gás Natural e prevê que qualquer falha no sistema de medição fiscal ou de apropriação da produção, bem como quaisquer incidentes operacionais que vierem a causar erro na medição ou interrupção total ou parcial da medição, deve ser comunicado à ANP.

Assim, dentre as obrigações dos concessionários relativas à fase de produção, tem-se a necessidade de apresentação de boletins mensais de produção para cada campo. Além disso, devem os concessionários informar à ANP acerca dos resultados obtidos em testes de formação, de longa duração ou de produção durante a execução das operações, e demais dados adquiridos, incluindo informes geológicos, geoquímicos e geofísicos.

Caso o concessionário constate que a jazida ultrapassa os limites de sua área, deverá solicitar à ANP a instauração de procedimento de individualização da produção, atualmente regulado pela Resolução ANP nº 25/2013.

Sobre a produção incidem os *royalties* e as participações especiais, estas em caso de grande volume de produção. Nesse caso, o concessionário será obrigado a realizar despesas com pesquisa, desenvolvimento e inovação nas áreas de interesse e temas relevantes para o setor, em valor equivalente a 1% (um por cento) da receita bruta da produção para determinado campo.

A fase de produção tem a duração de 27 (vinte e sete) anos, podendo ser prorrogada pela ANP, de ofício, ou mediante solicitação do concessionário, acompanhada, neste caso, da revisão do PD. Ocorrendo a prorrogação da fase de produção, as partes continuarão obrigadas pelos exatos termos e condições do contrato, exceto em relação a eventuais modificações acordadas em função e para os propósitos de tal prorrogação.

Concluída a fase de produção, o campo deve ser devolvido à ANP, acompanhado de um Programa de Desativação das Instalações, no qual o concessionário detalhará as ações necessárias a essa desativação.

Por força dos princípios administrativos da isonomia, da legalidade e da vinculação ao instrumento convocatório (edital de licitação), os prazos estabelecidos no contrato de concessão não são, em regra, prorrogáveis, exceto em determinadas hipóteses contempladas nesse instrumento.

A título de ilustração de exceção à regra da inalterabilidade dos prazos contratuais, o contrato prevê que, caso o concessionário realize uma descoberta durante a fase de exploração e não lhe seja possível realizar a avaliação dessa descoberta antes do final do período exploratório em que se encontre, a ANP poderá, a pedido do concessionário e desde que aprovado o PAD pela ANP, prorrogar tal período exploratório, restritamente à área retida para a avaliação e pelo prazo necessário à execução desta atividade e de eventual declaração de comercialidade. Até a aprovação desse PAD pela ANP, a fase de exploração do contrato é automaticamente suspensa.

Outra causa excepcional de prorrogação de prazo contratual consiste no denominado *well in progress* ou poço em andamento. Assim, caso o concessionário tenha iniciado, ao término de um período exploratório ou da fase de exploração, a perfuração de um poço exploratório sem que tenha completado a avaliação desse poço, tal período ou fase exploratória será prorrogado até a data de conclusão de poço, para que o concessionário decida quanto à passagem para o segundo período exploratório ou apresente uma proposta de PAD, quando então iniciará a fase de avaliação da descoberta.

Por fim, as minutas de contrato de concessão das últimas rodadas preveem expressamente a possibilidade de prorrogação de prazo contratual para cumprimento de obrigações dele decorrentes pelo período em que permaneceu suspenso em razão de caso fortuito, de força maior ou de causas similares, como Fato do Príncipe, Fato da Administração, dentre outros. Além disso, é previsto que a ANP poderá suspender o curso do prazo contratual caso comprovado atraso no procedimento de licenciamento por culpa exclusiva dos órgãos ambientais competentes.

2.5.2. Sanções contratuais e administrativas

Em caso de descumprimento de obrigações contratuais ou de preceitos estabelecidos na normativa da ANP aplicável, o concessionário sujeitar-se-á à aplicação de sanções contratuais e/ou administrativas, por meio da instauração de um processo administrativo sancionador. Esse procedimento, no âmbito da ANP, é regido pelo Decreto nº 2.953/1999.

Após garantidos o contraditório e a ampla defesa, com dupla instância administrativa, a Agência deliberará acerca de eventual descumprimento de obrigação contratual pelo concessionário ou de infração à legislação aplicável. Em determinados casos de inadimplemento absoluto, o contrato prevê como penalidade a extinção do contrato de pleno direito.

Por outro lado, o contrato de concessão excepciona a aplicação de sanções contratuais, bem como admite a alteração contratual, quando o inadimplemento decorrer de hipótese de caso fortuito ou de força maior. Trata-se de previsão contratual alinhada com o disposto no art. 393 do Código Civil brasileiro, segundo o qual *"O devedor não responde pelos prejuízos resultantes de caso fortuito ou força maior, se expressamente não se houver por eles responsabilizado"*. O Parágrafo único desse artigo afirma que *"O caso fortuito ou de força maior verifica-se no fato necessário, cujos efeitos não era possível evitar ou impedir".* Como ensina Arnoldo Medeiros da Fonseca, o que caracteriza a força maior é a ausência de culpa das partes e a inevitabilidade do evento, embora possa ser, em tese, previsível. Tal interpretação, a nosso ver, coaduna com a própria definição de fortuito do artigo citado, que não destaca a previsibilidade como requisito para a sua configuração.

Com relação às sanções administrativas, a Lei nº 9.847/1999 prevê as sanções cabíveis por descumprimento a normas pertinentes ao exercício de atividades relativas à indústria do petróleo e arrola os tipos administrativos que correspondem a cada uma das penalidades eleitas, quais sejam: (i) multa; (ii) apreensão de bens e produtos; (iii) perdimento de produtos apreendidos; (iv) cancelamento do registro do produto na ANP; (v) suspensão de fornecimento de produtos; (vi) suspensão temporária, total ou parcial, de funcionamento de estabelecimento ou instalação; (vii) cancelamento de registro de estabelecimento ou instalação; (viii) revogação de autorização para o exercício de atividade. Na ementa dessa Lei, vê-se que o legislador buscou restringi-la a atividades de *downstream*, o que levou a questionamentos por parte dos concessionários pelo fato de a ANP buscar punir também as infrações relativas à E&P e as decorrentes de descumprimento contratual com base na Lei nº 9.847/1999 em que detrimento da Portaria ANP nº 234/2003 (ainda vigente, porém não aplicada) prevê penalidades mais brandas, como a advertência, e multas menores.

2.5.3. Cessão de participação indivisa

Ainda como situação de excepcionalidade aos princípios licitatórios anteriormente citados, prevista na Lei nº 9.478/1997 (art. 29, parágrafo único) e no contrato de concessão, tem-se a possibilidade de o concessionário, mediante prévia e expressa autorização da ANP, ceder, total ou parcialmente, sua participação indivisa do contrato de concessão a terceiro que atenda aos requisitos técnicos, econômicos e jurídicos estabelecidos pela ANP no edital de licitações mais recente e que siga o procedimento de cessão de direitos e obrigações dos contratos de concessão estabelecido pela Superintendência de Exploração da ANP (SEP).[25]

O referido procedimento estabelece que terá tratamento de cessão *"Toda e qualquer transferência total ou parcial de titularidade ou dos direitos e obrigações decorrentes do Contrato; fusão, cisão, e incorporação de sociedade empresária in-*

---

[25] Versão em pdf do procedimento e demais informações podem ser encontradas em <http://www.anp.gov.br/?pg=77412&m=&t1=&t2=&t3=&t4=&ar=&ps=&1461620853750>. Acesso em: 1o abr. 2016.

tegrante do consórcio Concessionário; e mudança de Operador ou de garantidor". Além disso, esse procedimento arrola uma série de documentos que devem ser apresentados pela parte cedente, tais como carta de solicitação de autorização de cessão de direitos e obrigações, documentos relativos à regularidade fiscal e trabalhista do cessionário, atos societários, termo de cessão e termo aditivo ao contrato de concessão, que devem seguir os padrões elaborados pela ANP e disponibilizados no sítio da ANP ("Catálogo de E&P"). Em certos casos, o regulador poderá exigir a apresentação de garantia de *performance* e a garantia de desativação e abandono (no caso de cessão total).

Com o advento da nova Lei de Defesa da Concorrência (Lei nº 12.529/2011), e aprovação, em 19 de dezembro de 2012, do Acordo de Cooperação Técnica entre a ANP e o CADE, passou-se a exigir, nos procedimentos de cessão de direitos, que podem caracterizar ato de concentração econômica,[26] que o cedente apresente parecer técnico emitido pelo CADE de aprovação da aquisição de ativos relativos aos contratos de concessão ou, alternativamente, uma declaração de que o cedente e o cessionário não se enquadram nas hipóteses previstas no art. 88 da referida Lei.

Estabelece esse dispositivo, modificado pela Portaria Interministerial nº 994/2012, que, para os efeitos de submissão obrigatória ao CADE, é necessário que pelo menos um dos grupos envolvidos na operação tenha registrado, no último balanço, faturamento bruto anual ou volume de negócios total no País (no ano anterior à operação) equivalente ou superior a R$ 750.000.000,00 (setecentos e cinquenta milhões de reais) e o outro grupo equivalente ou superior a R$ 75.000.000,00 (setenta e cinco milhões de reais).

Em 28 de agosto de 2013, o CADE, nos autos do Ato de Concentração nº 08700.005775/2013-19, de relatoria da Conselheira Ana Frazão, que envolveu a cessão de participação indivisa da Petrobras à OGX no contrato BS-4, entendeu que as partes consumaram a operação de forma prematura, porquanto antes da aprovação do Conselho. Ao final do processo, foi firmado um acordo em controle de concentrações e aplicada multa pecuniária, nos termos do art. 88, § 3º, da Lei nº 12.529/2011. Esse caso é citado como o primeiro de *gun jumping* no Brasil (GUEDES, 2015).

---

[26] O art. 90 da Lei nº 12.529/2011 estabelece que o ato de concentração é caracterizado quando: I – 2 (duas) ou mais empresas anteriormente independentes se fundem; II – 1 (uma) ou mais empresas adquirem, direta ou indiretamente, por compra ou permuta de ações, quotas, títulos ou valores mobiliários conversíveis em ações, ou ativos, tangíveis ou intangíveis, por via contratual ou por qualquer outro meio ou forma, o controle ou partes de uma ou outras empresas; III – 1 (uma) ou mais empresas incorporam outra ou outras empresas; ou IV – 2 (duas) ou mais empresas celebram contrato associativo, consórcio ou *joint venture*.

CAPÍTULO 3

GEOPOLÍTICA E A EXPLORAÇÃO E A PRODUÇÃO NÃO CONVENCIONAIS DE PETRÓLEO E GÁS NATURAL

Sumário: 3.1. A geopolítica energética – 3.2. A alteração geopolítica com a revolução do gás não convencional – 3.3. Das espécies classificadas como não convencionais: 3.3.1. *Shale gas*; 3.3.2. *Tight sands gas*; 3.3.3. *Coalbed methane*; 3.3.4. *Gas hydrates* – 3.4. A técnica do fraturamento hidráulico utilizada para a exploração e a produção em reservatórios não convencionais: pontos controvertidos: 3.4.1. Contaminação e desperdício de recursos hídricos; 3.4.1.1. A questão atinente à divulgação dos componentes do fluido do fraturamento como prevenção à contaminação; 3.4.2. Riscos de abalos sísmicos; 3.4.3. Emissão de poluentes à atmosfera; 3.4.4. Alterações paisagísticas: danos visuais – 3.5. Panorama global da regulação existente sobre a exploração e a produção não convencionais de petróleo e gás natural no Direito Comparado: 3.5.1. A importância do estudo comparativista; 3.5.1.1. Estados Unidos; 3.5.1.2. Canadá; 3.5.1.3. Regulação dos não convencionais na Europa; 3.5.1.4. Regulação dos não convencionais na América Latina; 3.5.1.5. Índia; 3.5.1.6. China; 3.5.1.7. Austrália – 3.6. As normativas elaboradas por organizações internacionais voltadas à indústria do petróleo e do gás com respeito aos não convencionais: 3.6.1. Association of International Petroleum Negotiators; 3.6.2. International Energy Agency.

3.1. A geopolítica energética

Destaque-se que a geografia política ou "geopolítica" relaciona-se ao Direito Internacional por meio da figura Estado-nação – um dos primeiros e principais sujeitos de Direito Internacional – que exerce poder soberano sobre territórios delimitados por fronteiras fixas. O território permitirá aos Estados exercerem os três monopólios fundamentais: a lei, a força e a tributação. Um Estado, ao perder soberania sobre territórios, demonstraria sua debilidade diante dos demais; porém, para o êxito territorial do Estado, é ainda necessário o "êxito do povo", ou seja, sua disciplina, sua capacidade de trabalho e organização, seus valores e o apoio ao projeto nacional (PEREIRA, 2008, p. 868-869).

Desse modo, afirma João Eduardo PEREIRA (2008, p. 870) que o controle do território foi um dos fatores históricos que contribuíram para o êxito da aliança estratégica entre o poder político do Estado e o poder econômico do mercado, a ponto de o mercado poder evoluir à condição de sistema econômico global, mais integrado à sociedade, dependendo do Estado para o funcionamento ótimo de economias de mercado.[1]

O setor energético, até boa parte do século XX, caracterizou-se pelo confronto entre: países desenvolvidos *versus* países em desenvolvimento; produtores e consumidores; países do norte e países do sul. Como consequência do processo de globalização, afirma-se que tais diferenças têm sido amenizadas, permitindo uma melhor compreensão das relações de mútua dependência entre os agentes.

Inicialmente, os investimentos nos setores energéticos restringiram-se aos Estados Unidos e ao Reino Unido, vanguardistas nos movimentos de reestruturação setorial. Em seguida, a América Latina, a Ásia, a Austrália e a Nova Zelândia foram absorvidos por igual onda de transformação e, com o avanço das privatizações das indústrias energéticas, passaram a receber grandes empresas privadas, grande maioria de nacionalidade americana e europeia.

As reformas dos setores energéticos de distintos países, que levaram a uma decomposição de indústrias frequentemente integradas, abriram oportunidades para novos agentes atuarem nos mercados de energia desses países, seja nos segmentos de produção, seja nos de transporte, de distribuição e de comercialização. A maior competição entre as empresas em tais segmentos foi, de uma maneira geral, um fator de estímulo à inovação tecnológica e ao incremento da qualidade dos serviços energéticos prestados aos consumidores finais (FINON, 1996).

Na década de 1980, muito se falava sobre a integração energética da América Latina, conforme reportado pela doutrina neoliberal (*cf.* SANTOS, 2002, p. 32). Os países da região, contudo, ainda eram muito fechados e dominados por um espírito nacionalista muito arraigado, no qual se privilegiava a autossuficiência energética e o controle monopolístico estatal dos setores energéticos. Tal cenário inibia as iniciativas conjuntas e a cooperação entre os países latino-americanos.

Nos anos 2000, a integração econômica no Mercosul mostra-se mais avançada, sendo que a energia contribuiu para acelerar tal integração. Buscava-se um aumento das trocas comerciais e financeiras entre os países do bloco, que permitisse a exploração de sinergias, como o compartilhamento de reservas de recursos naturais, a otimização dos sistemas energéticos e o aproveitamento de diferenças sazonais nos distintos perfis de consumo de energia, com vistas a aumentar a competitividade econômica e a produtividade da região (SANTOS, 2002, p. 33).

---

[1] FIORI (2004, p. 28) elenca algumas demandas inerentes ao bom funcionamento da economia de mercado, quais sejam: a) a unificação tributária e monetária; b) a eliminação de barreiras internas; c) a obtenção de lucro extraordinário com a regulação da exploração de bens públicos e monopólios naturais; d) o controle do território e de suas fronteiras e do fluxo de mercadorias, capitais e contingentes demográficos.

Apesar de tal integração não ter avançado nos moldes em que idealizada, entendemos que ela é necessária, principalmente, diante do forte crescimento da demanda energética, em diversos segmentos, e da incapacidade, muitas vezes, da indústria local de manter os níveis de investimento condizente com o crescimento da demanda interna; sendo um objetivo comum desses países o desenvolvimento rápido dos recursos energéticos locais, visando à redução de importações e ao aumento das exportações de produtos energéticos.

Nesse contexto, fala-se em uma nova ordem de "cooperação competitiva" entre as nações e entre as companhias de energia (*cf.* SANTOS, 2002, p. 60). No cenário de cooperação competitiva que se constrói para a indústria gaseífera, por exemplo, com vistas ao crescimento sustentável desse setor, os principais operadores e controladores dos ativos de produção, transporte e distribuição de gás, bem como um número ainda maior de participantes potenciais que estudam a viabilização de outros projetos, partilham oportunidades e risco.[2]

É de se atentar, todavia, que a atividade gaseífera envolve não apenas considerações econômicas, como igualmente políticas e geopolíticas de grandes dimensões. Muitas decisões de suprimento e de rotas de transporte de gás possuem motivações estratégicas, visando à ocupação dos espaços no longo prazo, podendo, inclusive, envolver questões de pouca racionalidade no curto e médio prazo.

Fato é que as transformações na indústria de gás natural ocorridas nas últimas décadas, que aumentaram a complexidade das forças dentro dos mercados de energia no mundo e abriram oportunidades para novos agentes atuarem, incentivando a competição e a inovação tecnológica, ressaltaram a importância da regulação como forma de garantir a maior transparência de um mercado de essência oligopolista.

3.2. A alteração geopolítica com a revolução do gás não convencional

Afirma-se que, historicamente, o desenvolvimento da indústria de gás natural concentrou-se em países com grandes dotações de recursos e disponibilidade de capital, por demandar investimentos não apenas para a etapa de exploração e produção, mas para toda a cadeia produtiva do gás, em particular nos segmentos

---

[2] SANTOS (2002, p. 66), contudo, considera que tal indústria continua fortemente constrangida pela escassez de mercado que impede o desenvolvimento de seus sistemas de produção, transporte e distribuição, em parte, em função da rigidez do transporte e da distribuição dessa matéria-prima que normalmente vinculam um vendedor (ou exportador) a um determinado consumidor (ou importador), pelo que afirma que "*a viabilização de um projeto e a materialização de uma capacidade de oferta não dependem apenas da existência do recurso natural, mas também de um mercado garantido no longo prazo*".

de transporte e distribuição,[3] por isso, afirma-se que o comércio internacional do gás natural desenvolveu-se tardiamente (*cf.* ALMEIDA e COLOMER, 2013, p. 224). Hoje já se fala no redesenho da geografia da demanda energética, concentrada e liderada por economias emergentes, incluindo países não integrantes da OCDE.[4] A Ásia e o Oriente Médio tornaram-se os maiores consumidores de energia com o desenvolvimento de suas indústrias locais de manufaturados, consequentemente, mais gás natural é necessário para fazer frente ao crescimento da geração elétrica e da atividade industrial.

Inicialmente, o gás natural, em especial aquele associado ao petróleo, era utilizado primordialmente para reinjeção no poço e manutenção da produção de petróleo. Com a elevação do preço do petróleo, principalmente em meio às crises do petróleo, e o aperfeiçoamento de novas formas de utilização do gás natural – como para a produção de termoeletricidade, além do tradicional uso doméstico (industrial e residencial) e para exportação (por meio de gasodutos ou GNL) –, houve um crescimento do mercado internacional desse recurso energético, com o aumento de seu consumo[5] e, por conseguinte, do desenvolvimento tecnológico.

A expansão do uso do gás natural é ainda justificada devido a sua relativa abundância e as suas vantagens de ordem ambiental, já que, dentre os combustíveis fósseis, é um dos que provocam menores emissões de carbono e gases de efeito estufa. Nesse sentido, Edmilson Montinho dos SANTOS (2002, p. 28) afirma que:

> além do menor impacto sobre o efeito estufa, outros parâmetros ambientais são vantajosos no caso do uso do gás natural, em comparação a outros combustíveis fósseis: emissão muito menor de dióxidos de enxofre (relacionados às ocorrências de chuvas ácidas) e de material particulado – desde que o uso se dê em equipamentos adequados à queima de gás.

---

[3] A cadeia do gás natural é constituída pelas etapas de exploração e produção, processamento, transporte, distribuição e comercialização. A primeira etapa resume-se à identificação de reservas de gás natural (associado ou não ao petróleo) no subsolo, em terra ou no mar, para sua extração pelo concessionário. Na etapa seguinte, o gás extraído é transportado por meio de gasodutos de recolhimento às Unidades de Processamento de Gás Natural (UPGN), nas quais passa por um processo de separação. Em seguida, o gás é transportado até os locais de consumo, por meio de uma rede de gasodutos. Por fim, após a transferência do gás nos *city-gates*, este é distribuído aos consumidores finais por meio de redes de distribuição. Não há etapa de refino no caso do gás natural, como ocorre com o petróleo (PINTO JUNIOR, 2007, p. 234).

[4] Afirma-se que quase 90% da demanda global de energia está concentrada em países emergentes, como China e Índia (SALEH AL-SADA, 2014, p. 88).

[5] Hoje os principais consumidores do gás natural são o mercado industrial (mais de 2/3) e o mercado veicular (frota maior que 1,7 milhão). É também usado, de forma complementar, para a geração de energia elétrica.

Além do baixo nível de emissões de poluentes, destacam-se como características vantajosas do gás natural seu elevado poder calorífico e o alto rendimento energético. Logo, comparado com outros recursos energéticos, o gás natural pode ser considerado um combustível limpo (PINTO JUNIOR, 2007, p. 232). Nesse sentido, especialistas classificam o gás natural como uma energia "civilizada", ecologicamente preferível às demais energias fósseis, e argumentam que tal fonte primária permite uma melhor adaptação do sistema energético às necessidades das sociedades modernas.[6]

Segundo os dados da International Energy Agency, até o final do século XX, o carvão era a segunda principal fonte de energia mundial, sendo que China (33,8%), Estados Unidos (25,6%) e Índia (8,3%) figuravam como os maiores produtores mundiais de carvão. Motivos ambientais e econômicos, que relacionam a queima desse combustível com a acidificação das chuvas e a formação de fumaça urbana, no entanto, contribuíram para a redução no consumo do carvão durante a década de 1990; redução essa que, de acordo com os levantamentos realizados pelo World Watch Institute, colocou esse recurso abaixo do gás natural.

Nada obstante, em que pese suas vantagens perante outras fontes energéticas, o gás natural apresenta uma série de especificidades técnicas e econômicas que tornam o seu comércio mais complexo e que dificultam sua alavancagem. Dentre tais especificidades, destaca-se uma maior dificuldade para o seu transporte e estocagem, criando-se forte dependência entre produtores e consumidores. Isso porque as tecnologias que permitem seu armazenamento, como as de compressão, liquefação e uso de cavidades do solo são extremamente dispendiosas. Acresce-se a isso o fato de que, em países em desenvolvimento, a fragilidade institucional faz com que os segmentos de transporte e distribuição de gás natural somente se viabilizem com investimentos estatais, em vista do grande volume de capital exigido.

Além disso, outro fator apontado por especialistas como inibidor do desenvolvimento dessa fonte energética é a falta de um mercado cativo para o gás natural, razão pela qual o valor do gás natural passa a ser determinado pelo preço dos combustíveis concorrentes, o que gera riscos econômicos para os investimentos nessa matriz energética (ALMEIDA e COLOMER, 2013, p. 19).

Novas perspectivas, contudo, são geradas ao gás natural com o êxito dos reservatórios não convencionais. Em realidade, há muito que se alarma acerca

---

[6] Em muitos países no mundo, como no caso da Inglaterra, verificou-se uma convergência entre os objetivos das reformas dos seus setores energéticos e as metas ambientais acordadas em relação às suas emissões de gases de efeito estufa, na medida em que a maior participação do investidor privado no setor energético desses países representou também a entrada de tecnologias com baixo custo fixo irrecuperável, como as que utilizam gás natural, em substituição àquelas baseadas no consumo de carvão ou de derivados de petróleo pesados.

do esgotamento do petróleo no mundo, tido como um dos combustíveis fósseis e fonte de energia de maior relevância. Com o advento do século XXI, esse medo é acirrado em razão de previsões antes realizadas que indicavam a aproximação do pico do petróleo, seguido de posterior e constante declínio dessa fonte energética. A teoria do pico do petróleo,[7] segundo Daniel YERGIN (2014, p. 240), incorpora uma perspectiva do fim da tecnologia e/ou oportunidade que pressupõe que não ocorrerão mais inovações significativas na produção de petróleo nem possibilidades de desenvolvimento de novos recursos significativos. Ignora, portanto, em sua análise elementos importantes como o progresso tecnológico e o preço[8] da *commodity*.

O que se vê, todavia, é uma quebra dessa temerosa estimativa com a revolução instaurada, primeiramente, nos Estados Unidos, seguida por vários países, relacionada à exploração e à produção exitosa de gás natural advindos de reservatórios não convencionais e com estimativa de consideráveis reservas comprovadas desses recursos que podem ainda ser exploradas globalmente.

Tal revolução foi propiciada, dentre outros, pelo desenvolvimento de novas tecnologias que possibilitaram a identificação de novos recursos e/ou a maior recuperação de reservas localizadas em campos já existentes, em escala comercial. Sabe-se que apenas um baixo percentual do petróleo e/ou gás existentes em um campo típico é produzido por meio de métodos tradicionais, podendo tal taxa de recuperação ser ampliada com a aplicação de nova tecnologia[9] e com revisões e adições realizadas ao longo do desenvolvimento do campo.

YERGIN (2014, p. 254 e ss.) classifica como não convencionais aqueles recursos de difícil extração e cujo desenvolvimento depende do avanço da tecnologia, dos quais são exemplo (i) o petróleo e o gás natural localizados em águas profundas e ultraprofundas; (ii) o petróleo extraído dos líquidos que acompanham a produção de gás natural; (iii) o petróleo e gás extraídos da camada do pré-sal; (iv) o petróleo extraído das areias betuminosas canadenses (*oil sands* ou *tar sands*) e (v) o petróleo e o gás extraídos de folhelhos betuminosos (*shale*). No presente trabalho, utilizaremos a nomenclatura não convencional, predominantemente, em referência à última espécie elencada por YERGIN, qual seja, petróleo e gás extraídos de folhelhos betuminosos, denominados por muitos de petróleo e/ou gás de xisto, porém, nomenclatura já afastada pela doutrina especializada.

---

[7] Também denominada de Pico de Hubbert, por ter sido engendrada pelo geocientista Marion King Hubbert, o qual declarou que a produção de petróleo nos Estados Unidos provavelmente atingiria seu pico em algum momento entre 1965 e 1970; prorrogando-se a data limite por algumas vezes na história.

[8] Como é cediço, preços mais altos estimulam a inovação e encorajam as pessoas a encontrarem formas novas e criativas de aumentar a oferta.

[9] YERGIN (2014, p. 249) afirma que a taxa de recuperação de um campo de petróleo típico varia de 35% a 40%.

Trata-se de uma verdadeira quebra de paradigma na indústria por estar-se diante de estrutura geológica distinta do modelo classicamente disseminado, o que implica técnicas distintas para sua exploração e um modelo regulatório próprio que viabilize a economicidade de sua produção. Apesar de não configurar uma fonte de energia alternativa – afinal, trata-se de gás natural, que já integra a matriz energética de muitos países –, a identificação de reservas não convencionais recentemente em diversos países reacendeu os ânimos dos Estados e dos operadores da indústria não apenas por desmitificar o fim próximo do petróleo, mas por representar a possibilidade de um reforço energético de grande escala, que traz vantagens políticas e socioeconômicas.

Com efeito, o crescimento da produção de gás natural, em especial, em formações geológicas não convencionais contribuiu para a reconfiguração da geopolítica gaseífera. O aperfeiçoamento das técnicas de perfuração e produção tem redimensionado e redistribuído as bases de recursos de gás natural, de modo que países antes dependentes de sua importação passam a atuar como exportadores desse recurso energético.

Fala-se no início de uma nova tendência por meio da criação de um mercado global integrado de gás, no qual as diferenças de seu preço entre América do Norte, Europa e Ásia – principais mercados internacionais de gás natural – declinarão ou desaparecerão, como ocorre no caso do petróleo. Além disso, FLORES-QUIROGA (2014, p. 33) defende que, a depender do nível que será alcançado de liquidez, poderá resultar no estabelecimento de um novo mecanismo de preço baseado na combinação de transações *spot* e contratos de longo prazo ou, pelo menos, contratos de longo prazo mais flexíveis (como afirma-se já ocorrer com o GNL); preço este que, atrelado à grande abundância do gás, poderá ultrapassar o preço de outros combustíveis fósseis, como o petróleo.

A China, os Estados Unidos e a Rússia são apontados como possuidores das maiores reservas recuperáveis de gás natural não convencional, sendo que apenas nos Estados Unidos sua produção tornou-se realidade. Outros países como França, Polônia, México, África do Sul[10] e Argentina, apesar de reduzidas reservas de recursos convencionais, apresentam elevado potencial de produção de *shale gas*, um dos tipos de não convencionais, como elencaremos adiante.

3.3. Das espécies classificadas como não convencionais

Afirma-se que o termo "gás não convencional" surgiu na década de 1970 para designar os recursos subcomerciais (leia-se, economicamente não viáveis de

---

[10] Estima-se que a África do Sul possui a quinta maior reserva de gás não convencional (*cf.* KABERUKA, 2014, p. 114).

serem explorados ou com retornos econômicos marginais) contidos em reservatórios fechados, em rochas geradoras e em carvão. O referido termo começou a ser difundido nos Estados Unidos como resultado da política norte-americana definida pelo *Gas Policy Act* de 1978, que previa incentivos fiscais à produção de fontes alternativas de energia, incluindo os recursos não convencionais (ALMEIDA e COLOMER, 2013, p. 34-38).

De acordo com diversas fontes da literatura (técnica), os reservatórios convencionais são aqueles que apresentam vazões economicamente viáveis sem a necessidade de aplicação de processos especiais de recuperação. Um reservatório convencional é essencialmente um reservatório com condições permoporosas que permitem a recuperação e produção de volumes economicamente viáveis, sem a necessidade de utilização de tecnologias avançadas de perfuração, completação e estimulação.

Além disso, tais reservatórios são tradicionalmente compostos por uma estrutura tripartite clássica, na qual se localiza, em sua parte inferior, a rocha geradora, acima desta, a rocha reservatório e na parte superior, a rocha selante, que retém o petróleo e o gás que serão posteriormente extraídos com a instalação de um poço vertical.

Ao contrário de reservatórios convencionais, que são comparativamente pequenos em volume *in situ*, mas fáceis de serem desenvolvidos, os reservatórios não convencionais são grandes em volume *in situ*, mas difíceis de serem desenvolvidos, dotados de reduzida permeabilidade e baixa porosidade. Além disso, costumam ser de qualidade inferior à do reservatório convencional.

Um reservatório não convencional pode ser entendido como aquele que não atinge vazões de fluxo de gás economicamente viáveis sem a aplicação de tratamentos de estimulação extensiva, do tipo fraturamento hidráulico, combinado com a perfuração de poços horizontais, poços multilaterais ou alguma outra técnica que exponha uma área maior do reservatório para a parede do poço. Isso porque a perfuração de um poço vertical convencional expõe apenas uma pequena parte da formação ao poço, enquanto uma perfuração horizontal possibilita um aumento da exposição do poço ao reservatório, além de permitir a perfuração de diversos poços a partir de um único *pad*.[11]

Dessa forma, um poço produtor de gás não convencional é constituído por meio de uma combinação entre as técnicas de perfuração vertical e horizontal. Após a perfuração vertical até a rocha reservatório é iniciada a perfuração horizontal ao longo da formação, podendo atingir uma distância de aproximadamente 1.000 a 2.000 metros. Para melhor conhecimento do real potencial de não convencionais existentes em determinado *play*, sua comercialidade, delimitação

---

[11] Registre-se que a utilização da perfuração horizontal de petróleo e gás teve início no início da década de 1980, em conjunto com o desenvolvimento de equipamentos de apoio e tecnologia necessários a tornar tal produção uma realidade. (EIA, 2013).

e respectivas propriedades geológicas, faz-se necessário perfurar uma grande quantidade de poços na formação.

Com a conclusão das atividades de perfuração é iniciada a fase de completação, na qual são realizadas detonações que criam fraturas na rocha onde está localizado o reservatório, a fim de permitir a migração do gás aprisionado para o poço. Para que tais fraturas permaneçam abertas, a técnica de fraturamento hidráulico é aplicada, como detalharemos adiante.

A relevância do fraturamento é tamanha para os reservatórios não convencionais na medida em que viabiliza a circulação dos hidrocarbonetos em tempo razoável. Estima-se que, sem a fratura, tal circulação demoraria algo em torno de 1000 anos, enquanto que o fraturamento permite a circulação em 15-25 anos.

A definição constante do Dicionário do Petróleo (FERNÁNDEZ Y FERNÁNDEZ, 2009, p. 231) faz o contraponto entre gás convencional e gás não convencional. Confira-se:

> Gás natural de reservatórios convencionais, excluindo aquele de fontes como aquíferos saturados, hidratos, xisto e outras fontes atualmente consideradas fora do alcance das técnicas convencionais de exploração e produção de gás. Reservas de gás não convencional passam a ser consideradas como de gás convencional à medida que novas técnicas aplicáveis a estas reservas são viabilizadas. 2. Gás contido nos poros das formações produtoras dos reservatórios, em contraposição àquele absorvido na matriz da rocha, ou no carvão, por exemplo.

José Renato Vieira JUSCHAKS FILHO (2013, p. 1), com uma visão mais ampla, afirma que um reservatório pode ser considerado como não convencional segundo diferentes pontos de vista. *In verbis*:

> Do ponto de vista econômico, entende-se como não convencional aquele reservatório a partir do qual não pode ser produzido economicamente hidrocarboneto, utilizando-se métodos ditos convencionais. Para a geologia e engenharia de reservatório, podemos entender como reservatório não convencional os que não podem ser produzidos sem estimulação. Para o petrofísico, o reservatório não convencional apresenta permeabilidades inferiores a 0,1 mD. Na geologia do petróleo, considera-se que um reservatório é não convencional quando um ou mais elementos do sistema petrolífero estão ausentes. Enquanto nos reservatórios ditos convencionais são encontradas porosidades na ordem de 10% a 30%, garganta de poros com mais de um milímetro e permeabilidades superiores a 0,1 mD, nos reservatórios não convencionais do tipo *Shale Gas* as porosidades encontradas são de 3% a 15%, gargantas de poro com menos de um micrômetro e permeabilidades inferiores a 0,1 mD. Nesse tipo de reservatório, devido à complexidade das características da rocha e sua interação com o fluido presente, as incertezas nos cálculos

dos volumes de hidrocarbonetos *in place* e reservas são muito maiores se comparados com os reservatórios convencionais, sendo necessária a identificação de zonas de melhor produção, os chamados *Sweet Spots*. Mesmo assim, a exploração e produção pode tornar-se atrativa devido ao grande volume armazenado de hidrocarbonetos.

Dentre os principais tipos de reservatórios de gás natural associados ao termo não convencional, a doutrina destaca os seguintes: gás de folhelho (*shale gas*), gás de arenitos de baixa permeabilidade (*tight sands gas*), gás de carvão (*coalbed methane*) e os hidratos de gás natural.

3.3.1. Shale gas

O *shale gas* ou gás de folhelho[12] é contido em rocha geradora de baixa permeabilidade – menor que as de formações convencionais –, de forma que apenas pequeno volume de gás flui naturalmente para um poço. Além disso, tal rocha é normalmente localizada em camadas profundas de difícil extração, o que demanda tecnologia avançada (BAKSHI e STUBER, 2012, p. 176).

Em que pese inexistir no glossário disponibilizado no sítio da ANP definição para "folhelho", mas apenas para o "xisto", nesse mesmo glossário, elaborado para jornalistas (atualizado em 12 de abril de 2013),[13] já há uma definição para *shale gas. In verbis*:

> **Gás não convencional ou *"shale gas"*** – popularmente conhecido como gás de xisto, é extraído a partir do fraturamento da rocha geradora (ou folhelho gerador). Difere-se do "convencional" na forma de extração, pois este último é produzido a partir da rocha reservatório, no entanto, o produto resultante é o gás natural em ambos os casos.

---

[12] Note-se que há quem traduza, no Brasil, o termo *shale gas* como gás de xisto. Entretanto, argumenta-se que, em termos geológicos, o mais correto é traduzi-lo como gás de folhelho. Essa falha terminológica é destacada por SANTOS e MATAI (2010), que afirmam que o termo "xisto" é incorretamente aplicado para identificar rochas sedimentares constituídas de finas camadas, cuja denominação correta é folhelho oleígeno. ALMEIDA e FERRARO (2013) também fazem uma observação similar, afirmando que, no Brasil, é comum a tradução de *shale gas* como "gás de xisto", embora o correto, em termos geológicos, seja "gás de folhelho" (folhelho betuminoso ou folhelho pirobetuminoso). Apesar disso, no Brasil, foi consolidado historicamente o termo xisto para a designação desse material pelos agentes regulatórios e pelo mercado, sendo definido no glossário da ANP da seguinte forma: "Xisto betuminoso é uma rocha sedimentar, normalmente argilosa, muito rica em matéria orgânica (querogênio). Quando submetido a temperaturas elevadas, o xisto betuminoso libera óleo, água e gás, e deixa um resíduo sólido contendo carbono". Disponível em: <http://www.anp.gov.br/?id=582#x>. Acesso em: 20 out. 2013.

[13] Disponível em: <http://www.anp.gov.br/?pg=65492&m=folhelho&t1=&t2=folhelho&t3=&t4=&ar=0&ps=1&cachebust=1382549254031>. Acesso em: 20 out. 2013.

JUSCHAKS FILHO (2013, p. 1), em posição diferenciada de grande parte da doutrina, afirma que este tipo de reservatório (*shale*) raramente é formado por folhelhos e explica que:

> enquanto o folhelho pode ser descrito como uma rocha sedimentar, de granulação fina, com fissilidade bem desenvolvida e altos teores de minerais de argila, os reservatórios do tipo "*Shale Gas*" são constituídos, em sua maioria, por rochas sedimentares ricas em matéria orgânica, de granulação fina, porém sem apresentarem necessariamente fissilidade bem desenvolvida; e, obrigatoriamente, devem apresentar baixos teores de minerais de argila com teores mais elevados de silicatos e carbonatos. Muitas vezes estes reservatórios são formados por intercalações de camadas de folhelhos ou margas com camadas de carbonatos, siltitos ou até mesmo arenitos muito finos. Muitos exemplos são encontrados nos Estado Unidos, como a Formação Bakken (carbonatos e siltes sobre e sotopostos por margas), no noroeste americano, ou a Formação Conasauga (folhelhos intercalados com carbonatos), no sul dos Apalaches.

Ensina, ainda, JUSCHAKS FILHO (2013, p. 1) que, para a seleção de áreas ou formações favoráveis para a exploração de gás nos reservatórios tipo *shale gas*, os denominados *sweet spots*, é preciso levar em conta alguns critérios, tais como: (1) a maturação térmica – é necessário que a rocha tenha sido colocada em condições para geração de gás (apresentar valores de refletância de vitrinita superiores a 1%); (2) pressão e profundidade do reservatório – quanto mais profundo maior a pressão do reservatório e melhor será a produção; (3) espessura – posto serem necessárias perfurações de poços horizontais na rocha que será fraturada; (4) carbono orgânico total – a rocha reservatório deve apresentar valores elevados desse carbono, geralmente acima de 1%; (5) fracabilidade – isto é, a resposta da rocha ao processo de fraturamento. Outras características consideradas importantes pelo geólogo para que o reservatório seja considerado economicamente viável são: a porosidade superior a 4%, a permeabilidade superior a 100 nD e a saturação de água inferior a 45%.

Registra-se què a produção de *shale gas* em larga escala, comercialmente viável, somente ocorreu no ano 2000, na formação de Barnett, localizada no centro-norte do Estado do Texas, Estados Unidos. Porém, afirma-se que o primeiro poço comercial de gás de folhelho foi perfurado no ano de 1821, também em território americano (GREEN, 2014, p. 3).

Em 2005, apenas a formação de Barnett estava produzindo cerca de meio trilhão de metros cúbicos de gás natural por ano. Outras formações, como Fayetteville, Haynesville, Marcellus, Woodford e Eagle Ford, seguiram similar trajetória, com êxito na produção de gás de folhelho (EIA, 2013). Tendo em vista que a maioria dos poços de gás de folhelho é ainda relativamente nova, há até então uma considerável incerteza acerca da vida útil desses poços e sua recuperação.

Estima-se que as principais reservas de *shale gas* estão localizadas na China, seguida dos Estados Unidos, da Argentina e do México, sendo que o Brasil figura como décimo colocado no *ranking* mundial de reservas tecnicamente recuperáveis desse gás, isto é, reservas que podem ser produzidas por meio de tecnologias atuais (EIA, 2013).

A extração do *shale gas* comporta as seguintes etapas: (i) exploração com sísmica 3D; (ii) preparação do terreno; (iii) perfuração vertical e horizontal; (iv) fratura hidráulica; (v) gestão de resíduos e (vi) produção propriamente dita (LAGE, 2013, p. 41-42).

Na primeira etapa exploratória de atividade sísmica, o interior das rochas é mapeado com a utilização de ondas sonoras e reconstrução 3D, identificando-se a profundidade e a largura das rochas não convencionais. Esse processo pode ser conduzido pelo ar, por computação ou pelo solo.

A segunda etapa consiste na preparação do terreno, o qual é nivelado e compactado para acomodar os equipamentos de exploração e produção. Além disso, uma infraestrutura de acesso à área deve ser provida para viabilizar a logística da operação, que envolve grande quantidade de caminhões e maquinário.

Em seguida, tem-se a perfuração vertical de poços. Perfura-se uma grande quantidade de poços até chegar ao folhelho (rocha geradora), que tende a estar distribuído ao longo de extensa área geográfica. As paredes do poço são revestidas de camadas de aço e cimento. São, então, perfuradas as seções horizontais do poço em diferentes direções.

Subsequentemente a tal perfuração horizontal aplica-se uma série de explosões controladas, na qual se injeta uma mistura de água, areia e componentes químicos sob alta pressão. A areia é utilizada para manter abertas as fissuras na rocha, permitindo o fluxo do gás. A água utilizada no fraturamento é armazenada em tanques, sendo depois tratada e descartada, ou reutilizada em nova injeção.

A árvore de natal é posicionada para que o gás possa fluir até a Estação de Compressão e, posteriormente, à infraestrutura de transporte.

De acordo com estudo realizado pela EIA, estima-se que haja 7.299 trilhões de metros cúbicos de *shale gas* tecnicamente[14] recuperável no mundo.

---

[14] Conforme definição contida em relatório da EIA (2013), recurso tecnicamente recuperável representa o volume de petróleo e gás que podem ser produzidos com a tecnologia atual, independentemente dos preços do petróleo e do gás e dos respectivos custos de produção. Diferentemente, a recuperação econômica de recursos petrolíferos e gaseíferos depende de três fatores: (i) o custo da perfuração e completação dos poços; (ii) o montante de petróleo e gás que será produzido do poço ao longo de sua vida útil; (iii) os preços que serão recebidos pelo investidor pela produção do petróleo e do gás.

3.3.2. Tight sands gas

Reservatórios do tipo *tight sands gas* são geralmente definidos como reservatórios areníticos ou com matriz carbonática, que podem ou não estar naturalmente fraturados e que exibem permeabilidades (*in situ*) menores que 0.10 mD. Muitos reservatórios de gás do tipo *ultra tight* podem ter permeabilidades (*in situ*) tão baixas quanto 0.001 mD (ALMEIDA e COLOMER, 2013, p. 35).

Em geral, os poros desse tipo de formação geológica são distribuídos de forma irregular pelo reservatório, de maneira que a porosidade da rocha apresenta-se muito inferior a das rochas de reservatórios convencionais. Com tais características, a taxa de fluidez do gás através dessas rochas é, geralmente, muito baixa, demandando métodos especiais que façam com que o gás flua mais facilmente em direção ao poço, como acidificação, fraturas em formações subterrâneas e, mais recentemente, utilização de poços horizontais e multilaterais, como no caso do *shale gas*.

Diferentemente do *shale*, contudo, que é a própria rocha geradora, o *tight gas/oil* é localizado na rocha reservatório, possuindo, dessa forma, uma maior permeabilidade que a do *shale*, apesar de ambas inferiores às dos reservatórios convencionais.

3.3.3. Coalbed methane

Outra fonte de gás não convencional relevante é o *coalbed methane* (CBM),[15] traduzido para o português como gás de metano da camada de carvão por ser localizado, em quantidade comercial, no carvão, e deste extraído para posterior comercialização. Normalmente, o CBM é localizado mais próximo à superfície, tipicamente a uma profundidade de 300 m a 1.000 m, se comparado ao *shale gas*, por exemplo, localizado normalmente abaixo de 2.000 m (WILSON e FREEHILLS, 2012).

A exploração desse recurso em países como Estados Unidos e Canadá progrediu de maneira significativa, sendo igualmente encontrado de forma abundante na China e presente na Índia e na Austrália (ZOU, 2013, p. 111). As maiores reservas de carvão estão localizadas no continente africano. No Brasil, há algumas reservas de CBM na Região Sul (Rio Grande do Sul e Santa Catarina), porém de baixa qualidade.[16]

---

[15] Não gera óleo, apenas gás.
[16] Em junho de 2009, o CEPAC – que é um centro interdisciplinar para P&D em petróleo, recursos minerais e armazenamento de carbono, para fins de mitigação de mudanças climáticas e produção de energia, criada de uma iniciativa conjunta da Petrobras e da PUC-RS – iniciou um projeto-piloto de recuperação de CBM e recuperação avançada de metano, por meio da

O CBM é composto majoritariamente por metano (CH4), porém pode possuir, em menor quantidade, nitrogênio, dióxido de carbono e hidrocarbonetos mais pesados como o etano. O metano é termicamente gerado com o aquecimento do carvão e sua consequente quebra; o gás fica, dessa forma, aprisionado nos depósitos sólidos de hidrocarboneto, sujeito à pressão da água subterrânea (soterramento).

Em razão de movimentos da crosta terrestre, ocorrem fraturas naturais nos depósitos de carvão que permitem que parte do gás absorvido pela matriz de carvão mova-se para tais fraturas (não sendo liberado para a atmosfera) e destas para o poço, podendo ser então comercialmente extraído (ALMEIDA e COLOMER, 2013, p. 36).

A quantidade de gás efetivamente liberado de um carvão depende de muitos fatores, como a composição química do carvão, sua história geológica, e se o carvão foi ou não previamente despressurizado. Afirma-se que o volume de gás contido no carvão pode ser estimado por meio da coleta de exemplos da rocha perfurados e pressurizados em laboratório.

Em se tratando de uma camada espessa de carvão, será naturalmente fraturado de forma que o volume diminuirá e o gás sairá (naturalmente) do carvão. Em se tratando de uma camada menor de carvão, intercalada com arenito, por exemplo, como no sul do Apalache, é necessário o uso do fraturamento hidráulico para estimular a produção[17] – fratura-se, tanto o carvão quanto as camadas adjacentes, para tornar economicamente viável a produção. Nesse caso, a água produzida deve ser bombeada do poço durante toda a vida do projeto, demandando-se uma quantidade ainda maior de água do que no caso do folhelho, por exemplo (WILSON e FREEHILLS, 2012).

O CBM é considerado uma forma não convencional de gás natural porque o carvão atua tanto como uma rocha geradora (fonte de gás) quanto como um reservatório. Além disso, o gás natural, como visto, é primeiro absorvido pela superfície molecular do carvão e depois armazenado nos poros (ALBERTA, 2013). Por fim, a característica de seus reservatórios de serem contínuos e extensos também contribuiu para a sua classificação como não convencional.

---

injeção de CO_2 na camada de carvão. O projeto está situado em Porto Batista (RS), na jazida de Charqueadas, na qual o carvão se encontra a aproximadamente 320 m de profundidade, já tendo sido perfurado poços para a caracterização e produção de metano. Esse projeto é pioneiro na América Latina e um dos poucos no mundo visando avaliar o potencial de recuperação de metano do carvão e a capacidade de armazenamento de CO_2 nesse meio.

[17] Aponte-se, a título de ilustração, que a técnica de fraturamento hidráulico para estimulação do CBM vem sendo usada na Austrália desde a década de 1990, conforme informa o Departamento de Minas e Petróleo australiano. Ver: *Department of Mines and Petroleum (WA). Unconventional Gas in Western Australia – FAQ*. Disponível em: <www.dmp.wa.gov.au/documents/Unconventional_Gas_in_WA_FAQ.pdf>.

3.3.4. Gas hydrates

Aponta-se, ainda, como uma recente fonte de gás natural não convencional o hidrato de gás, consistente em formações compostas por uma rede de moléculas de água no estado sólido, que circundam moléculas de metano.

O hidrato de gás, composto de água e gás natural, é estável em condições de baixa temperatura e alta pressão, o que resulta na sua formação sólida como gelo (MATSUMOTO, 2001; ZOU, 2013, p. 338). São normalmente localizados nos oceanos e em regiões polares, e suas reservas de gás são dez vezes mais volumosas que as reservas de gás natural convencional.

Apesar de considerável disponibilidade desses recursos, principalmente em locais fortemente sísmicos, sua produção ainda é incipiente, tida por muitos, inclusive, como não economicamente viável (*cf.* ALMEIDA e COLOMER, 2013, p. 37-38), a considerar a dificuldade técnica e o alto custo da perfuração de um poço no fundo do mar. Outros, contudo, vislumbram um futuro promissor para o hidrato de gás como um importante substituto aos combustíveis fósseis neste século XXI (ZOU, 2013, p. 337).[18]

O Japão é um dos países que mais estimula a produção de hidrato de gás com vistas à redução de sua deficiência energética,[19] já tendo sido extraído gás a partir de hidrato de metano do fundo do mar no ano de 2013 (Nankai), com produção total de 120.000 m^3. Os Estados Unidos, reconhecendo a importância da pesquisa sobre o hidrato de gás e a necessidade de um esforço coordenado, editou, por meio de seu Legislativo, o *Methane Hydrate Research and Development Act of 2000* com vistas à promoção da pesquisa, localização, exploração e desenvolvimento desse recurso. Em 2012, foi realizado um teste de produção (injeção de inibidor) com duração de 21 dias e produção de 28.000 m^3. Em setembro de 2014, esse país assinou um memorando de entendimento com a Índia para a cooperação na exploração de hidrato de gás por um período de cinco anos.

A China, o Canadá e a Coreia também estabeleceram programas de pesquisa e desenvolvimento de hidrato de metano que incluíram a realização de testes de perfuração e produção que forneceram informação acerca da ocorrência *in natura* desse recurso.[20] No Brasil há um projeto de pesquisa e desenvolvimento

---

[18] Nesse sentido, SILVA, Aspen Ricardo Andersen. *Novas tecnologias e perspectivas para produção de gás não convencional*: hidratos de gás. Apresentação realizada no 16º Seminário sobre Gás Natural organizado pelo Instituto Brasileiro de Petróleo, Gás Natural e Biocombustíveis, jun. 2015.

[19] O Japão importa aproximadamente 95% da energia que consume.

[20] CONSORTIUM FOR OCEAN LEADERSHIP. METHANE HYDRATE PROJECT SCIENCE TEAM. Marine Methane Hydrate Field Research Plan: topical report dec-2013. Disponível

de hidrato de gás, resultante de uma parceria entre a Petrobras e a Universidade PUC-RS, tendo sido noticiado, em maio de 2015, a existência de hidrato de gás na bacia de Pelotas, no Cone de Rio Grande (RS).

Em que pese apresentar-se como uma alternativa energética, a produção de hidrato de gás exibe desafios de ordens técnica e ambiental. Isso porque não se conhecem, ao certo, os efeitos que a extração de hidrato de metano pode ter sobre o ciclo natural do carbono e sobre o meio ambiente, havendo estudos que apontam para o risco de intensificação do efeito estufa em decorrência dessa produção; ou mesmo para o risco de afundamento de plataformas, com a saída do gás, em decorrência da deterioração da sustentação.[21]

Trata-se igualmente de um recurso não convencional, por não respeitar os elementos (geológicos) do sistema petrolífero convencional.

3.4. A técnica do fraturamento hidráulico utilizada para a exploração e a produção em reservatórios não convencionais: pontos controvertidos

A aplicação da técnica de fraturamento hidráulico (*hydraulic fracturing* ou simplesmente *fracking*) para estimular a produção de petróleo e de gás natural – e viabilizar a exploração de reservatórios não convencionais – não é algo novo na indústria. Em realidade, há registros de que tenha surgido na década de 1950, antecedida de experimentação que remonta ao século XIX.[22]

Tal técnica consiste na injeção, sob alta pressão, de um fluido à base de água primordialmente (em torno de 95% de sua composição), propante (normalmente areia, equivalendo a 5% da composição) e solventes químicos (menos de 1%) comprimidos na formação,[23] sob vazão e pressão controladas e elevadas o suficiente para provocar a ruptura da rocha por tração, dando início a uma fratura que se propaga durante o período de bombeamento do fluido. Em seguida, o material de sustentação de fratura ou propante é bombeado, juntamente com o fluido de fraturamento, mantendo a fratura aberta e abrindo caminho (de alta

---

em: <http://oceanleadership.org/wp-content/uploads/2013/01/MH_Science_Plan_Final.pdf>. Acesso em: 26 jun. 2015.

[21] Tem-se como alguns dos desafios técnicos à produção a geomecânica e subsidência; poços horizontais em sedimentos não consolidados; manutenção da taxa de produção; possível alto fluxo de água; poços com baixas pressões; garantia do escoamento; produção de areia (*cf.* SILVA, Aspen Ricardo Andersen. *Novas tecnologias e perspectivas para produção de gás não convencional*: hidratos de gás. Apresentação realizada no 16º Seminário sobre Gás Natural organizado pelo Instituto Brasileiro de Petróleo, Gás Natural e Biocombustíveis, jun. 2015).

[22] YERGIN (2014, p. 340) afirma que a técnica do fraturamento hidráulico foi utilizada pela primeira vez no final da década de 1940.

[23] Os aditivos tóxicos são usados para inibir a proliferação bacteriana, aumentar a viscosidade, entre outras funções.

permeabilidade) para a migração do gás e do petróleo antes aprisionados na rocha (BAKSHI, SCOBIE e STUBER, 2012, p. 178).

Com o término do processo de injeção, a pressão interna da formação faz com que o fluido retorne à superfície através do poço. Esse efluente é conhecido como *flowback* (fluido de retorno do fraturamento) e pode conter produtos químicos injetados, além de outros materiais que ocorrem naturalmente no subsolo, como sais, metais e hidrocarbonetos. Essa técnica de perfuração permite-se fracionar a rocha/formação diversas vezes por um mesmo poço aumentando-se a produção do reservatório.

A quantidade, o tipo e a qualidade do agente propante são fundamentais para o sucesso da propagação e sustentação das fraturas no reservatório. Os solventes químicos são adicionados ao fluido do fraturamento para alterar suas propriedades (por exemplo, viscosidade, pH) com vistas a otimizar a atuação do fluido, garantir a integridade estrutural do poço, bem como assegurar que o propante chegue ao folhelho (EPA, 2012, p. 15).

Campanhas de fraturamento hidráulico em reservatórios de baixa permeabilidade, como é o caso do folhelho, geralmente geram uma demanda de grandes volumes de propante a serem injetados na formação, o que implica utilização simultânea de várias unidades de fraturamento e água em grande escala.[24]

Essa técnica foi por muitos criticada por influência de proposições fortemente propagadas (por ambientalistas, em grande parte) atreladas a diversos desastres ambientais causados pelo fraturamento. As críticas levantadas fundamentam-se em diversas preocupações, sendo que os riscos e/ou impactos ambientais mais apontados são os seguintes: a incerteza quanto à composição química do fluido de fraturamento; os escapes de gás e fluido para os aquíferos e a contaminação de água potável; o uso massivo de água e o derramamento de água descartada no solo; a ocorrência de atividades sísmicas; a poluição sonoro-visual e impactos sobre a paisagem; e os impactos sobre a qualidade do ar.

Por outro lado, especialistas (*cf.* CASCIO e SHAW, 2014) defendem que se trata de uma preocupação altamente emocional e política (relacionando aos políticos que desejam ser vistos como "verdes"), incluindo declarações muitas vezes legítimas, porém outras desinformadas e desonestas, como aquelas veiculadas em documentário dos quais são exemplos "*Gasland*", "*Truthland*" e "*La Guerra del Fracking*", com teor um tanto sensacionalista. Ademais, argumenta-se que a técnica do fraturamento não introduz novos riscos às operações de petróleo e gás natural, que são apenas realizadas em maior intensidade.

---

[24] Utiliza-se, em média, entre 2 a 6 milhões de galões de água por dia. Essa grande quantidade de água utilizada, no entanto, pode ser minimizada por meio da reutilização ou reciclagem da água de retorno e da água produzida, ou com o seu uso da água em aquíferos salinos que não sejam usados para consumo humano ou agricultura.

Outrossim, deve-se considerar que os fatos retratados nesses documentários e propagados por ambientalistas, em grande maioria, ocorreram nos primórdios da utilização dessa técnica, quando ainda era incipiente a tecnologia aplicada e inexistente a regulação de tal atividade. Hoje já se sabe que o risco de acidentes/incidentes decorrentes do fraturamento hidráulico pode ser mitigado com uma boa cimentação do poço, além de existirem estudos (como o concluído recentemente na Polônia – *vide* item 3.5.1.3.2) que concluem que tal técnica exploratória não afeta significativamente o meio ambiente.

Trataremos brevemente, a seguir, dos riscos apontados como decorrentes do fraturamento hidráulico e as respostas oferecidas pela indústria em prol de sua utilização, ressalvando, contudo, que foge ao escopo deste trabalho adentrar, com detalhamento e profundidade, nas nuances ambientais envolvidas na utilização da técnica do fraturamento hidráulico.

3.4.1. Contaminação e desperdício de recursos hídricos

Dentre as principais críticas à utilização do *fracking*, tem-se a alegação quanto à contaminação da água potável por meio de fluidos injetados à fratura e posteriormente expelidos.[25] Isso se deu, principalmente, em razão da identificação de focos de contaminação de águas subterrâneas por metano e substâncias nocivas à saúde humana em locais próximos aos sítios de exploração e produção de *shale gas*, o que comprometeria o consumo humano, a dessedentação animal e a irrigação.

No caso do Brasil, muito se argumentou acerca do risco de contaminação do Aquífero Guarani, que se espalha pelo subsolo de oito Estados brasileiros (Mato Grosso, Mato Grosso do Sul, Goiás, Minas Gerais, São Paulo, Paraná, Santa Catarina e Rio Grande do Sul), parte deles incluídos na 12ª Rodada de Licitação da ANP. Em verdade, trata-se de um risco que pode estar presente tanto em reservatórios convencionais quanto em não convencionais.

Segundo estudo reportado pelo MIT ENERGY INITIATIVE (2011), a contaminação de lençóis freáticos com gás ou fluido de fraturamento representou quase metade dos incidentes registrados na exploração de gás *onshore* em território americano no período de 2005 a 2009. Entretanto, o próprio estudo pontua que, até o momento em que foi elaborado esse estudo, não se comprovou o nexo causal efetivo dos incidentes registrados com a atividade de fraturamento hidráulico. Na mesma linha, o Instituto de Energia da Universidade do Texas (University of Texas Energy Institute) não identificou um estudo que pudesse

---

[25] Deve-se atentar, neste ponto, que nem sempre os reservatórios estarão próximos a regiões de água potável (água doce), podendo igualmente estar localizados em regiões de água salgada, imprópria para o consumo.

demonstrar uma clara relação entre as atividades de *shale gas* e efeitos adversos na saúde humana (FORLOW e HAYS, 2013).

Daren LUSCOMBE (2013, p. 361-377) apresenta dois subtipos de contaminação hídrica: a alteração da qualidade das águas subterrâneas e a alteração da qualidade das águas superficiais. No que se refere às águas subterrâneas, o referido autor cita possíveis impactos ambientais relacionados aos poluentes liberados do poço, por exemplo, devido à falha de integridade do poço, aos derramamentos de águas residuais armazenadas e/ou de produtos químicos na superfície, levando à poluição e à migração de produtos químicos injetados durante o fraturamento hidráulico para águas subterrâneas por meio de falhas e fissuras. Com relação às águas superficiais – água que reflui para a superfície do fraturamento hidráulico, denominada *flowback water*, e a "água produzida" que sai do poço com o passar do tempo –, atenta o autor para a possibilidade de migração de fontes de poluição de águas subterrâneas para as águas superficiais, de derramamentos e vazamentos de lamas de perfuração, e do lançamento de efluentes tratados de forma inadequada.

CASCIO e SHAW (2014) afastam, tecnicamente, a probabilidade de incidente que resulte na contaminação de recursos hídricos, na medida em que formações fracionadas estão em uma profundidade muito maior que as formações hídricas (mais rasas), portanto, bem abaixo dos aquíferos.[26] Ademais, argumentam que há, normalmente, rochas sólidas e impermeáveis entre a água e a produção propriamente dita e que a perfeita cementação em torno dos tubos garante a mitigação de qualquer escape de resíduo ou contaminação de recursos hídricos.

Com relação à identificação de metano em poços de água em regiões produtoras de gás, o que gerou a resistência inicial ao fraturamento, YERGIN (2014, p. 344) pondera que alguns casos registrados de contaminação por metano em poços foram associados a camadas superficiais de metano e não aos depósitos de folhelho com milhares de quilômetros de profundidade, onde ocorre o fracionamento hidráulico. Em outros casos, argumenta-se que o incidente foi decorrente de perfuração de poço através de camadas onde o metano ocorre naturalmente sem que houvesse vedação adequada, razão pela qual as companhias de perfuração passaram a realizar rotineiramente, antes de iniciar uma perfuração, medições para verificar a existência de metano nos aquíferos.

---

[26] Nesse sentido, YERGIN (2014, p. 343) afirma que o fracionamento ocorre a mais de 1 km de distância abaixo dos aquíferos; SUGAYA, por sua vez, afirma que o fraturamento é feito a 3.000 m de profundidade – chegando a 5.000 m –, enquanto os aquíferos são localizados a 300 m de profundidade. Além disso, salienta o especialista que milhões de operações de fraturamento hidráulico já foram realizadas nos últimos 60-70 anos e que os casos pontuais já registrados desses incidentes, segundo a National Ground Water Association, deram-se em razão de um manuseio inapropriado de químicos e materiais na superfície e de falha na instalação do *casing* (proteção do poço).

Dessa forma, afirma-se que os processos de fraturamento hidráulico, quando aplicadas as regras de segurança adequadas (leia-se, revestimento de boa qualidade e uma boa cimentação do poço), não representam risco aos aquíferos adjacentes; ao contrário, argumenta-se que o poço é totalmente revestido por camadas de aço e cimento triplamente reforçadas na profundidade em que interceptam fontes de água, e que vazamentos na estrutura do poço geram perda de pressão, o que inviabiliza tanto a fratura quanto a produção do gás.

Com relação ao fluido de retorno e à água produzida, apresentam-se algumas soluções a fim de evitar qualquer contaminação. A primeira delas consiste no tratamento da água, por meio da submissão a estações de tratamento de água em grande escala; a segunda seria a possibilidade de reciclar a água para posterior utilização em operações (mesmo poço ou poços próximos); a terceira consiste na possibilidade de reinjeção da água em poços profundos de descarte. Nesse caso, a água é armazenada em piscinas reforçadas de polietileno para ser dessalinizada, descontaminada e devidamente descartada – tratamento que não difere daquele recebido pela água utilizada em outros processos industriais.[27]

Ainda com respeito à questão da água, outro argumento contrário ao fraturamento centra-se no fato de que se trata de um processo que demanda o uso intensivo de água – estima-se que aproximadamente 100 mil barris de água são utilizados por poço –, o que suscita preocupação quanto ao seu desperdício e à disponibilidade de água para outros fins (SAKMAR, 2011, p. 402).

Tal preocupação se acirraria em locais que carecem de abundância de água, hoje uma realidade em grande parte do Brasil, não apenas na Região Nordeste, a considerar que blocos localizados em regiões áridas ou semiáridas brasileiras foram licitados no âmbito da 12ª Rodada para exploração e produção convencional e não convencional.

No entanto, a descaracterizar a crítica, afirma-se que a intensidade de água utilizada para o fracionamento do *shale* é inferior a outras fontes de energia como, por exemplo, o etanol.[28] Nesse sentido, o relatório *The Future of Natural Gas* (MIT, 2011) aponta que os impactos sobre os recursos hídricos podem ser

---

[27] YERGIN (2014, p. 344) afirma que nos Estados americanos tradicionais, as águas residuais, em geral, são reinjetadas. Entretanto, a geologia de Estados como a Pensilvânia não se presta à reinjeção; nesses casos, a água que não pode ser reciclada tem que passar pelas estações de tratamento locais ou ser enviada, em caminhões, para outros Estados. O autor cita que atualmente a indústria recicla cerca de 70% a 80% do *flowback*.

[28] Segundo estudo do MIT ENERGY INITIATIVE (2011), utiliza-se um galão de água por milhões de BTU gerados a partir do *shale gas*, enquanto são usados alguns milhares de galões no caso do etanol de milho. Também se comparado ao volume utilizado, por exemplo, para regar um campo de futebol no Brasil, pode-se verificar que não se estará diante de um excesso reprimível: são aproximadamente 5.000 m³ de água para o fraturamento e 3.000 m³ de água para regar o campo de futebol.

pequenos comparados ao uso de água por outras atividades como geração de energia, agricultura ou mineração.

Além disso, argumenta-se que a quantidade de água utilizada pode ser reduzida por meio das técnicas de reciclagem e reutilização da água injetada, que vêm sendo cada vez mais utilizadas, conforme visto anteriormente.[29]

3.4.1.1. A questão atinente à divulgação dos componentes do fluido do fraturamento como prevenção à contaminação

Pode-se afirmar que, inicialmente, o temor quanto à utilização da técnica do *fracking* era ainda maior na medida em que se desconhecia a composição do fluido do fraturamento, o que gerou suspeita e especulações acerca de seu conteúdo. Os operadores, sob o manto da proteção ao sigilo industrial, ocultavam das autoridades e do público em geral os componentes químicos e aditivos utilizados nesse fluido. Isso foi motivo de muita contestação, sob o fundamento do risco de se contaminar a água e causar impactos desconhecidos à saúde humana.

Em resposta às pressões das autoridades e da opinião pública, muitos países,[30] como veremos em capítulo à frente, passaram a prever, em suas respectivas regulações sobre fraturamento hidráulico, a necessidade de o operador revelar a composição química do fluido do fraturamento e os respectivos volumes/quantidades, seja ao órgão regulador ou ao público, ou a ambos. Muitos operadores já o fazem de forma proativa, em prol da transparência com relação aos aditivos químicos de suas fórmulas.

Hoje já se sabe que, tipicamente, esse fluido é composto de aproximadamente 90% de água, 9% de propante/areia e 1% de aditivos químicos, mantendo-se certa uniformidade na indústria com respeito aos componentes químicos utilizados no fluido para a fratura (RIDLEY, 2011). Ainda assim, pode haver variações entre três e doze aditivos químicos, a depender da profundidade, espessura e outras características particulares de cada formação geológica. Cada aditivo serve a um propósito técnico específico; os mais comuns são aqueles que reduzem a fricção, que previnem o crescimento de microrganismos, os inibidores de precipitação e de corrosão, os estabilizadores de argila, os que dão suporte ao propante, os que reduzem a tensão da superfície e os limpadores. Alguns são necessários ao incremento da produção e outros necessários a assegurar a segurança e a integridade do poço (FURLOW e HAYS, 2012).

---

[29] A reciclagem da água para reúso envolve a separação dos rejeitos por destilação, sendo um processo intensivo em energia que demanda, também, a correta gestão dos resíduos sólidos remanescentes.

[30] São exemplos, Reino Unido, Argentina, Brasil, dentre outros.

Nada obstante, alerta merece ser feito para que tal revelação não constitua quebra de patente. Há de se reconhecer que as companhias petrolíferas despenderam grandes investimentos para pesquisar e desenvolver fórmulas diferentes para formações distintas ou mesmo para campos diferentes localizados em uma mesma formação, o que lhes confere vantagens competitivas no mercado. De se atentar, na linha do que argumentam FURLOW e HAYS (2012, p. 7), que a combinação dos elementos e o método usado para o seu preparo não requerem solventes ou auxiliares químicos, não geram subprodutos químicos e atendem a padrões químicos corretos, pelo que justo que tenham a devida proteção legal. Uma tênue distinção que deve ser atentada pelos reguladores.

3.4.2. Riscos de abalos sísmicos

Outra crítica apontada com relação à técnica do fraturamento refere-se aos supostos abalos sísmicos decorrentes dessa atividade e da injeção do fluido do fracionamento em poços profundos. Especialistas alegam que tais abalos sísmicos podem ocorrer quando o poço ou as fraturas cruzam e reativam uma falha geológica existente.

O estudo de RAE (2012), encomendado pelo Parlamento Britânico depois dos eventos sísmicos de Blackpool, destaca o papel determinante das falhas preexistentes no subsolo para a ocorrência de abalos sísmicos. Essas falhas, ao serem submetidas a variações de pressão advindas da injeção de fluidos, liberam sua energia armazenada, desencadeando o evento. No caso do incidente no Reino Unido, constatou-se que a água injetada com o fluido do fraturamento lubrificou a falha geológica existente e a deslocou em 1 cm, o que acarretou o abalo de escala 2.

Esse mesmo estudo, no entanto, apresenta soluções para mitigar o risco de atividades sísmicas induzidas, sendo fundamental que a indústria invista em mapeamento geológico das áreas a serem exploradas, em caracterização de falhas preexistentes e em testes de injeção prévios ao fraturamento.

Recomenda-se ainda aos operadores pesquisar cuidadosamente a geologia da área para averiguar, por meio de técnicas convencionais, se as falhas apresentam risco de abalos e, em caso positivo, evitar perfuração e fraturamento nessas áreas. Ainda para evitar tais abalos, os próprios operadores devem monitorar, ao perfurar ou fraturar a rocha, a ocorrência de qualquer atividade sísmica e suspendê-las, se houver sinais de tal ocorrência (RAO, 2012).

3.4.3. Emissão de poluentes à atmosfera

Embora o gás natural seja considerado uma fonte mais vantajosa no que se refere ao aquecimento global, a exploração e produção do *shale gas*, e o seu respectivo processamento para transmissão e distribuição, podem gerar emissões consideráveis de gases de efeito estufa e outros poluentes capazes de alterar a qualidade do ar.

De acordo com James SPEIGHT (2013), as emissões fugitivas de gás natural podem lançar na atmosfera compostos orgânicos voláteis e outros poluentes nocivos à saúde humana, como o benzeno.

Os óxidos de nitrogênio também são poluentes emitidos nas atividades de perfuração e de fraturamento hidráulico, bem como pelos equipamentos de compressão, que são normalmente alimentados por grandes motores de combustão interna.

Entretanto, o mesmo autor ressalta que a verificação de uma alteração da qualidade do ar que prejudique a saúde humana variará de acordo com as peculiaridades das regiões exploradas, sendo ainda necessário o aprofundamento dos estudos e das modelagens para que sejam compreendidas as reais repercussões das atividades relacionadas ao *shale gas*. Portanto, não logrou êxito em comprovar tal dano.

SPEIGHT (2013) aponta, ainda, para a emissão de poeira de sílica cristalizada que pode ser gerada nas atividades de mineração e de transporte de areia para os sítios em que se localizam os poços, bem como no processo de produção do fluido de fraturamento. Segundo o autor, esse poluente é considerado cancerígeno e pode causar também silicose, uma doença inflamatória que atinge os pulmões.

Por outro lado, segundo estudo realizado pelo Intergovernmental Panel on Climate Change[31] (IPCC), o fraturamento e eventuais refraturamentos conduzidos ao longo da vida útil do reservatório não devem ser capazes de aumentar em 30% as emissões fugitivas de metano, pois totalizam poucas horas de operação em mais de 20 anos de produção útil.

3.4.4. *Alterações paisagísticas: danos visuais*

As alterações na paisagem, decorrentes das operações na superfície, também são consideradas impactos decorrentes das atividades de exploração e produção de petróleo e gás não convencionais e por muitos, inclusive, consideradas um dos maiores desafios ambientais, especialmente em áreas rurais. Isso porque tal produção demanda a implantação de diversos *pads* para abrigar muitos poços de produção, porquanto a depletação de uma zona produtora de *shale* ocorre rapidamente, o que acarreta a necessidade de perfuração de um número significativo de poços para a continuidade da produção.

A ausência de um planejamento para a instalação desses *pads*, incluindo a produção de normas acerca da distância mínima entre os poços, pode alterar

---

[31] Ver: <http://www.ipcc.ch/index.htm>.

significativamente a paisagem, como ocorreu na formação Marcellus, nos Estados Unidos, umas das principais produções de *shale* no mundo.

Além disso, com a grande quantidade de *pads* instalados, com intensa atividade de fraturamento de rochas e grande quantidade de poços que necessitam ser perfurados, haverá uma intensificação do tráfego com a chegada de máquinas, equipamentos e caminhões (que carregarão a água necessária ao fraturamento), ademais da emissão de ruído aos quais certas comunidades não estão acostumadas.[32]

Todavia, com o aprimoramento da tecnologia, é possível reduzir tal impacto, já sendo este um fato. Segundo dados do GWPF (2011), antigamente, a infraestrutura de exploração do poço cobria 19% da área subterrânea da qual o gás é retirado; com o advento da perfuração multilateral, esse percentual se reduziu para apenas 1%.

Além disso, a indústria vem trabalhando para minimizar esse impacto, seja aumentando a reutilização da água, seja utilizando transporte por meio de dutos. Isso sem contar que as movimentações dos operadores contribuem para melhorias no sistema viário da região.

Para reduzir o tráfego e mitigar problemas em estradas e em sítios exploratórios, bem como para facilitar o tratamento da água utilizada em escala, apresenta-se como alternativa o *pad drilling*, que consiste em um *modus operandi* no qual múltiplos poços (da ordem de 5 a 40 em média) são perfurados de uma única locação ou sítio.

3.5. Panorama global da regulação existente sobre a exploração e a produção não convencionais de petróleo e gás natural no Direito Comparado

3.5.1. A importância do estudo comparativista

Passaremos neste ponto a examinar os modelos regulatórios adotados em países que iniciaram a exploração e a produção não convencionais de petróleo e de gás natural para então analisar o modelo regulatório criado, e atualmente vigente no Brasil, e, em seguida, tecer nossas considerações sobre esse regime.

O exame de distintos ordenamentos jurídicos integra a disciplina do Direito Comparado, que é muito utilizado no âmbito do Direito Internacional. Como visto anteriormente, a visão tradicional do Direito Nacional e do sistema jurídico nacional estão sendo desafiadas pela prevalência da visão pluralista, transnacional

---

[32] Para cada poço, estima-se necessária a circulação de 900 a 1.300 caminhões, principalmente nas fases de perfuração e completação (JUSCHAKS FILHO, 2013, p. 8).

e cosmopolita em um contexto de intensa globalização e multilateralismo. Nesse cenário, não há mais como se adotar uma forma de visão não comparativa ou, no caso do Direito Internacional Privado, a aplicação compulsória de normas de Direito Interno pelas cortes, conforme determinado pelas regras de conexão de cada jurisdição, sem analisar propriamente a norma que melhor se aplica ao caso concreto, que pode ser transnacional ou alienígena.

Não apenas o Direito Internacional Privado, mas também o Direito Internacional Público, o Direito Internacional Uniformizado e o Direito Uniforme dependem de permanente auxílio do Direito Comparado, de forma que o jusinternacionalista deve ser também um comparativista, como ensina o professor Jacob DOLINGER (2005, p. 46), em trecho a seguir destacado:

> A constatação de Direito Uniforme espontâneo, a apuração de conflitos entre dois sistemas jurídicos, a criação de Direito Uniforme dirigido, a harmonização de conflitos pela opção de uma entre as leis conectadas – solução do Direito Internacional Privado – e a formulação de convenções estabelecendo Direito Internacional Privado Uniformizado, todas dependerão de detido exame comparativo entre os sistemas jurídicos envolvidos, exame este que é realizado pela ciência ou pelo método denominado Direito Comparado.

DOLINGER (2005, p. 43-45) define o Direito Comparado como "*a ciência (ou o método) que estuda por meio de contraste, dois ou mais sistemas jurídicos, analisando suas normas positivas, suas fontes, sua história e os variados fatores sociais e políticos que as influenciam*". Apesar de reconhecê-lo como um ramo autônomo do Direito,[33] na linha de Caio Mário da Silva Pereira, adverte que o Direito Comparado não contém um Direito positivo e não formula normas, tendo por objeto comparar os sistemas jurídicos; o que levaria, no entendimento de Henri Lévy Ullmann, a uma melhor compreensão e entendimento entre os povos e à consequente dissolução dos nacionalismos xenófobos, permitindo, dessa forma, "*a fecundação de uma ordem internacional tolerante*" (RIBEIRO, 2014, p. 118), pautada na cooperação internacional.

Para Patrick GLENN (2007, p. 92 e ss), comparar não seria apenas determinar se duas coisas ou conceitos são semelhantes ou diferentes, mas se esforçar para entender o que é o direito estrangeiro e quais as consequências para a criação de uma lei. Por meio da análise e fragmentação do vocábulo "comparação" na língua inglesa (*com + paring = with a peer*), o autor conclui que comparar en-

---

[33] Em sentido contrário, Rudolf SCHLENSINGER [*et al*] (1988, p. 1) entende que o Direito Comparado é um método, uma maneira de olhar para os problemas jurídicos e para as instituições jurídicas sem compor um corpo de regras e princípios obrigatórios. Para esse autor, seria mais apropriado falar em "Comparação de Direitos e de Sistemas Jurídicos".

volve um processo longo e pacífico de coexistência, apesar da diferença e dos conflitos em potencial, que não levam a uma uniformidade propriamente dita, mas a uma compreensão das diferenças. Nesse sentido, argumenta o estudioso que a comparação deverá ser necessariamente multivalente em trazer e manter juntas pessoas diferentes e leis diferentes, sem a necessidade de escolher, em definitivo, entre elas.

Esin ÖRÜCÜ (2007, p. 171) afirma que não há qualquer sistema jurídico nacional que tenha permanecido imune a influências externas, na medida em que o hibridismo permeou todos os ordenamentos jurídicos, diferindo apenas no modo e na extensão em que a interação se deu. Essa desparoquialização nos termos utilizados por William TWINING (2007, p. 71), ao mesmo tempo em que estimula o Direito Comparado e a ampliação do conhecimento jurídico, contribui à superação da clausura nacionalista em que vive a cultura jurídica desde o advento das codificações como reivindica o humanismo (DANTAS, 1975, p. 138).

Outrossim, salienta a professora Marilda Rosado (RIBEIRO, 2014, p. 113), com base na doutrina de René David, que a percepção de que o comparativista é, essencialmente, um crítico em relação ao seu direito e ao direito alienígena decorrente do constante estudo dos problemas e do reconhecimento de soluções alcançadas, bem como de fracassadas tentativas, relativizando aquilo que o direito interno ou o direito estrangeiro apresentam como certeza no processo de renovação da *práxis* legal. Como bem coloca a ilustre professora, *"embora se insista em uma segmentação dos ordenamentos jurídicos em diferentes famílias, das quais a Common Law e a Civil Law seriam os mais proeminentes membros, cada ordenamento jurídico possui características que foram absorvidas no contato com outros sistemas"*.

Recorre-se igualmente ao Direito Comparado para reformar a legislação, seguindo exemplos de outros sistemas na solução por eles encontrada para determinados problemas jurídicos. Tais reformas, para DOLINGER (2005, p. 43), resultam no Direito Uniforme espontâneo.[34]

Exemplo clássico de disciplina decorrente do Direito Comparado, a nosso ver, é o Direito do Petróleo e do Gás. Inicialmente, tinha-se uma concentração espacial da exploração e da produção de recursos energéticos, sendo os preços dos barris unilateralmente impostos pelos países consumidores. Com a criação da OPEP (Organização dos Países Exportadores de Petróleo) e a maior atuação dos países exportadores tem-se um novo arranjo mercadológico, ainda instável, que não contribuiu para uma regulação efetivamente internacional dos temas

---

[34] DOLINGER (2005, p. 41) define como Direito Uniforme as *"Instituições ou normas de caráter interno que espontaneamente recebem o mesmo tratamento pelas leis de dois ou mais sistemas jurídicos; em certos casos, esta uniformidade resultará de coordenação internacional, que deve ser compreendida como Direito Uniformizado".*

atinentes à indústria do petróleo; predominava uma normativa fundada primordialmente no Direito anglo-saxão, que desconsiderava os particularismos de outros ordenamentos jurídicos (RIBEIRO, 2014, p. 110-111).

Com a crescente internacionalização e o reconhecimento da importância de economias menos tradicionais, para as quais igualmente destinam-se fluxo de investimentos, clama-se pelo abandono da visão paroquialista também no âmbito da indústria do petróleo e do gás, até então restrita a economias centrais e ao estudo de seus ordenamentos jurídicos apenas. Até porque, como bem pondera RIBEIRO (2014, p. 117), "*sobretudo em um contexto, cuja dinamicidade do crescimento econômico se vincula a mercados emergentes, fartar-se, por exemplo, à análise dos marcos regulatórios e concorrenciais de países periféricos, resultaria na perda de oportunidades de negócio potencialmente lucrativas*". Inclusive porque, ao investir em determinado país, faz-se necessário que o investidor analise os riscos legais associados, o que pressupõe o exame de sua regulação.

BALDWIN, CAVE e LODGE (2014, p. 37) listam alguns modelos exploratórios: (i) o modelo designado "*command-and-control*", no qual há um maior controle administrativo do regulador com o detalhamento de parâmetros (*standards*) e requisitos a serem cumpridos (o que seria, por exemplo, no caso do gás não convencional, a revelação dos químicos que compõem o fluido do faturamento hidráulico); (ii) o regime de "*incentive-based*", que imponha penalidades e dê incentivos às companhias (por exemplo, a criação de taxa para gases de efeito estufa que forem liberados das operações de *shale gas*, e, ao mesmo tempo, de incentivos fiscais para sua exploração); (iii) um modelo misto, que misture ambos os modelos anteriormente citados.

Pensamos que é preciso achar um equilíbrio apropriado na elaboração de uma regulação para o gás não convencional entre uma regulação prescritiva e executável para garantir altos padrões operacionais e, simultaneamente, promover inovação e aprimoramento tecnológico. Para tanto, entendemos necessária a formação de parcerias transfronteiriças e estudo de modelos regulatórios, preferencialmente exitosos, existentes sobre a matéria. Destacamos, a seguir, os principais modelos existentes no Direito Comparado.

3.5.1.1. Estados Unidos

Muito se noticiou acerca do *boom* do *shale gas* nos Estados Unidos, que revolucionou a produção de gás natural nesse país, em larga escala e a custo relativamente baixo, a ponto de ser classificado como verdadeiro *game changer* a influenciar as relações globais consumidor-produtor. Apesar de se utilizar do termo "revolução" do *shale gas*, os americanos falam em "evolução" do *shale*, na medida em que foram mais de 30 anos de investimentos e desenvolvimento de técnica capaz de viabilizar sua exploração;[35] hoje fala-se que o país atingiu sua segurança energética, rumo a autossuficiência.[36]

Registre-se que já no final da década de 1970, em meio ao pânico da Revolução Iraniana e ao choque do petróleo, iniciou-se em Washington uma campanha pela criação de uma nova indústria que fornecesse combustíveis suficientes à nação, incluindo-se na lista, o *shale oil*. Por conseguinte, o então Presidente James Carter instituiu um programa de incentivos bilionários à indústria, como forma de garantir a independência energética.

Inicialmente, a campanha americana do *shale* foi reduzida em função do excedente de petróleo convencional no mundo, da relativa queda de seu preço e dos altos custos de desenvolvimento de um projeto não convencional, ademais de escassa tecnologia apropriada. Tal cenário é alterado no início do século XXI com o fenômeno que passa a ser denominado *shale gale*, atrelado principalmente ao aumento da produção de gás natural no país.[37] Com o aumento da oferta de gás nos Estados Unidos, o aperfeiçoamento das habilidades exploratórias e a redução dos custos dos projetos, o *shale gas* ganha espaço no mercado de gás natural norte-americano, provando-se mais barato que o gás natural.

A quebra do paradigma para a obtenção de vazões economicamente viáveis nos denominados *unconventional reservoirs* americanos iniciou-se em campos localizados em bacias que haviam sido extensivamente exploradas, com um número gigantesco de poços previamente perfurados, já em fase de forte declínio de produção e, em muitos casos, em processo de abandono definitivo. A busca de mecanismos de recuperação terciária e quaternária desses campos maduros levou ao desenvolvimento tecnológico de novas técnicas para estimulá-los.

O *boom* do *shale* nos Estados Unidos é atribuído a alguns fatores. O primeiro aspecto apontado dentre especialistas é a prévia *expertise* técnica dos americanos. Isso porque os Estados Unidos vêm engajados na extração de petróleo e gás desde a segunda metade do século XIX, possuindo largo *know-how* no

---

[35] A EIA estima que a produção de *shale gas* e de *tight oil* corresponderam, respectivamente, a 40% e a 29% do total da produção americana de gás natural e petróleo bruto em 2012 (*cf.* U.S. EIA, 2013). Fala-se que a indústria do *shale gas* já criou mais de 600.000 empregos e gerou uma arrecadação tributária anual de quase US$ 20 bilhões nesse país.

[36] Vide SILVA, 2015.

[37] Nem todos os Estados americanos tiveram a mesma aceitação com relação ao *shale gas*. De um lado, Estados com menor densidade populacional, como o Texas, já acostumados ao processo de desenvolvimento de fontes energéticas, estimularam sua produção porquanto importante fonte de renda para a população e para o governo estadual (empregos, *royalties* etc.). Por outro lado, habitantes de Estados mais populosos do Leste, como Nova York e Pensilvânia, que não estão acostumados à perfuração em sua região, apresentaram maior resistência, a considerar as interferências ambientais dessa exploração – em especial, interferências na superfície (tráfego), com o aumento na movimentação de grandes caminhões em estradas até então calmas e incômodo à população local.

desenvolvimento de técnicas exploratórias para extrair o óleo e o gás de forma econômica, inclusive de lugares de difícil extração. O mesmo pioneirismo americano deu-se com relação ao desenvolvimento da técnica de faturamento hidráulico, necessária à extração de recursos não convencionais, sendo esta praticada há tempo conjuntamente com a perfuração horizontal.[38] Além disso, há no país disponibilidade de fontes de água para serem utilizadas no fraturamento hidráulico, com vistas à retirada do gás preso na rocha.

Parte desse desenvolvimento vanguardista dos Estados Unidos é atribuído ao fato de o mercado norte-americano de petróleo e gás ser bastante competitivo, havendo inúmeras pequenas e médias empresas, também chamados de "independentes", que competem na indústria e são considerados, inclusive, os responsáveis por desencadear a revolução norte-americana do petróleo e gás não convencionais.[39]

Além disso, os Estados Unidos são um dos únicos países que adotam o regime de fundiário ou de acessão, segundo o qual a propriedade dos hidrocarbonetos localizados no subsolo pertence aos proprietários da terra (solo), que podem cedê-la a terceiros sem abrir mão de seu direito sobre a superfície.[40] Qualquer companhia pode então obter uma licença do proprietário para explorar, perfurar e produzir no subsolo localizado nos limites de sua propriedade, mediante o pagamento, em contrapartida, de *royalties* ao proprietário e ao governo local. Tais acordos (de natureza privada e não de natureza pública fundada em regulação estatal) permitem uma maior flexibilidade nas condições de operação e um rápido acesso aos recursos não convencionais.[41]

Outro fator que contribuiu para o êxito dos não convencionais nos Estados Unidos diz respeito à ampla infraestrutura de produção e distribuição, com uma ampla e interconectada malha dutoviária já existente no país, que inclui gasodutos acessíveis irrestritamente, viabilizando o escoamento da produção e reduzindo os custos dos operadores (TRIFON, 2012).

Adicionalmente, elencam-se medidas adotadas pelo Estado americano por meio dos recursos públicos de pesquisa e desenvolvimento (P&D) e incentivos

---

[38] Afirma-se que desde a década de 1970 os EUA estão fortemente envolvidos no desenvolvimento de tecnologias de extração de gás não convencional.

[39] Contribui a esse êxito por parte dos "independentes" os incentivos fiscais e deduções a ele concedidos pelo Estado. Conforme Relatório da International Gas Union (IGU), elaborado para a 26th World Gas Conference, no âmbito do Study Group 1.3 – Gas Rent and Mineral Property Rights, muitos desses produtores independentes estão se tornando grandes corporações (IOCs) e, por conseguinte, a Administração está reconsiderando tais benefícios concedidos, o que vem causando uma forte reação da Independent Petroleum Association of America (IPAA).

[40] Tal sistema distingue-se do modelo brasileiro vigente, no qual, consoante arts. 20, IX c/c 177, § 1º da CRFB/1988, os recursos minerais e hidrocarbonetos encontrados no subsolo são de propriedade da União, podendo esta conceder a sua exploração a terceiros.

[41] Veja, nesse sentido, SCHUMACHER, MORRISSEY e LYNCH, 2014, p. 193.

fiscais para acelerar condições micro e macroeconômicas para conduzir o mercado a desenvolver métodos econômicos para a extração não convencional de petróleo e gás natural.

Aponta-se ainda para um aspecto de ordem financeira, que é a ausência de regulação dos preços do gás natural.[42] Isso gera aos operadores a necessidade de inovar nos preços para permanecerem em atividade. O baixo preço do gás natural nos Estados Unidos, decorrente do aumento da oferta de *shale gas* (principalmente), causou perspectivas positivas para o país.[43]

Com respeito aos incentivos fiscais, o Congresso americano criou um incentivo para a produção de gás não convencional que objetivava conceder US$ 0,50 por m³ de gás não convencional produzido.[44] Esse incentivo vigorou de 1980 a 2002. Nesse período, registra-se que a produção de gás não convencional na formação de Barnett, por exemplo, quadriplicou.

Outro incentivo fiscal concedido, com vistas a estimular a produção de gás não convencional – tendo em vista o alto custo do projeto, com grande número de poços a serem perfurados e infraestrutura associada – autoriza as companhias de petróleo e gás (operadores) a deduzirem seus gastos com atividades de exploração e desenvolvimento (custos intangíveis)[45] da alíquota efetiva do imposto de renda a recolher em cada período, em vez de capitalizá-los e reconhecê-los ao longo do tempo (STEVENS, 2012).[46]

---

[42] Primeiramente, registra-se que o Natural Gas Policy Act (NGPA) de 1978 foi editado com vistas a atacar a pouca oferta de gás decorrente do controle de preço existente no comércio interestadual. Nessa época, tinha-se atribuído a Federal Energy Regulation Commission (FERC) a responsabilidade por harmonizar a regulação sobre o preço de venda do gás da cabeça do poço tanto no mercado interestadual quanto no intraestadual; a FERC concedeu ao gás não convencional, em princípio, o maior preço dentre as categorias reguladas; alterado, posteriormente, em 1980 com créditos fiscais concedidos aos recursos não convencionais. Em 1989 tem-se a edição do Natural Gas Wellhead Decontrol Act, que desregulou o preço do gás (MATLOCK e NEMIROW, 2004).

[43] Note-se que a indústria do gás não convencional nos EUA decolou ainda em contexto de alta do preço do gás (em vigência do NGPA). Entre 2000 e 2008, o preço médio do gás natural era de US$ 6,73 por MMBTU. Em outubro de 2011, com o avanço dos projetos, o preço do gás caiu para US$ 3,50 por MMBTU, alcançando US$ 2,66 MMBTU em 2012 (IHS Global Insight, 2011; *U.S. Energy Information Administration* – www.eia.gov/dnav/ne/ng_pri_sum_deu_nus_a.htm).

[44] Vide Section 29 Tax Credit que corresponde hoje a Section 45K, a qual estabelece um crédito de US$ 3 por barril equivalente a US$ 0,50/MBTU.

[45] Tais custos englobam gastos necessários para serviços geológicos de perfuração e de preparação dos poços para a produção de óleo e de gás. Nesses gastos incluem-se salários, combustíveis, suprimentos para E&P e para a construção de infraestrutura de escoamento (limpeza de terreno, construção de estradas, tanques, gasodutos etc.).

[46] Outro fator que, segundo STEVENS (2012, p. 4), contribuiu para a economicidade dos projetos de *shale gas* foi o aproveitamento dos líquidos extraídos conjuntamente com o gás (propano, butano etc.).

Tal regra, denominada Intangible Drilling Cost (IDC) Expensing Rule, permite às companhias deduzirem cerca de 70% do IDC ao tempo em que ocorre, amortizando os 30% restantes em um período de 60 meses (BROCK, 2007). Segundo DUMAN (2012), os IDCs representam aproximadamente 75% do custo total de um poço não convencional, verificando-se a relevância desse estímulo fiscal. Neste ponto, de se ressaltar que o custo de um poço não convencional padrão nos Estados Unidos chega a aproximadamente US$ 8 milhões,[47] o que é considerado relativamente barato em termos globais.

Além desse incentivo, cada Estado federado, dentro de suas competências tributárias, possui diferentes regimes tributários de incentivo à exploração de petróleo e de gás natural, à perfuração de poços (horizontais, marginais e profundos), e próprios para reservatórios não convencionais. KEPES (2011) distingue 188 regimes fiscais distintos em 35 jurisdições (considerando cada Estado uma jurisdição distinta). Além disso, há diferentes regras com relação às participações governamentais (PGs).

No que diz respeito à regulação norte-americana do *fracking*, destaque-se que este foi tema bastante controvertido e também objeto de diversos litígios judiciais, como pontuaremos à frente. Apesar de o fraturamento hidráulico (assim como a perfuração horizontal) já ser, em realidade, uma técnica conhecida de longa data pela indústria de petróleo e do gás natural norte-americana – que já o utiliza desde 1940 com uma estimativa de mais de um milhão de poços hidraulicamente fraturados no país (API, 2011) –, ganhou maior notoriedade recentemente com a expansão das atividades relacionadas ao *shale gas*,[48] ao mesmo tempo em que vem sendo objeto de muitas críticas relacionadas, principalmente, a possíveis implicações ambientais dessa técnica. Essas suspeitas foram suficientes para que se estabelecessem restrições ao fraturamento em alguns Estados federados americanos.

Ainda no que tange às competências regulatórias, destaque-se que o Governo Federal tem a autoridade sobre o tratamento e a eliminação da água, embora tenha delegado tal autoridade a muitos Estados, cujas regulações cumprem ou superam os padrões federais. Os Estados federados, por sua vez, detêm a competência para regular as atividades de perfuração e todas as outras inerentes à

---

[47] Estimativa que considera um poço com profundidade de 3 km e 20 estágios de fraturamento ao longo de uma seção horizontal de aproximadamente 1.200 m, estruturado para perfurar em 1 mês e realizar a completação em mais 1 mês.

[48] De início, o *shale gas* foi visto por ambientalistas norte-americanos como uma solução alternativa ao carvão na matriz elétrica, por registrar menores emissões de gases de efeito estufa. Todavia, esse apoio foi majoritariamente retirado assim que começaram a surgir indícios de impactos ambientais advindos do crescimento das atividades exploratórias envolvendo esse tipo de gás não convencional.

produção de petróleo e gás, incluindo o fracionamento hidráulico (IHS CERA, 2010; MIT, 2011).

Há uma normativa denominada Safe Drinking Water Act que regula a poluição das águas. Em 2005, o Congresso Nacional editou o Energy Policy Act of 2005, que alterou aquela normativa para excluir a previsão do fraturamento do Safe Drinking Water Act, a menos que se configure essencial à proteção de fontes subterrâneas de água potável (*cf.* RAY, 2013, p. 82). Em 2009, foi apresentado ao Congresso Nacional um projeto de lei denominado Fracturing Responsability and Awareness of Chemicals (FRAC *Act of* 2009) prevendo, dentre outros requisitos, a divulgação completa dos componentes químicos do fluido do fraturamento, sem exigir a divulgação das fórmulas. Tal projeto, contudo, não foi aprovado até a apresentação do presente trabalho.

Em maio de 2011, foi aprovado na Pensilvânia o Marcellus Shale Bill, que determinou 3 (três) anos de moratória até a conclusão de um estudo de impacto ambiental. Em agosto de 2011, no mesmo compasso, o Governo de Nova York impôs uma moratória temporária ao *fracking*, por entender que pendiam estudos relativos aos impactos ambientais dessa atividade. Também foi imposta moratória na Carolina do Norte e algumas de avaliação pendente em Illinois, Ohio, Michigan e Nova Jersey (FURLOW e HAYS, 2011, p. 2).

No âmbito dessa competência estadual, diversos Estados previram em suas respectivas regulações a obrigação de os operadores divulgarem os produtos químicos utilizados nas operações de fraturamento hidráulico, em que pese em diferentes veículos e níveis. Como destacam Wally BRAUL e Barclay NICHOLSON (2012, p. 46), há Estados que requerem que tais divulgações sejam publicadas no sítio eletrônico FracFocus Chemical Disclosure Registry,[49] outros exigem a divulgação a órgãos reguladores estaduais.

Além do meio em que devem ser divulgadas tais informações, as regulações estaduais diferenciam-se com respeito ao nível de divulgação exigido. Esse varia conforme a proteção conferida para cada Estado à propriedade industrial; é dizer, alguns Estados permitem que as companhias, a seu critério, retenham informações consideradas de relevância comercial ou que submetam alguns detalhes sobre a propriedade dos químicos e outros que exigem a divulgação de determinados produtos químicos apenas. Com respeito ao momento em que devam ser divulgadas tais informações, alguns Estados exigem que seja feito antes do início do fraturamento e outros após a completação do poço.

Apesar da exploração exitosa do *shale gas*, o país é igualmente o líder em quantidade de ações judiciais ajuizadas cuja causa de pedir, relaciona-se, de alguma forma, com a exploração e produção de recursos não convencionais, em especial, com a utilização da técnica do fraturamento hidráulico. Versam, em geral, sobre:

---

[49] Maiores detalhes, ver em: <https://fracfocus.org/>.

(i) acidentes ou incidentes decorrentes dessa exploração; (ii) desavenças sobre contratos de arrendamento e *royalties*; (iii) meio ambiente, segurança e saúde das comunidades locais; (iv) pressão às autoridades regulatórias para proibir o desenvolvimento da atividade de *fracking* e (v) conflitos de competência entre autoridades para regular a produção de *shale gas*, dentre outros aspectos.

Muitas dessas ações são ajuizadas por proprietários de terra em face de operadoras, com base em contratos de *lease* que permitem a exploração e produção em suas propriedades, por superficiários ou por residente de áreas próximas àquelas em que são realizadas atividades de fraturamento, sob a alegação de que tal atividade supostamente ocasionou contaminação a fontes de água, terremotos, ou outros danos ambientais. Outras ações discutem questões atinentes à competência regulatória, à moratória do *fracking*, à regulação do petróleo e do gás não convencionais, e outros litígios particulares, que possuem como causa de petição direitos de propriedade e de vizinhança violados, conduta negligente de operador, invasão de posse, responsabilidade civil, quebra de contrato, fraude, danos morais, violação de normas regulatórias, além de medidas liminares que visam impedir o início da perfuração e do fraturamento hidráulico (BRAUL e NICHOLSON, 2012, p. 49).

A título de ilustração, o precedente Norse Energy Corp. USA *v.* Town of Dryden abordou questão envolvendo conflito de competência regulatória ambiental entre diferentes entes federativos. Questionou-se, no caso, se Municípios do Estado de Nova York teriam competência para banir a atividade de fraturamento hidráulico dentro de seus limites fronteiriços e se tal moratória atentaria à norma petrolífera estadual existente, qual seja, a Oil, Gas & Solution Mining Law (OGSML). O caso decorreu, especificamente, de um banimento aplicado pela cidade de Dryden, que proibiu toda e qualquer atividade relacionada à exploração, à produção e ao armazenamento de petróleo e gás natural. O banimento, segundo se argumentou, foi resultado do crescimento dos opositores à utilização da técnica do fraturamento hidráulico para recuperação do gás natural do *shale play* de Marcellus, que se encontra parcialmente na cidade de Dryden. A Anschutz Exploration Corporation, detentora de licença para perfurar poços de petróleo e de gás natural na região, ajuizou inicialmente a ação em face da cidade de Dryden, e fora posteriormente substituída no processo pela Norse Energy Corporation que, após adquirida algumas dessas licenças por mais de US$ 100 milhões, fora impedida de perfurar na área. A Corte de Apelação do Estado de Nova York (Supreme Court Appellate Division for the Third Judicial Department), presidida pela juíza Karen Peter, entendeu que as zonas municipais em Nova York teriam, sim, competência para aplicar moratória às atividades de exploração, produção, armazenamento de petróleo e gás, incluindo a utilização da técnica de fraturamento hidráulico, sem que isso incorresse em violação ao OGSML. Dessa decisão recorreu a Norse Energy à Corte de Apelação máxima do Estado de Nova York, que manteve a decisão local.

No mesmo sentido, cortes judiciais locais julgaram juridicamente adequado o banimento de atividades minerárias na cidade de Middlefield (Otsego) – Cooperstown Holstein Corporation *v. Town of Middlefield*[50] – e na cidade de Avon (Livingston, Western New York). Especialistas interpretaram a decisão como um retrocesso aos avanços da indústria gaseífera norte-americana e da técnica do fraturamento, na medida em que mais de 150 municipalidades em Nova York (diferentemente de outros Estados como na Pensilvânia) decretaram a moratória (ALESSI e KUHN, 2013).

Paralelamente às regulações federal e estadual, o American Petroleum Institute (API), que é uma associação comercial nacional que representa a indústria de petróleo e gás norte-americana, editou em 2011, dentre outros documentos,[51] um guia de práticas para mitigar impactos da superfície associados com o fraturamento hidráulico.[52] Como se ressalta no documento, o fraturamento hidráulico não introduz novos riscos ambientais às operações de E&P de petróleo e gás; o que se tem de novo é a escala/intensidade das operações que se utilizam dessa técnica e a exploração de novas áreas não acostumadas à indústria de P&G. Atenta-se, assim, para a necessidade de uma maior cautela por parte do operador, que deve obedecer a todas as regulações (federal, estadual e local) e obter todas as licenças[53] para as suas atividades, além de proporcionar um forte treinamento de pessoal. Estimula-se, por fim, a forte cooperação entre operadores, reguladores, proprietários dos terrenos/superfícies explorados e a comunidade.[54]

Destacamos, portanto, a existência, nos Estados Unidos, de um modelo regulatório estável, de décadas, para o desenvolvimento de petróleo e gás, que atenuou a incerteza em torno da extração de recursos não convencionais, con-

---

[50] *Cooperstown Holstein Corp. v. Town of Middlefield, 1700930/2011, New York Supreme Court, Otsego County (Cooperstown).* Muito se alegou acerca da falta de participação e de um debate aberto com a sociedade que levasse a um consenso da segurança de prática do fraturamento.

[51] Quais sejam: *API Guidance Document HF1 – Hydraulic Fracturing Operations: Well Construction and Integrity Guidelines*, Oct 2009, que foca na proteção de águas subterrâneas relacionada à perfuração e a operações de fraturamento hidráulico, com recomendações de práticas para construção e integridade de poços, e o *API Guidance Document HF2 – Water Management Associated with Hydraulic Fracturing*, Jun 2010.

[52] Disponível em: <http://www.api.org/policy-and-issues/policy-items/hf/api_hf3_practices_for_mitigating_surface>. Acesso em: 29 mar. 2015.

[53] Dentre as licenças necessárias nos EUA para operações de E&P, destacam-se: as licenças para o uso de água superficial e o descarte de água, para a atividade de injeção, para a construção de sítios, para a emissão de gases e para áreas de proteção ambiental.

[54] São exemplos dessa cooperação, as seguintes entidades americanas, que têm por objetivo difundir informação e as melhores práticas da Indústria de P&O: Barnett Shale Energy Education Council, Barnett Shale Water Conservation and Management Committee, Marcellus Shale Coalition, State Review of Oil and Natural Gas Environmental Regulations, Environmentally Friendly Drilling e The National Petroleum Council.

tribuindo para o seu sucesso no país,[55] embora ainda existam vários estudos em curso acerca das implicações e regulação relacionadas ao faturamento e a carência de uma efetiva fiscalização.

Entretanto, a possibilidade de tornar-se independente e seguro energeticamente, de aumentar a competitividade de suas indústrias e de elevar o nível de empregos trouxe uma euforia inicial ao mercado americano, transbordando suas fronteiras e alcançando outros países detentores de reservas de *shale gas*. Não só isso: de acordo com o US Department of Energy, a substituição do carvão pelo gás natural nos Estados Unidos auxiliou na redução da emissão de dióxido de carbono em níveis não vistos desde a década de 1990, o que é de todo relevante a considerar que se está hoje diante de uma economia 60% maior, com aproximadamente 50 milhões de consumidores de energia a mais (TILLERSON, 2014, p. 25).

Releva notar que diversas agências federais americanas estão assistindo outros países no conhecimento e desenvolvimento de *shale gas* sob o manto do Programa de Engajamento Técnico de Gás Não Convencional (denominado Unconventional Gas Technical Engagement Program – UGTEP e antes conhecido como Global Shale Gas Initiative – GSGI) inaugurado pelo Departamento de Estado norte-americano em 2010 (EIA, 2013, p. 5). Países como Argélia, Índia, Polônia, Romênia, Arábia Saudita, Turquia, Ucrânia e Reino Unido já demonstraram interesse e/ou iniciaram atividades exploratórias em formações não convencionais.

3.5.1.2. Canadá

A regulação de petróleo e gás canadense é feita em nível federal (em menor escala) e a nível provincial (majoritariamente), não havendo uniformidade. A título de ilustração, as províncias canadenses de Alberta e Colúmbia Britânica estabeleceram diferentes regimes legais que criaram dois tipos de direitos minerários: direitos de camada profunda (*deep rights*) e direitos da parte rasa (*shallow rights*), de forma a estimular a exploração e a produção sobre toda a área. A parte da área que não estiver sendo utilizada para nenhuma dessas atividades será revertida ao Estado, podendo fragmentar a parte profunda da parte rasa (*cf.* INGELSON e RANDALL, 2010).[56]

---

[55] Note-se que no ano de 2000, o *shale gas* correspondia a menos de 2% do total da produção americana de gás natural, enquanto em 2012 esse percentual evoluiu para 37% do total de produção. Especialistas da indústria estimam que, no ano de 2020, tal percentual subirá a mais da metade do total da produção, podendo contribuir para a independência energética do Ocidente (YERGIN, 2012).

[56] Esse modelo fragmentado de direitos para camada profunda e direitos para a parte rasa parece-nos interessante, em especial, para o caso de se querer licitar em um mesmo bloco

A grande revolução ocorrida no Canadá foi a descoberta de petróleo de areias betuminosas (*oil sands*), que reajustou suas reservas comprovadas de 5 bilhões para 180 bilhões.[57] Encontradas, principalmente, na parte norte da província canadense de Alberta, incluindo uma área conhecida como Região de Athabasca, essas areias são compostas de betume viscoso (semelhante ao asfalto) envolto em areia e argila. Trata-se de um sólido que, em sua maior parte, não flui como o petróleo convencional, o que torna sua extração comercial complexa (YERGIN, 2014, p. 266-267).

Além dos desafios técnicos, as condições operacionais e climáticas canadenses também consistiram em um grande obstáculo à sua exploração. No inverno, em função da forte queda da temperatura (até -40ºC), forma-se gelo que cobre o terreno pantanoso (lodaçal), impedindo a passagem de caminhões sobre ele. Na primavera, por sua vez, o terreno transforma-se em um pântano tão lodoso que ocasiona o afundamento do caminhão.

Entretanto, novas tecnologias foram desenvolvidas para facilitar sua extração. Antes restrita à mineração, passou-se a utilizar o processo *in situ* para sua produção. Nesse processo, utiliza-se o gás natural para gerar um vapor superquente que é injetado para aquecer o betume sob a terra; o líquido resultante – combinação de betume e água quente – é fluido o bastante para passar por um poço e chegar à superfície. O processo mais conhecido á o SAGD (Steam-Assisted Gravity Drainage), descrito como o avanço mais importante na tecnologia de áreas betuminosas.[58] Em razão do custo de desenvolvimento desses projetos e do longo prazo de retorno, muitos foram cancelados ou suspensos em 2014.[59]

Paralelamente ao P&G extraído de areias betuminosas, o gás de folhelho teve igual destaque no país. Na província de Alberta, o *shale gas* é atualmente regulado pela mesma legislação aplicável ao gás natural convencional,[60] apesar de o órgão

---

recursos convencionais e recursos não convencionais do tipo *shale*, já que estes são localizados em profundidade maior que o convencional. Tal solução, contudo, encontraria óbice no Direito brasileiro, em função do conceito de campo hoje vigente com previsão na Lei nº 9.478/1997.

[57] Afirma YERGIN (2014, p. 268) que a produção de areias betuminosas mais do que dobrou em 10 (dez) anos: de 600 mil barris por dia, em 2000, para quase 1,5 milhão de barris por dia, em 2010. Estima-se que até 2020 a produção dobre novamente, alcançando o patamar de 3 milhões de barris por dia.

[58] O grande risco ambiental associado à produção *in situ* é a emissão de gases de efeito estufa, em especial, o dióxido de carbono em quantidade maior que a da produção convencional de petróleo, devido ao calor que tem de ser produzido debaixo da terra para fluidificar o betume (YERGIN, 2014, p. 269).

[59] Algumas das companhias petrolíferas que cancelaram ou suspenderam projetos de *oil sands* foram: Suncor, Total, Statoil, Royal Dutch Shell e Sinopec (*cf.* CAMERON, 2015).

[60] Algumas Diretivas do AER vigentes: Directive 008: Surface Casing Depth Requirements; Directive 009: Casing Cementing Minimum Requirements; Directive 017: Measurement Requirements for Oil and Gas Operations; Directive 020: Well Abandonment; Directive 031:

regulador local – Alberta Energy Regulator (AER) – já ter externado a intenção de elaborar um modelo regulatório específico para não convencionais.[61] Há algumas diretivas editadas pelo AER, especialmente para atividades relacionadas à E&P não convencional, como a Directive 035: Baseline Water Well Testing Requirement for Coalbed Methane Wells Completed Above the Base of Groundwater Protection; a Directive 059: Well Drilling and Completion Data Filing Requirements e a Directive 083: Hydraulic Fracturing – Subsurface Integrity. Há também um manual que regula o procedimento de audiência pública no AER (Manual 003: Hearing Process for the Alberta Energy Regulator – formerly Directive 029).

A Diretiva 059[62] inova com respeito à medição do uso da água e à exigência de detalhamento de sua origem para todos os poços fraturados em Alberta. Além disso, torna mandatória a divulgação dos componentes químicos utilizados no fracionamento e a publicação do sítio eletrônico FracFocus.ca, havendo proteção limitada ao segredo comercial. A Diretiva 083, por sua vez, reforça os aspectos relacionados à segurança do fracionamento com a exigência de dupla barreira de proteção no poço de notificação ao AER, previamente ao início do fraturamento; limitações a fraturas rasas próximas a aquíferos para evitar contaminação de água potável, dentre outros.

As formações de *shale* em Montney, Duvernay e outras áreas de Alberta[63] têm atraído muitos investidores a reservas consideradas significativas e próximas a projetos de gás natural liquefeito (GNL) na costa oeste de Colúmbia Britânica, e diversas cessões e aquisições vêm ocorrendo em companhias interessadas – a Kuwait Petroleum Corporation, por exemplo, adquiriu recentemente 30% dos ativos da Chevron em Duvernay (CAMERON, 2015).[64] A maior parte do *shale*

REDA Energy Cost Claims; Directive 038: Noise Control; Directive 040: Pressure and Deliverability Testing Oil and Gas Wells; Directive 044: Requirements for Surveillance, Sampling, and Analysis of Water Production in Hydrocarbon Wells Completed Above the Base of Groundwater Protection; Directive 050: Drilling Waste Management; Directive 051: Injection and Disposal Wells – Well Classifications, Completions, Logging, and Testing Requirements; Directive 055: Storage Requirements for the Upstream Petroleum Industry; Directive 056: Energy Development Applications and Schedules; Directive 058: Oilfield Waste Management Requirements for the Upstream Petroleum Industry.

[61] Detalhes em: <http://www.legassembly.gov.yk.ca/pdf/rbhf_AlbertaEnergyRegulatorPresentation-AlbertaPerspective.pdf>; <http://www.aer.ca/documents/projects/URF/URF_Powerpoint.pdf>.

[62] Disponível em: <https://www.aer.ca/documents/directives/Directive059.pdf>. Acesso em: 29 mar. 2015.

[63] Segundo relatório emitido pelo Alberta Geological Survey, estima-se que cinco formações localizadas nessa província – Duvernay, Muskwa, Basal Banff/Exshaw, North Nordegg e Wilrich – contenham até 1.291 trilhão de m³ (TcF) de gás *in-place*. No entanto, por estarem os reservatórios de *shale* em estágio pouco desenvolvido, não se sabe ainda qual a proporção desses reservatórios que podem ser economicamente produzidos (Informação disponível em: <http://www.energy.alberta.ca/NaturalGas/944.asp>. Acesso em: 29 mar. 2015).

[64] Outra ação adotada, pontualmente, pela província de Alberta foi a redução do percentual de *royalty* relacionado à produção de gás natural, com o objetivo de incentivar a exploração local,

produzido em Alberta é extraída por meio das técnicas de perfuração vertical e horizontal e de fraturamento hidráulico, já praticado há mais de 50 anos na região.

Além da produção de *shale* em Alberta, há também a produção de CBM, que é regulada pela Alberta Energy and Utilities Board.[65] Aplicam-se ao CBM as mesmas normas regulatórias vigentes nessa província para o gás natural emitidas pela AER, acrescido da AER Directive 056[66] e da AER Directive 065.[67] A primeira diz, basicamente, que todo poço, duto e equipamentos relacionados ao CBM recebem um código especial para fins de rastreamento; e a segunda rege os pedidos de autorização para produção conjunta de CBM de zonas distintas por meio de um mesmo poço e relativo à produção de água para descarte. Toda água produzida em Alberta derivada de poços de CBM precisa ser descartada por meio de reinjeção em poço profundo de descarte, não podendo ser armazenada na superfície. Algumas Diretivas do AER estabelecem que qualquer poço perfurado em área de proteção de águas subterrâneas deve ser devidamente cimentado e revestido, de forma a proteger os aquíferos próximos à formação.

Em que pese os avanços dos não convencionais em Alberta, incluindo o *shale*, as províncias canadenses ainda divergem com relação à permissão da atividade de fraturamento hidráulico. As províncias de Quebec, Nova Escócia, Terra Nova e Labrador já impuseram moratória ao *fracking*. Na mesma esteira, o Ministro de Recursos Naturais da província de Nova Brunsvique[68] editou, em 8 de dezembro de 2014, a Bill 09, que emenda o Oil and Natural Gas Act para criar uma moratória a todas as formas de fraturamento hidráulico nessa província, até se entender melhor os impactos de tal atividade ao meio ambiente, à saúde e às águas.[69]

---

dando maior competitividade e desenvolvimento energético local. Isso porque essa província possuía uma das mais altas taxas de participações governamentais do país. A medida foi muito apoiada pela sociedade, em especial, pela Canadian Association of Petroleum Producers e pela Small Explorers and Producers Association of Canada (*cf.* HUDY e MACDOWELL, 2010).

[65] Em 27 out. 2010, foi editado pela província de Alberta o Bill 26 – *the Mines and Minerals (Coalbed Methane) Amendment Act, 2010*, 3rd Sess., 27th Leg., Alberta, 2010 – que equipara o *coalbed methane* ao gás natural para fins de garantir sua propriedade (quando explorado) àqueles que já possuem licenças para exploração de gás natural. Trata-se de mais uma medida adotada para incentivar a exploração de uma fonte não convencional de gás natural, o CBM, estimando-se haver em Alberta mais de 500 tcf (14 trilhões de m^3) desse recurso.

[66] Disponível em: <http://www.aer.ca/documents/directives/Directive056_April2014.pdf>. Acesso em: 29 mar. 2015.

[67] Disponível em: <http://www.aer.ca/documents/directives/Directive065.pdf>. Acesso em: 29 mar. 2015.

[68] Nova Brunsvique, juntamente com Ontário, foram umas das primeiras províncias canadenses a produzir *shale oil* por volta de 1850.

[69] O prefeito Brian Gallant, ao anunciar a adoção da Bill 09, afirmou que a moratória não será suspensa até o advento de algumas condicionantes, dentre as quais: (1) o estabelecimento de uma licença social para o fraturamento hidráulico perante a sociedade; (2) o esclarecimento

Dentre as que a permitem, todavia, há também divergências com respeito à necessidade ou não de divulgação dos componentes químicos utilizados no fluido do fracionamento pelas operadoras. Existem locais que determinam a divulgação pública das fórmulas à sociedade e à autoridade reguladora local, e outros que exigem a publicação apenas aos órgãos reguladores. No caso de Alberta, determina-se a divulgação da composição no sítio eletrônico FracFocus.ca.

Em que pese a falta de harmonia regulatória, ao menos a nível provincial, reconheceu-se no país a necessidade de se adotar uma ação coordenada entre as diversas agências estatais envolvidas no processo regulatório, em razão da identificada ineficiência no sistema causada pela duplicidade de atuação. Um exemplo de tentativa de harmonização de regras de E&P de recursos não convencionais no Canadá foi a iniciativa da Canadian Association of Petroleum Landmen (CAPL), uma associação profissional voluntária não lucrativa voltada à promoção de atividades da indústria de P&G que, em 2014, realizou ajustes em seu modelo de *Operating Procedure*, com foco nas nuances do fraturamento hidráulico e na perfuração horizontal e multidimensional de poços em reservatórios não convencionais, como a alteração da definição de completação para incluir a instalação de todo o equipamento associado na superfície, necessários às operações mais complexas envolvendo os não convencionais, a ampliação da definição de danos extraordinários para abranger aqueles decorrentes de operações no poço, e/ou da liberação de substâncias durante a produção com vistas a garantir uma maior segurança das operações, dentre outras.[70]

3.5.1.3. Regulação dos não convencionais na Europa

Primeiramente, há de se ressaltar que a recente crise na Ucrânia colocou a questão da segurança no suprimento de energia no topo da agenda europeia, razão pela qual a diretriz conferida pela Comissão Europeia (CE) é exatamente a de se investir ao máximo na produção de petróleo e gás local, tanto convencional quanto não convencional.

---

de informações quanto aos impactos do *fracking* no ar, na saúde e na água, para que seja desenvolvido um regime regulatório adequado para tal atividade; (3) o estabelecimento de um plano para mitigar os impactos do *fracking* na infraestrutura pública e dirimir conflitos relacionados ao desperdício e descarte de água; (4) a solidificação do processo de consulta da província a outras potências com experiência na técnica e (5) a restruturação de um regime de *royalty* para assegurar que os benefícios do fraturamento sejam maximizados aos residentes de Nova Brunsvique. Tal ato colocou fim em vários projetos de *shale* em curso em Nova Brunsvique, que poderão, contudo, continuar desde que sem a utilização da técnica do fraturamento – caso seja possível ao objeto do projeto (DAND, 2014).

[70] Disponível em: <http://landman.ca/wp/wp-content/uploads/2014/12/2014-Update-to-2007--CAPL-OpProc-July-31-Industry-Version.pdf>. Acesso em: 28 maio 2015.

Com exceção do Reino Unido e da Polônia, que estão dando passos maiores em relação à exploração das reservas de *shale* localizadas em seus territórios, o cenário europeu para os recursos não convencionais ainda é incipiente, carecendo de sólidos modelos exploratórios para recursos não convencionais, em que pese as já constatadas reservas tecnicamente recuperáveis na ordem de 16 trilhões de m³ (LAGO, 2014, p. 96). Porém, em vista desse novo cenário político global, países europeus até então resistentes – e focados apenas na questão dos riscos ambientais – vêm, lentamente, alterando sua concepção diante da possibilidade de se explorar novas reservas.

Há uma forte dissonância entre os países-membros da União Europeia (UE) com respeito à atividade de fraturamento hidráulico, em especial, que vimos ser essencial à exploração e à produção de não convencionais. Há muitos países que a proíbem, mantendo a moratória ao *fracking*, e outros que a defendem, permitindo sua utilização. No primeiro grupo de países, temos a França – primeiro país a banir a atividade de fraturamento em seu território, em julho de 2011[71] – e a Bulgária – que o fez em 2012. No segundo grupo, encontramos a Polônia que, inclusive, é uma das maiores defensoras da atividade no âmbito da Comissão Europeia. Ainda indefinidos, elencamos a Alemanha e a Suécia que, apesar da forte oposição pública à exploração do *shale gas*, deram sinais favoráveis à permissão do fraturamento.

Em realidade, há muito que a questão vem sendo debatida no âmbito da União Europeia (UE), em especial, perante o Parlamento Europeu (PE). Em 2012, foram aprovadas Resoluções que conferiam a cada Estado-Membro o direito de determinar se a exploração de *shale* seria ou não permitida dentro de seu território; e, para aqueles Estados que a permitisse, determinou-se a criação de uma estrita e robusta regulação, complementar à regulação aplicável no âmbito da UE, denominada Regulation on the Registration, Evaluation, Authorization and Restriction of Chemicals (REACH) – Regulamento da Comunidade Europeia nº 1907/2006 sobre Registro, Avaliação, Autorização e Restrição de Químicos – the 2011 Environmental Impact Assessment Directive (EIA) –, a qual requer um completo estudo de impactos para projetos de extração de mais de 500.000 m³ de gás/dia e de perfuração – e as Diretivas existentes sobre águas.

A Comissão Europeia (CE), que representa os interesses da UE como um todo e possui a prerrogativa de propor e editar legislação a ser adotada pelo Parlamento Europeu, pelo Conselho da União Europeia e pelos países-membros, elaborou recomendações (não vinculantes) acerca dos recursos não convencio-

---

[71] Interessante observar que, apesar de a França ter sido o primeiro país europeu a banir a utilização da técnica de fraturamento hidráulico para a extração de recursos não convencionais de petróleo e gás, há registro de explotação comercial de *shale oil* no país (em Autun) no ano de 1839.

nais. Primeiramente, em 2012, a CE emitiu uma nota informativa acerca das nuances relacionadas a projetos de E&P de gás não convencional – como a tecnologia aplicada a tais projetos, os possíveis impactos/riscos ambientais – e do modelo regulatório europeu aplicável a tais projetos.[72] Após a realização de diversos estudos e consultas públicas subsequentes, a CE publicou, em janeiro de 2014, as suas recomendações para as atividades de E&P de hidrocarbonetos não convencionais, que utilizam a técnica do fraturamento hidráulico, em território europeu, encorajando os Estados-Membros a adotarem-nas quando da elaboração de suas próprias normativas.[73]

São feitas 14 recomendações aos Estados-Membros, que abrangem desde o planejamento estratégico e a emissão de licenças de E&P até a fase de encerramento das atividades. Dentre elas, destaca-se a previsão de o operador difundir publicamente as informações sobre as substâncias químicas e os volumes de água que serão utilizados (e posteriormente o quanto foi efetivamente utilizado) no fraturamento hidráulico de cada poço, além de obrigar as autoridades governamentais a divulgar informações acerca: (i) do número de projetos de poços concluídos e planejados que envolvem fraturamento hidráulico; (ii) do número de licenças concedidas, os nomes dos operadores envolvidos e as condições de licenciamento; e (iii) dos resultados da monitorização, das inspeções realizadas; dos incidentes e acidentes; os casos de descumprimento de legislação e as sanções aplicadas.

Em pronunciamento mais recente, a Comissão Europeia comprometeu-se a enviar um relatório acerca da necessidade de uma legislação vinculante para o *shale gas* na Europa em vez de resoluções ou recomendações pontuais apenas. Acredita-se que, uma vez concedido o devido suporte político, e tendo a técnica para a exploração não convencional, isso poderá trazer um grande estímulo para a economia europeia e reverter a previsão do Presidente do Conselho da União Europeia, Herman Van Rompuy, de que "*a revolução do shale gas irá provavelmente deixar o continente europeu como o único dependente de importação de energia*" (LAGO, 2014, p. 97).

Nesse contexto, atenta-se para a existência de um projeto europeu denominado Gas Shales in Europe (GASH), iniciado em 2009, que contempla uma grande variedade de pesquisas em *shale gas*. Nove organizações europeias líderes de pesquisa estão envolvidas nesse projeto, juntamente com serviços geológicos

---

[72] Íntegra disponível em: <http://ec.europa.eu/environment/integration/energy/pdf/legal_assessment.pdf>. Acesso em: 28 abr. 2015.

[73] Comissão Europeia. Recomendação da Comissão de 22 de janeiro de 2014 relativa a princípios mínimos para a exploração e a produção de hidrocarbonetos (designadamente gás de xisto) mediante fraturação hidráulica maciça. *Jornal Oficial da União Europeia*. Bruxelas, 8 fev. 2014. L. 39. p. 72-78.

nacionais e parceiros (companhias)[74] da Indústria. Essas companhias figuram não somente como financiadores do projeto, mas auxiliam os pesquisadores com subsídios técnicos (materiais) e disponibilizam suas instalações para estudo. Para suprir a falta de acesso a informações relevantes referentes ao *shale gas* de horizontes estratigráficos promissores em território nacional e transfronteiriço, foi criado um banco de dados denominado European Black Shale Data Base (EBSD).

Analisaremos, em seguida, os países do continente europeu com maior destaque no contexto regulatório dos não convencionais.

3.5.1.3.1. Reino Unido

O Reino Unido tem um histórico de exploração e produção nacional de gás natural, principalmente na região do Mar do Norte, e majoritariamente *onshore* (em que pese importar grande parte de seu gás, principalmente da Noruega). Estima-se, igualmente, um grande potencial de áreas de *shale*, sendo o Bowland Shale a maior delas, de grande profundidade. Não se tem certeza, todavia, acerca de uma produção comercial, pois, até o momento, apenas se registrou no país a exploração de folhelho, com a perfuração de poços em teste, sem o início de produção não convencional.[75]

O procedimento para obtenção de licença para perfurar um poço não convencional – permitido no Reino Unido – é o mesmo que o adotado para o convencional. O Department of Energy & Climate Change (DECC), por meio de Rodadas de Licenças em bases competitivas, fornece uma licença que confere exclusividade a operadores nos limites da área licenciada. Tal licença, contudo, não confere direitos de perfuração ou demais operações na área.[76]

Quando o operador deseja perfurar em área *onshore*, faz-se necessário, primeiramente, negociar o acesso à área com o proprietário da superfície sobre a qual se estenderá a perfuração.[77] Em seguida, o operador deverá pleitear uma permissão de planejamento ao Minerals Planning Autorithy (MPA), incluindo a

---

[74] Estão envolvidas no projeto: Statoil, ExxonMobil, Gas de France SUEZ, Wintershall, Vermilion Energy, Marathon Oil, Total, Repsol, Schlumberger and Bayerngas Norge.

[75] Acredita-se que 10% do gás natural existente em Bowland Shale pode suprir as necessidades de gás do Reino Unido por aproximadamente 40 anos, tendo por base o consumo dessa fonte no ano de 2013 (informações extraídas do Curso *Shale Gas and Fracking: the Politics and Science* – University of Nottingham, fev. 2015. Disponível em: <https://www.futurelearn.com/>).

[76] O procedimento de concessão de licenças petrolíferas, no Reino Unido, é regido pelo Petroleum Act 1998, Chapter 17. Disponível em: <http://www.legislation.gov.uk/ukpga/1998/17/pdfs/ukpga_19980017_en.pdf>. Acesso em: 1º abr. 2015.

[77] Deve-se também requerer permissão do Coal Authority, se o poço se estender por área de carvão.

permissão ambiental apropriada da autoridade ambiental,[78] nos termos do Water Resources Act de 1991 (S199). O MPA determinará se um relatório de impacto ambiental (EIA) faz-se ou não necessário, a depender da escala da operação (natureza, extensão e locação). Em caso positivo, o EIA deverá ser submetido ao MPA, e este o analisará antes de decidir sobre a permissão de planejamento.

Pelo menos 21 dias antes de a perfuração ser planejada, o Health and Safety Executive (HSE) deverá ser notificado da estrutura do poço e dos planos de Operação para assegurar que os riscos da atividade aos indivíduos estão propriamente controlados. A estrutura e a construção do poço serão avaliadas por um consultor competente independente, que pode vir a ser do próprio operador – o que dá margem a críticas quanto a sua imparcialidade.

A administração e o controle da segurança do poço devem atender a requisitos previstos no Health and Safety Act 1974 e às seguintes regulações: (i) o Borehole Site and Operations Regulations 1995, aplicável a todas as operações de petróleo e gás natural *onshore*, incluindo o não convencional; (ii) o Offshore Installations and Wells (Design and Construction etc.) Regulations 1996, com foco na integridade do poço, aplicável aos poços de produção *onshore* e *offshore*; e (iii) o Reporting of Injuries Diseases and Dangerous Occurrences Regulations 1995, que regula situações de perigo envolvendo o poço que devem ser reportadas ao HSE.[79]

A primeira procedência a ser tomada pelo DECC será verificar se não há objeções dos órgãos ambientais (EA/SEPA/NRW) e do HSE. Em não havendo objeções, passa-se à avaliação quanto ao fraturamento hidráulico. Caso se pretenda utilizar a técnica, o DECC irá requerer um plano de fraturamento, no qual deverá ser descrito eventual risco de indução de abalos sísmicos, e revisá-lo, se necessário. Além disso, os operadores que fizerem uso do fraturamento hidráulico sujeitam-se a regras ambientais, contempladas no Environmental Permitting Regulations 2010.

Criou-se, no DECC, um departamento específico para tratar dos não convencionais, denominado Office of Unconventional Gas and Oil, que vem atuando em parceria com os interessados para traçar um arcabouço regulatório com apoio local e consulta prévia, para encorajar investimentos. Paralelamente, o HSE firmou um acordo com a EA/SEPA, em 2012, para regular conjuntamente as operações de

---

[78] Na Inglaterra, tal autoridade é denominada Environment Agency (EA). Na Escócia, as autoridades competentes são: Natural Resources Wales (NRW) ou a Scottish Environment Protection Agency (SEPA). Deve-se observar, com relação à Escócia, que há registro de que as atividades de *oil shale* nesse país iniciaram-se no ano de 1859, intensificando-se nos anos seguintes.

[79] Cf. <http://www.hse.gov.uk/shale-gas/assets/docs/shale-gas.pdf> e <http://www.hse.gov.uk/shale-gas/regulation.htm>. Acesso em: 19 abr. 2015.

shale gas, e trabalham em parceria com o DECC, haja vista a grande quantidade de órgãos reguladores envolvidos na atividade de petróleo e gás.[80]

De se mencionar que o governo britânico impôs, inicialmente, uma moratória ao fraturamento hidráulico de duração de aproximadamente dois anos, após a ocorrência, em 1º de abril de 2011, de um terremoto de magnitude de 2.5 na escala Richter, supostamente relacionado à injeção do fluido do fraturamento. Apesar da ausência de risco de danos, o DECC recomendou a suspensão dessa atividade para investigar as causas desse tremor e como mitigar nova ocorrência de tremores relacionados à atividade. Posteriormente, no ano de 2012, com embasamento em estudos realizados pela Royal Academy of Engineering e pela Royal Society, que demonstram a existência de controles apropriados e disponíveis para a mitigação de risco de atividade sísmica, decidiu-se pela suspensão da moratória e permissão das atividades de fracionamento hidráulico (TENNANT, 2014; DECC, 2012).

Com relação à temática da composição do fluido do fraturamento, tanto a EA quanto a SEPA possuem a prerrogativa de requerer aos Operadores a divulgação dos produtos químicos utilizados nesse procedimento, nos termos do Water Resources Act 1991, do EPR e da REACH, vigente no âmbito da União Europeia desde 2006. Tal exame, porém, é feito casuisticamente.

Em relatório elaborado pelo DECC, é mencionado que os operadores devem divulgar os componentes químicos contidos no fluido do fraturamento e aditivos, referentes a cada poço, conjuntamente com uma breve descrição de seu propósito e eventuais prejuízos que podem ser gerados ao meio ambiente. Permite-se que tal divulgação seja feita no próprio *website* da empresa ou de terceiros (DECC, 2013, p. 10).

3.5.1.3.2.   Polônia

A Polônia é detentora de umas das maiores reservas do continente e, visando reduzir sua dependência energética do gás russo, vem incentivando a exploração do *shale gas* em seu território.

Os recursos minerais encontrados no subsolo são de propriedade do Estado, sendo o procedimento para sua exploração e produção regido pela Lei de Geologia e Mineração polonesa de 4 de fevereiro de 1994, revogada pela Lei de 9 de junho de 2011 (GML2011), que passa a contemplar disposições espe-

---

[80] The Environment Agency and the Health and Safety Executive. *Working together to regulate unconventional oil and gas developments*. Disponível em: <http://www.hse.gov.uk/aboutus/howwework/framework/aa/hse-ea-oil-gas-nov12.pdf>. Acesso em: 19 abr. 2015. Health and Safety Executive. *Shale gas and oil guidance for planners: The role of the Health and Safety Executive*. Disponível em: <http://www.hse.gov.uk/offshore/shale-gas-planners.pdf>. Acesso em: 19 abr. 2015. Health and Safety Executive. *The regulation of onshore unconventional oil and gas exploration (shale gas)*. Disponível em: <http://www.hse.gov.uk/offshore/unconventional-gas.htm>. Acesso em: 19 abr. 2015.

cíficas sobre hidrocarbonetos. A GML2011 incorpora a Hydrocarbons Directive da UE (Diretiva 94/22/CEE do Parlamento Europeu e do Conselho de 30 de maio de 1994), que traz regras gerais atinentes a autorizações para prospecção, exploração e produção de hidrocarbonetos, as quais devem ser seguidas pelos Estados-Membros da UE (ATKINS, 2013, p. 4).

De acordo com a GML2011, para que possam realizar atividades minerárias em território polonês, os investidores devem obter dois títulos legais: primeiramente um usufruto mineral do State Treasury (ST), autorizando o uso de depósitos minerários, e uma licença do Ministry of Environment (ME), autorizando efetivamente a realização de atividades de mineração. Documento distinto é requerido para a prospecção/exploração e, posteriormente, para a produção de hidrocarbonetos, é dizer, uma licença exploratória e uma licença de produção. A primeira abarca a fase de exploração, na qual a companhia licenciada deve se limitar a realizar atividades exploratórias, de conhecimento da área e de seus reservatórios. Após o término da fase de exploração, a companhia licenciada deve optar por produzir – momento em que deverá requerer uma licença para produção – ou devolver a área para o ME. Duas são as contrapartidas devidas pelo concessionário: o pagamento de uma taxa referente ao usufruto minerário e de *royalty* sobre a exploração ou a produção (RUTKOWSKA-SUBOCZ, 2012).

A concessão da licença exploratória deve ser precedida de um certame público, em que é garantida a participação de todos interessados, e concedida a licença apenas ao licitante vencedor – o qual fará igualmente jus a um usufruto minerário. Para a licença de produção, contudo, a lei polonesa não exige procedimento licitatório, quando se está diante de uma companhia com direito de preferência – isto é, que já tenha explorado a área e declarado a sua comercialidade. Tal direito de preferência caduca em 5 anos. Caso a companhia não venha a requerer a licença de produção durante esse período, o ME poderá realizar novo certame para licitar a área à produção (RUTKOWSKA-SUBOCZ, 2012).

Antes mesmo da obtenção das licenças de exploração e de produção, a lei polonesa exige do operador uma autorização ambiental para a consecução de tais atividades. Às atividades com maior impacto ambiental, exige-se a realização de um procedimento público de avaliação de impacto ambiental (Environmental Impact Assessment Procedure – EIAP), regido pela EIA Regulation, no qual é garantida a ampla participação, tanto das partes requerentes quanto de demais interessados, direta ou indiretamente afetados com a decisão atinente às condicionantes ambientais, como organizações sociais ou ambientais que tenham a proteção ao meio ambiente em seu estatuto. Estas podem, inclusive, recorrer de uma decisão proferida no âmbito desse procedimento considerada desfavorável ao meio ambiente, ou entrar com um requerimento perante uma corte administrativa. A todos os participantes do EIAP é garantido o direito de ter acesso aos autos do processo, bem como de apresentar proposições em um prazo mínimo de 21 dias (no caso de produção de *shale gas,* essa participação pública é obrigatória para projetos de grande escala e impacto, ainda que não se entenda pela realização do EIAP). A lei determina que as decisões do regulador devem ser devidamente justificadas, bem como enfrentadas todas as proposições e/ou comentários apresentados pelos interessados.

A concessão de direitos exploratórios para os não convencionais é ainda regida pela mesma regulação aplicável aos convencionais. Entretanto, está em construção um novo modelo próprio para os recursos não convencionais, com ênfase no *shale*.

De acordo com dados do ME, em abril de 2013, havia 109 concessões para *shale gas*, em uma extensão de 88.000 km², com 43 poços exploratórios perfurados, dentre os quais 9 sujeitaram-se ao faturamento hidráulico e 4 têm sessões horizontais. A maior detentora de concessões de *shale* na Polônia é a estatal Polish Petroleum and Gas Mining, havendo um total de 18 companhias atuantes no setor dentre nacionais e estrangeiras. Os contratos encontram-se em fase de exploração ou de avaliação de descoberta, não se registrando, até o presente momento, licença alguma para a produção de *shale*, similarmente ao Reino Unido.

A Organização Polish for Exploration and Production Industry (OPPPW) criticou muito o novo modelo regulatório proposto pelo governo para o *shale gas*, alegando que ele estaria buscando controle e direitos excessivos sobre tal exploração – são exemplos: o aumento das participações governamentais sobre a produção (40% sobre o lucro do operador) e a criação de uma NOC, denominada National Mining Resources Operator (NOKE), composta por administradores públicos sem prévia experiência com hidrocarbonetos não convencionais, com participação obrigatória em todas as concessões para a produção de *shale gas*.[81] Alegaram, ademais, insuficiente o prazo da licença exploratória de 5 anos, prorrogáveis apenas uma vez por mais 2 anos, uma vez que a exploração do *shale* demandaria mais tempo que uma exploração de gás convencional. Tal Organização critica também o rigor da regulação proposta que impõe, segundo seu entendimento, penalidades desproporcionais para o descumprimento de programas exploratórios pelas companhias, mesmo em razão de caso fortuito ou de força maior.[82] Isso sem contar que todos os equipamentos utilizados na

---

[81] Como forma de flexibilizar as pretensões iniciais do governo, foi proposta uma extensão com relação ao recolhimento das participações – apenas para o ano de 2015 – e, com relação à atuação da NOKE, esta não teria o poder de veto sobre as decisões dos operadores das licenças, mas a possibilidade de editar "reservas" ao Ministério do Meio Ambiente. Até onde temos conhecimento, o Parlamento polonês ainda não aprovou tais propostas (nem as alterações sugeridas *a posteriori*).

[82] Cf. <http://www.economist.com/blogs/easternapproaches/2013/07/shale-gas-poland>. Acesso em: 28 abr. 2015.

E&P, que não sejam de origem europeia, deverão ser submetidos a um processo de certificação.

Há, ainda, outros obstáculos de ordem técnica-geológica que dificultam o *boom* do *shale gas* na Polônia. Primeiramente, o folhelho betuminoso no país, localizado abaixo do Mar Báltico e estendendo-se para a região central e leste da Polônia (até fronteira com Bielorrússia e Ucrânia), é de difícil extração – são formações paleozoicas, de baixa pressão e permeabilidade –, e a região em que se encontra possui grande densidade populacional. Além disso, enquanto as reservas de *shale gas* estão concentradas no norte, centro-leste e sudeste, a maior parte da rede de gasodutos polonesa encontra-se no Sudoeste, o que dificultará o escoamento da produção após sua extração.[83]

Com respeito à questão ambiental, tem-se uma estrita regulação ambiental consubstanciada no Environment Protection Act, de 27 de abril de 2001[84] – aplicável tanto para os convencionais quanto para as atividades relacionadas a E&P de *shale gas* –, que reflete muitas das normas ambientais europeias. A Lei determina que uma entidade (potencialmente poluidora) que use o meio ambiente é obrigada a imediatamente tomar ações preventivas caso haja risco de dano ao meio ambiente em suas atividades (incluindo a proteção de fauna, flora, água ou solo) ou a repará-lo de imediato caso já ocorrido o dano. A autoridade ambiental deve ser notificada de imediato acerca de qualquer dano e concordar com qualquer medida reparatória pensada pelo poluidor. Prevalece o princípio da responsabilidade ambiental integral do operador por danos causados (ATKINS, 2013, p. 5).

Além dessa norma, há outras mais específicas como a Water Law, Environmental Impact Assessment Law, Waste Law, Extraction Waste Law e Environmental Damage Law. Para o ME, em razão da rigidez da corrente legislação ambiental, não haveria necessidade de elaborar uma nova lei para reger a E&P dos não convencionais, e eventuais lacunas – ou necessidades de regramento especial para determinados impactos específicos do *shale*, por exemplo – poderiam ser supridas por emendas à legislação corrente.

No que tange ao faturamento hidráulico, até o momento esta atividade não foi expressamente regulada pela lei polonesa. A água utilizada nas operações, inclusive para o faturamento, pode ser obtida diretamente pelo concessionário (seja da superfície, seja da parte subterrânea da área concedida), ou adquirida do sistema de águas local por meio de um acordo celebrado com um fornecedor. Neste caso, apesar de tecnicamente mais simples, por vezes, pode gerar situações problemáticas por implicar o transporte da água por terra (leia-se, caminhões),

---

[83] Cf. <http://www.naturalgaseurope.com/poland-shale-gas-exploration>. Acesso em: 28 abr. 2015.
[84] Cf. <http://www.ecolex.org/ecolex/ledge/view/RecordDetails;jsessionid=DA8C41E7B2AB7357A36494466651EA73?id=LEX-FAOC060001&index=documents>. Acesso em: 28 abr. 2015.

gerando o impacto no tráfego, visual, dentre outros. Quando obtida diretamente da concessão, haverá, em determinados casos, a necessidade de obtenção de prévia permissão da autoridade competente (*water permit*),[85] conforme previsão legal. Por outro lado, em razão de lacuna existente na legislação polonesa com relação à técnica do faturamento, defende-se prescindir de igual permissão para a ação de injeção do fluido do faturamento, composto por uma mistura de água, propano e outros componentes químicos.

O uso desses componentes químicos do fluido do faturamento é regido pelo REACH, que é diretamente aplicável na Polônia por força da supranacionalidade do direito comunitário europeu. Esse Regulamento determina que os usuários desses componentes identifiquem e apliquem medidas que adequadamente controlem os riscos identificados em relatórios de segurança e sigam as instruções nele contidas. Os usuários devem, outrossim, preparar relatórios com informações atualizadas e disponibilizá-los à autoridade competente. A lei polonesa prevê a aplicação de penalidades para usuários que descumpram o Regulamento da CE.

Por fim, interessante trazer à baila resultado de um estudo de três anos realizado na Polônia (2012 a 2015), por um grupo de trabalho a cargo do Ministério do Meio Ambiente, composto por pesquisadores nacionais e universidades,[86] acerca de eventuais impactos ambientais relacionados à extração de *shale gas*. As investigações e análises foram realizadas antes, durante e após operações envolvendo fraturamento hidráulico, realizadas por operadoras licenciadas. Como resultado, concluiu-se que os trabalhos exploratórios, incluindo o fraturamento, não afetaram de forma significativa o meio ambiente.

Conforme detalhado no relatório, não foram identificados nenhuma alteração significativa e permanente na composição química das águas (superficiais e/ou subterrâneas), deterioração do solo (que afetasse, por exemplo, a agricultura local), alta concentração de elementos radioativos no solo, tampouco alteração permanente na paisagem ou vibrações geradas por abalos sísmicos relacionados à fratura das rochas – apenas em um caso, conforme registrado, foram identificadas vibrações na superfície causadas por uma bomba utilizada para fratura que, no entanto, não excederam os níveis permitidos de vibração. Um pequeno excesso no nível de barulho legalmente permitido e um aumento temporário de certos parâmetros analisados no ar (enxofre, óxido de nitrogênio e complexos orgânicos) foram identificados no curso das operações de fraturamento

---

[85] A permissão de água será requerida para construção e utilização de equipamentos de água. Não será exigível, contudo, se a entrada de água não exceder a 5 m³ por dia ou se a entrada for para perfuração (ou explosões) de sonda com a utilização de água obtida para testes sísmicos.

[86] O grupo de trabalho foi composto por mais de 60 especialistas e estudiosos de instituições como o Polish Geological Institute – National Research Institute, o Stanisław Staszic University of Science and Technology, em Cracóvia, e o Central Mining Institute, em Katowice.

que envolveram equipamentos de alta potência e combustão interna e bombas altamente eficientes.

Com base nos resultados do estudo, enfatizou-se que o aspecto-chave das operações, em termos de segurança humana e do meio ambiente, é o estrito cumprimento tanto da regulação quanto dos procedimentos aplicáveis às operações geológicas (incluindo a perfuração e execução do fraturamento) e ao transporte, à recuperação e/ou ao descarte de água resultante dessas operações.[87]

3.5.1.3.3. Romênia

A Romênia também permite a exploração e a produção de *shale gas*, em que pese o registro de moratória não oficial a tais atividades datada de 2012. O país foi elencado no Relatório da EIA de 2013 como a quarta maior reserva tecnicamente recuperável de *shale gas* da Europa, apesar de controvérsia com respeito ao real potencial desse recurso existente no país.[88-89]

Em realidade, assim como o atual modelo polonês, a lei romena não distingue o procedimento de autorização para a realização de operações com gás convencional e não convencional. Confere-se ao órgão regulador – Agência Nacional para Recursos Minerais (ANRM) – a prerrogativa de estabelecer qual o procedimento, a tecnologia e os métodos que poderão ser utilizados em cada operação de perfuração casuisticamente.

Em 2011, a ANRM iniciou um estudo acerca dos depósitos de *shale gas* no país, em cooperação com o instituto GeoEcoMar e três universidades.

De acordo com o relatório da EIA, em março de 2012, foram concedidas à Chevron quatro licenças de exploração totalizando 9.000 km² e três permissões à húngara MOL. Também receberam licenças a Sterling Resources e a TransAtlantic Petroleum e a estatal Romgaz, que perfurou poços exploratórios com a utilização da técnica do fraturamento hidráulico.

Houve muita resistência da população local, apoiada por organizações de proteção ao meio ambiente e organizações de Direito Civil, face às atividades exploratórias de *shale gas,* em especial, contra operações que estavam sendo realizadas pela Chevron e outras companhias no país.[90] Atualmente os projetos

---

[87] Cf. <https://www.mos.gov.pl/artykul/123_newsroom/24320_shale_gas_we_can_feel_safe.html>. Acesso em: 28 abr. 2015.

[88] Cf. <http://www.eia.gov/analysis/studies/worldshalegas/pdf/fullreport.pdf>. Acesso em: 28 abr. 2015.

[89] Cf. <http://www.naturalgaseurope.com/chevron-romania-shale-gas-exit-22947>. Acesso em: 28 abr. 2015.

[90] Cf. <http://www.naturalgaseurope.com/romania-violence-flares-at-chevron-shale-site>. Acesso em: 28 abr. 2015.

encontram-se suspensos aguardando uma definição quanto à permissão da exploração não convencional no país.[91]

3.5.1.3.4. Alemanha

A Alemanha figura como uma grande importadora de energia – em torno de 70% de suas fontes energéticas são importadas. Possui uma política de incentivo à energia nuclear que foi alterada após o acidente de Fukushima em 2011, instaurando-se nova diretriz política de progressivo fechamento das usinas nucleares no país. Com isso, o gás natural ganhou maior importância na Alemanha como fonte alternativa de energia, incluindo-se o não convencional – principalmente da espécie *shale*.[92] Estima-se haver algo em torno de 25-81 Tcf ou 700-2268 bilhões de m³ de reservas de *shale gas* tecnicamente recuperáveis na Alemanha (VETTER, 2014).

Assim como na França, houve grande protesto popular com respeito à utilização da técnica do fraturamento hidráulico e contra a produção do *shale gas* no país, principalmente em Estados bastante promissores nesse recurso.

Insta salientar que, na Alemanha, a técnica de fraturamento hidráulico vem sendo aplicada para reservatórios convencionais e *tight* desde a década de 1950, com vistas a otimizar a produção. De acordo com o Relatório Anual da Landesamt für Bergbau, Energie und Geologie (LBEG, 2010), mais de 300 fraturamentos foram exitosamente conduzidos no país, em profundidade de mais de 5.000 m, em alguns casos. No Relatório da LBEG de 2012, ressaltou-se que não ocorreu no país nenhum dano ambiental durante esses anos.[93]

O grande desafio apontado, contudo, que diferencia a Alemanha de outros países é que as suas formações de *shale* estão localizadas a profundidades mais rasas, o que pode acarretar maior risco ao meio ambiente (p. ex. contaminação de lençóis freáticos etc.). Além disso, a sociedade aponta para a falta de

---

[91] *Cf.* <http://www.eia.gov/analysis/studies/worldshalegas/pdf/fullreport.pdf>. Acesso em: 28 abr. 2015.

[92] Alguns projetos de pesquisa relevantes foram desenvolvidos na Alemanha com respeito ao *shale gas*, a exemplo do Projeto GEoEn – que é um programa nacional interdisciplinar criado pelo Ministério de Educação e Pesquisa alemão, com o objetivo de desenvolver soluções ambientalmente amigáveis para o crescimento energético no país, com ênfase no *shale gas*, na captura e armazenamento de CO_2, e energia geotérmica – e do Projeto NIKO – criado em 2011 pelo Instituto Federal para Geociência e Recursos Naturais (BGR) em colaboração com o United States Geological Survey (USGS), com o propósito de investigar o potencial de *shale gas* na Alemanha.

[93] Em 2008, foi conduzido um teste utilizando a técnica de fraturamento hidráulico em rocha do tipo *shale* (Damme 3, Saxony) e a ExxonMobile publicou a composição química do fluido injetado no fraturamento. Não obtivemos conhecimento dos resultados finais desse teste.

monitoramento e/ou investigações sistemáticas acerca dos impactos ambientais gerados hoje pela atividade de fraturamento hidráulico.

Em agosto de 2013, três institutos de geologia e meio ambiente – o **Bundesanstalt für Geowissenschaften und Rohstoffe** (BGR), o Helmholtz Centre Potsdam (GFZ) e o Helmholtz Center for Environmental Research (UFZ) – publicaram uma declaração conjunta sobre o tópico "Compatibilidade do Fraturamento Hidráulico com o Meio Ambiente" para a atividade de *shale gas*, conhecida como Hanover Declaration. As principais conclusões dessa declaração foram as seguintes: 1) O gás natural é um recurso indispensável à Alemanha – sua recuperação pode contribuir para a estabilização de recursos naturais, em vista da decrescente extração de gás natural no país; 2) Se a tecnologia de fraturamento hidráulico para *shale gas* for aplicada na Alemanha, isso requer a adoção de procedimentos que sejam *"environmentally-friendly"*, a começar pela composição do fluido utilizado para as fraturas e um reforço regulatório para a proteção da água potável; 3) Tais procedimentos deverão ser verificados com as condições geológicas locais para cada caso específico, e acompanhadas de medidas de monitoramento apropriadas e de uma avaliação do impacto ambiental, com a participação de autoridades ambientais e do departamento de águas; 4) Recomenda-se um passo a passo transparente para as atividades de *shale gas* na Alemanha consistente nas seguintes etapas: primeiramente, os projetos devem ser apresentados e todas as partes direta ou indiretamente envolvidas (sociedade, indústria, comunidade científica e organizações ambientais) devem estar incluídas desde o princípio; medidas individuais devem ser publicadas, acompanhadas e avaliadas por um programa científico compreensível; o principal foco deve ser na pesquisa concernente ao possível impacto da atividade na qualidade da água subterrânea.

O Ministério de Meio Ambiente e o Ministério da Fazenda apresentaram, em julho de 2014, uma proposta regulatória para o *fracking* considerada bastante rígida pelos especialistas (SHIP, 2014). Esse regramento proíbe a atividade de fraturamento hidráulico de gás de formações *shale* e *coalbed methane* encontradas na Alemanha acima de 3.000 m, exceto para a realização de testes com o intuito de investigar os impactos ao meio ambiente, com a garantia de que o fluido do fraturamento não contaminará a água subterrânea. É previsto no documento que o legislador deverá rever a moratória ao *fracking* em 2021, com base em relatório do Governo Federal acerca das evoluções científicas e tecnológicas com respeito ao *fracking*.

Tal regramento não proíbe, contudo, as operações de fraturamento em poços convencionais, que, como anteriormente destacado, já ocorrem há anos na Alemanha.[94] Argumenta-se que já se comprovou, no que tange aos não con-

---

[94] Segundo a petroleira Wintershall, em razão dos debates instaurados na Alemanha acerca da utilização da técnica do fraturamento para exploração de recursos não convencionais, tem sido

vencionais, que essa técnica não causa perigo à saúde ou à água potável. No entanto, estende-se a esses recursos a proibição de fraturar em áreas protegidas e próximas a fontes de água potável, para evitar a contaminação; a alocação do ônus probatório à operadora concernente a possíveis danos decorrentes de suas atividades (diretos ou indiretos); e a divulgação de todas as substâncias e seus respectivos volumes/quantidades utilizadas no faturamento.[95]

Em novembro de 2014, de forma considerada surpreendente, uma proposta revisada da regulação foi apresentada, na qual foi incluída a possibilidade de se admitir o *fracking*, após testes exitosos e mediante certificação de uma comissão de especialistas independentes e da aprovação das autoridades competentes. Pode-se dizer que influenciou essa reversão de posicionamento a declaração de pesquisadores (vide Declaração de Copenhagen da European Geological Surveys of the North Atlantic Area) criticando o governo pelo desprezo de sua pesquisa geológica e o discurso distorcido da mídia com relação à exploração do *shale gas*, que muito influenciou a população em nível nacional e global. Nas palavras do Presidente, Prof. Dr. Hans-Joachim Kümpel, *"não raro, os perigos suscitados simplesmente não existem. O uso do fraturamento hidráulico para a produção de gás natural gerou um medo difundido na população que, sob o ponto de vista geológico, é altamente infundado"*.[96] Essa, para nós, é a chave da questão que deveria reverberar globalmente: afastar um discurso meramente passional e trazer a constatação científica acerca de risco efetivo na atividade de faturamento hidráulico a impedir o desenvolvimento da atividade.

3.5.1.3.5. França

A França foi classificada como a segunda maior reserva tecnicamente recuperável de *shale gas* na Europa, de acordo com o Relatório da EIA de 2013. O estudo da regulação francesa relacionada aos recursos não convencionais de petróleo e gás, contudo, coloca-se relevante, precipuamente, como um contra-

---

mais difícil a obtenção de licença para fraturar poços convencionais de gás natural – sendo que mais de 1/3 de gás natural produzido no país foi recuperado por meio de fraturamento hidráulico. Tal fato, segundo declaração da petroleira, tem prejudicado a produção estável de gás natural na Alemanha (Declaração publicada em: <http://www.naturalgaseurope.com/shale-gas-debate-prevents-conventional-projects-germany-wintershall>).

[95] Tal prática já vinha sendo adotada pelas operadoras, como o fez a ExxonMobile, no âmbito de sua campanha em prol do fraturamento (*"Let's talk about fracking"*), que, em carta aberta, declarou que no fraturamento a Companhia apenas usa dois aditivos não tóxicos e biodegradáveis – Cholinchlorid e Butoxyethoxyethanol.

[96] Informações disponíveis em: <http://www.shale-gas-information-platform.org/areas/the-debate/shale-gas-in-germany-the-current-status.html> e <http://www.shale-gas-information-platform.org/areas/news/detail/article/the-copenhagen-declaration-on-including-geologial-survey--expertise-in-the-assessment-of-shale-gas-i.html>.

ponto aos demais regimes europeus de incentivo ao *shale*, por ter sido um dos primeiros países a editar moratória ao faturamento hidráulico.

Adota-se o regime dominial de propriedade, segundo o qual os recursos minerais localizados no subsolo são de propriedade da União, podendo o Estado delegar sua exploração e produção a terceiros (companhias interessadas), mediante pagamento de *royalties* progressivos incidentes sobre a produção. As principais leis que regem a exploração e a produção de petróleo e gás natural na França são: o Código Minerário, o Novo Código Minerário (codificado pela Ordem nº 2011-91, de 20 de janeiro de 2011) e o Código Energético (codificado pela Ordem nº 2011-54, de 9 de maio de 2011), havendo, desde 2000, um órgão regulador para o setor energético – o Energy Regulatory Comission (ERC).[97]

Os interessados em explorá-los devem pleitear, primeiramente, por uma permissão de pesquisa, prevista no Código Minerário francês.[98] Essa permissão de pesquisa autoriza o operador a explorar, com exclusividade, a área e a declarar propriedade sobre as operações para todos os recursos identificados por meio de sua exploração. A licença terá validade de 5 (cinco) anos.[99]

Para obtê-la, o operador deve submeter um requerimento ao Ministério[100] munido de um estudo técnico-geológico, um programa de trabalho e garantias financeiras à sua consecução, documentos cartográficos, uma nota detalhando possíveis impactos dos trabalhos a serem executados no meio ambiente, além de ter que comprovar suas capacidades técnica e jurídica. O Ministro, em seguida, transmite o requerimento à apreciação do órgão ambiental regional (Regional Direction of Environment) da área a ser explorada, que terá 3 (três) meses para julgá-lo. Após o consentimento desse órgão, o requerimento (plano de trabalho) é submetido ao Conseil Général de l'Economie et de l'Industrie para a emissão de parecer sobre a permissão. O requerimento será, então, submetido à consulta pública por 21 dias, em vista do direito de participação popular garantido pela

---

[97] International Comparative Legal Guides (ICLG). *The International Comparative Legal Guide to Oil and Gas Regulation 2015*. 10th edition. Disponível em: <http://www.iclg.co.uk/practice-areas/oil-and-gas-regulation/oil-and-gas-regulation-2015/france#content-c1>. Acesso em: 31 mar. 2015.

[98] O Código Minerário francês contempla, na lista de minérios abarcados pelo Código, os hidrocarbonetos, nestes compreendidos, em interpretação ampla, o petróleo e o gás convencionais e não convencionais. Os minerais não mencionados no Código Minerário são regidos pelo Código Ambiental francês.

[99] Informações disponíveis em: <http://www.iclg.co.uk/practice-areas/oil-and-gas-regulation/oil-and-gas-regulation-2015/france#content-c1>.

[100] Ministère du Redressement Productif, Ministère de l'Ecologie du développement Durable, et de l'Energie.

Constituição francesa e, finalmente, conferida permissão por meio de decreto ministerial publicado no Diário Oficial (MARTOR, 2014).[101]

Essa primeira licença não dá ao permissionário o direito de realizar trabalhos exploratórios propriamente ditos. Para tanto, deverá requerer uma nova autorização ao Administrador Local (Prefect), instruída com um programa de trabalho e um documento de segurança, meio ambiente e saúde do trabalho. O Administrador pode determinar requerimentos adicionais, conceder a autorização pleiteada, ou rejeitá-la, mediante a devida motivação, sujeita a recurso do interessado. Para a realização de atividades de construção e perfuração de poços de petróleo e gás, o autorizatário terá de submeter-se às normas estabelecidas no Réglement General des Industries Extractives (RGIE), que inclui exigências de cementação e revestimento de poço, e de profundidade de sua perfuração – bem abaixo das formações aquíferas, para garantir o isolamento do poço e que não haja qualquer contaminação da água.

Crítica é feita por especialistas (*cf.* MARTOR, 2014) com respeito à falta de informação precisa da natureza dos trabalhos ao público, em que pese a previsão de consulta pública para a concessão de permissões e autorizações de trabalho. Além disso, critica-se a falta de obrigatoriedade de apresentação de um estudo de impacto ambiental pelo autorizatário, que apenas pode ser requerido, de forma discricionária, pelo Ministro do Meio Ambiente se ele considerar necessário, conforme previsto no Código Ambiental francês (*Charte de l'Environnement* de 2004).

Apesar da rígida regulação aplicável à exploração e produção de hidrocarbonetos na França, e sua preocupação com o meio ambiente, foi editada a Lei nº 2011-835, de 13 de julho de 2011,[102] que veda a exploração e o aproveitamento de qualquer jazida de hidrocarbonetos líquidos ou gasosos, por meio da utilização do fraturamento hidráulico; lei esta que foi objeto de grande repercussão nacional e internacional. Tal proibição foi justificada com base no Código Ambiental e nos princípios do Direito Ambiental da prevenção[103] e da reparação previstos nesse Código, já tendo sido chancelada pelo Supremo Tribunal francês.

---

[101] Informação disponível em: <http://www.shale-gas-information-platform.org/categories/legislation/expert-articles/martor-article.html>.

[102] *Journal Officiel de la République Française*. Paris, 14 jul. 2011. Disponível em <http://www.legifrance.gouv.fr/jopdf/common/jo_pdf.jsp?numJO=0&dateJO=20110714&numTexte=2&pageDebut=12217&pageFin=12218>. Acesso em: 31 mar. 2015.

[103] Apesar de tal vedação ter sido fundamentada no Princípio da Prevenção, acreditamos que o tecnicamente correto seria falar fundamentar com base no Princípio da Precaução Ambiental, em vista da incerteza quanto aos danos ambientais decorrentes dessa atividade. Neste ponto, interessante trazermos a distinção feita por doutrinador ambientalista pátrio. Assim, segundo Paulo de Bessa ANTUNES (2010, p. 29;45), aplica-se a prevenção contra impactos ambientais já conhecidos e dos quais se possa, com segurança, estabelecer um conjunto de nexos de causalidade que seja suficiente para a identificação dos impactos futuros mais prováveis.

Em realidade, pelo que se pode interpretar da própria Lei, a decisão francesa de moratória ao *fracking* foi tomada, formalmente, mais com base no princípio da prevenção e não em face a danos efetivamente ocorridos correlacionados a essa técnica. Consoante crítica de especialistas (MARTOR, 2014), a edição dessa lei teve, em realidade, cunho fortemente político (e não técnico), em resposta a diversas manifestações populares que ocorreram pela França contra o *fracking*. Primeiramente, a oposição submeteu ao Senado um projeto de lei referente ao *shale oil* e *gas*, em 24 de março de 2011, e outro, em 30 de março de 2011, à Assembleia Nacional: o primeiro com o objetivo de reforçar o banimento ao faturamento hidráulico, com definições sobre essa técnica e sobre recursos não convencionais, e o segundo para inserir regulação acerca da participação popular no Código Ambiental. O projeto foi adotado em julho de 2011, porém, por decisão da situação, com vistas a rapidamente atender aos anseios da população (e preocupado com as eleições próximas) de forma simplificada, apenas direcionando ao faturamento – e sem mesmo defini-lo –, não contemplando as demais reformas ao Código Minerário.

A ilustrar a decisão considerada precipitada por parte do governo, observe que, em fevereiro de 2011, foi constituído um grupo de especialistas do General Council on Industry, Energy and Technology (CGIET) e do General Council on Environment and Sustainable Development (CGEDD), com vistas a auxiliar o governo na tomada de uma decisão com relação ao *shale oil* e *shale gas*. No entanto, o governo não aguardou a emissão de um relatório conclusivo desse grupo de trabalho para a edição da moratória ao *fracking* – sendo que em relatório preliminar o grupo apenas ressaltou ser necessário mais tempo para um melhor conhecimento dos reservatórios (e sua extensão) localizados na França, com vistas ao aprimoramento da regulação.

Em abril de 2011, o Ministro do Meio Ambiente também havia contratado outro advogado para sugerir emendas ao Código Minerário francês, o qual emitiu relatório com as seguintes sugestões: (i) reestruturação da organização administrativa do Estado e a divisão de competência entre o Estado e as autoridades locais para melhor articular o Direito Minerário com o Direito Ambiental; (ii) a intensificação da participação popular nas concessões de permissões minerárias; (iii) a criação de um Conselho Superior de Recursos Minerários, agrupando Estado, autoridades locais, sindicatos, organizações não governamentais e companhias para aprimorar o diálogo com a sociedade civil;

Com base nesse princípio, o licenciamento ambiental e, até mesmo os estudos de impactos ambientais podem ser realizados e são solicitados pelas autoridades públicas. O Princípio da Prevenção, por sua vez, é utilizado para prevenir o meio ambiente de um risco futuro, principalmente nos casos de incerteza científica acerca da sua degradação ou *"quando houver dúvida científica da potencialidade do dano ao meio ambiente acerca de qualquer conduta que pretenda ser tomada"*. (RODRIGUES, 2002, p. 150).

(iv) o reforço da avaliação ambiental sobre os projetos de perfuração e (v) o desenvolvimento da educação, da pesquisa e da informação da sociedade nos debates relativos a questões minerárias e ambientais. Tal relatório, contudo, foi emitido em outubro de 2011, portanto, após a edição da Lei nº 2011-835, não influenciando efetivamente uma reforma completa da regulação.

Em análise à referida Lei, verifica-se lacuna existente em função da utilização do termo "fraturamento hidráulico" sem qualquer definição do que venha a significar. Fala-se em proibição de utilização do fraturamento em rochas para exploração ou explotação de hidrocarbonetos líquidos ou gasosos, ou seja, determinada finalidade. Por isso, alguns especialistas (*vide* MARTOR, 2014) argumentam ser possível a utilização dessa técnica para outras finalidades, por exemplo, implementação de testes e pesquisa científica, sob supervisão das autoridades, para avaliar os impactos da técnica ao meio ambiente. Todavia, trata-se de uma interpretação, não havendo, até o momento, uma definição ou aprovação oficial nesse sentido.

O art. 2º do diploma em comento fala na criação de uma Comissão Nacional de Orientação, composta por parlamentares, representantes do Estado e da sociedade civil e associações, a ser regulada por decreto, com o objetivo de analisar as técnicas de exploração e produção de hidrocarbonetos líquidos e gasosos, em especial, eventuais riscos ambientais concernentes à técnica do fraturamento hidráulico.

Em relatório apresentado pela Comissão, de fevereiro de 2012, restou consignada a forte preocupação de seus integrantes com a amostragem dos recursos hídricos obtidos na análise e os riscos de poluição; além dos impactos negativos que a explotação de hidrocarbonetos não convencionais podem causar em outras áreas, como agricultura e turismo. Ressaltou-se, ainda, que grandes agências técnicas nacionais e estrangeiras reconhecem que há espaço para melhorias tanto em termos de otimização da perfuração, para se atingir o máximo de recursos, quanto para tornar as perfurações compatíveis com a proteção do meio ambiente.

A Comissão acredita que, sob um estrito ponto de vista técnico, de gestão de riscos técnicos, e a fim de minimizar o impacto da atividade industrial, quatro condições devem ser atendidas: (i) um bom conhecimento da geologia e da hidrologia locais deve ser adquirido; (ii) que as melhores tecnologias disponíveis sejam usadas; (iii) que os trabalhos de pesquisa de hidrocarbonetos sejam estritamente conduzidos e controlados sob um ponto de vista técnico e jurídico; (iv) que a autoridade encarregada do exercício de poder de polícia minerário realize inspeções rigorosamente.

Não se chegou a uma conclusão contundente e fundamentada, com a devida comprovação, acerca de se tratar o fraturamento hidráulico uma técnica danosa.

Porém, recomendou a sua não utilização, exceto no âmbito do programa científico previsto pela Comissão como próximo passo, em razão de forte controvérsia. Falou-se, ainda, na necessidade de atualizar a regulação referente à exploração e explotação de hidrocarbonetos de rocha geradora (ex. folhelho), diante de uma melhoria da informação e de um procedimento de consulta pública prévia à edição das normas e da concessão de licenças de exploração, consoante os princípios nacionais e europeus. Sugeriu-se regras como autorizar um número limitado de aditivos químicos ao fluido do fraturamento considerados seguros para o meio ambiente, impor um conjunto de melhores práticas, e mesmo uma revisão das regras fiscais como forma de incentivos a produção petrolífera e gaseífera no país (CGEDD e CGIET, 2012).

Por fim, a Comissão estimou que, até o ano de 2015, com a aquisição de experiência e maior conhecimento, na França, na Europa e na América do Norte, o país poderá tomar decisões racionais acerca de oportunizar a exploração de gás e petróleo de reservatórios não convencionais. Com isso, entendemos haver espaço para uma possível revisão da regulação francesa – e mesma da moratória ao *fracking* – a considerar a evolução das técnicas utilizadas para o fraturamento hidráulico, conjuntamente com as já comprovadas técnicas de mitigação de eventuais incidentes, que devem ser estritamente cumpridas pelos operadores da indústria, mediante previsão legal.

Frise-se, ainda, que a Lei nº 2011-835 não revogou, de imediato, todas as permissões de pesquisa concedidas. O art. 3º exige dos operadores, que tenham obtido permissão, que submetam um relatório ao governo, no qual restem elencadas quais as técnicas que serão utilizadas para a exploração e a produção de hidrocarbonetos. A permissão apenas será cancelada se constar nesse rol a técnica do fraturamento hidráulico. Do contrário, o operador poderá continuar com suas atividades exploratórias. Segundo MARTOR (2014), 64 relatórios foram encaminhados ao Ministério do Meio Ambiente, a maioria tratando de E&P de petróleo e gás convencional; destes, três permissões foram canceladas sob o fundamento de que os operadores – no caso, Schuepbach Energy LLC e Total S/A – falharam em comprovar que não lançariam mão do *fracking* na exploração. Tais decisões foram contestadas pelas companhias prejudicadas.

Vale atentar para o fato de que a proibição francesa, vista anteriormente, é especificamente com relação à realização da atividade de fraturamento e não com a exploração do *shale gas*. Por isso, especialistas franceses insistem que é possível explorar o *shale* no país, mesmo sem a utilização da técnica do fraturamento; e que tal objeção consiste, na realidade, em um retrocesso científico; ademais de a inibição da atividade impedir a criação de novos empregos, a competitividade do país e a redução da dependência francesa na energia nuclear. Nesse sentido, fala-se, hoje, em uma possível revogação da postura francesa de total resistência ao *shale*.

A finalizar o exame da regulação francesa sobre não convencionais, destacamos o seguinte litígio ocorrido nesse país. A Companhia Schuepbach havia recebido do Estado, antes do advento da Lei nº 2011-835, duas permissões para explorar *shale gas* na França. Posteriormente, com a edição da Lei, teve suas permissões revogadas, conforme já mencionado. Desta feita, a Companhia optou por recorrer da decisão administrativa de revogação perante o Conseil d'Etat, que é a instância (Corte) Administrativa Superior na França.

Em seu recurso, a Companhia alegou que havia prova insuficiente de que o fraturamento hidráulico poderia acarretar perigo ao meio ambiente e que tal decisão violaria os princípios da isonomia, da livre iniciativa, do direito de propriedade e os artigos 5º e 6º do Código Ambiental francês, os quais, respectivamente, demanda da autoridade pública o monitoramento de atividades que afetam desfavoravelmente o meio ambiente e elege a promoção ao desenvolvimento sustentável como uma importante política pública.

A Corte Administrativa remeteu o processo ao Tribunal Constitucional, por entender que envolvia questões de direito e garantias estatuídas nos artigos 1º e 3º da Constituição francesa. No entanto, o Tribunal rejeitou os argumentos da Schuepback, pelos seguintes fundamentos: 1) primeiramente, ressaltou-se que a intenção da Lei nº 2011-835 foi a de prevenir perigos que a pesquisa e a explotação de hidrocarbonetos por meio do fracionamento poderia causar ao meio ambiente, justificando-se, com base no objetivo dessa lei, o tratamento diferenciado entre a técnica do fraturamento e as demais técnicas exploratórias que já demonstram não serem danosas ao meio ambiente; 2) em segundo lugar, afastou-se o argumento da livre iniciativa com base na proporcionalidade da vedação do fraturamento, em prol do interesse público, na proteção ambiental; 3) a alegada violação ao direito de propriedade foi afastada com o argumento do Tribunal de que a permissão administrativa não pode ser tratada como uma propriedade pessoal e, tampouco, como um direito adquirido; 4) por fim, com relação ao pleito de infringência aos dispositivos do Código Ambiental, entendeu-se que este não apresentava questões constitucionais, pelo que não foram remetidos à apreciação do Tribunal Constitucional com base no preceito do *forum non conveniens*.

De um lado, a decisão do Tribunal foi motivo de comemoração política, como a do Ministro do Meio Ambiente, Sr. Philippe Martin, que a considerou como uma grande vitória a moratória absoluta e permanente ao fraturamento hidráulico; por outro lado, fortemente rechaçada pelas companhias e especialistas da indústria que a veem como forma de distanciar a França da oportunidade de se beneficiar de seus reservatórios não convencionais.

3.5.1.4. Regulação dos não convencionais na América Latina

3.5.1.4.1. Argentina

Desde os seus primórdios (leia-se: início do século XX), a indústria argentina de petróleo e gás era altamente regulada com uma forte interferência do Estado, que atuava por meio de sua NOC – Yacimientos Petrolíferos Fiscales Sociedad del Estado (YPF), criada em 1922. Entretanto, seguindo a tendência mundial, tal modelo regulatório sofreu importantes alterações na década de 1990 com vistas ao desenvolvimento da indústria do gás no país.

Consoante orientação enunciada nas Leis nº 23.696 (Ley de la Emergencia Administrativa) e nº 23.697 (Ley de Emergencia Economica), editadas no ano de 1989, que desregularam a economia e instituíram a privatização de estatais, foram editados uma série de decretos executivos relacionados à quebra do monopólio e à desregulação do setor de petróleo e gás do país.

A indústria de petróleo foi então aberta à livre concorrência, com a privatização da YPF (Lei nº 24.145/1992), que detinha o monopólio sobre as atividades de exploração, desenvolvimento, produção e tratamento de petróleo e gás natural, além da atividade de transporte de petróleo, e da Gas del Estado Sociedad del Estado, encarregada das atividades de transporte, importação, exportação e distribuição de gás natural.

Tais decretos que determinaram a desregulação da indústria do petróleo argentina eliminaram restrições em importações e exportações de óleo cru e, a partir de janeiro de 1991, desregularam a indústria petrolífera doméstica, incluindo preços de óleo cru e derivados e, posteriormente (em 1994), o do gás natural, cujo preço poderia ser livremente negociado entre as partes. Além da livre estipulação de preços, esse modelo isentava os particulares do pagamento de taxas de importação e exportação e conferia o direito de vender hidrocarbonetos livremente.

Tal modelo é alterado no ano de 2002, em meio à crise econômica, com a retomada da intervenção do Estado na economia, culminando com a expropriação de 51% das ações da companhia Repsol na YPF (HOZ, LANARDONNE e MÁCULUS, 2013, p. 12).

Atualmente, afirma-se que há duas normas principais que regulam o setor do gás natural na Argentina: a Lei nº 17.319, de 23 de junho de 1967 (Ley de Hidrocarburos argentina – LHA) e a Lei nº 24.076, de 9 de junho de 1992 (Ley de Gas – LG). A LG, além de dispor sobre a privatização da Gas del Estado SE, criou o *Ente Nacional Regulador del Gas* (ENERGAS), autarquia vinculada à Secretaría de Energía (SE), sendo esta subordinada ao Ministerio de Planificación Federal, Inversión Pública y Servicios. O ENERGAS tem a função de regular as atividades de transporte, distribuição, armazenamento, processamento e comercialização de gás natural, promovendo a concorrência e a atração de investimentos privados, e protegendo os direitos dos consumidores.

Frise-se que a Argentina, como o Brasil, adota a forma federativa de Estado, com a repartição territorial de poderes. Consoante o disposto no art. 1º da LHA, após modificação promovida pela Lei nº 26.197, de 3 de janeiro de 2007, as reservas de petróleo e gás *offshore* localizadas a partir das 12 milhas marítimas até o limite da plataforma continental pertencem ao Estado nacional. Pertencem às províncias (Estados Federados), por sua vez, as reservas encontradas em seus territórios, incluindo o mar territorial adjacente até o limite das 12 milhas marítimas, desde as linhas de base estabelecidas pela Lei nº 23.968, de 5 de dezembro de 1991.

A LHA estabelece regras sobre permissão de exploração, concessão de produção e de transporte de hidrocarbonetos, todas outorgadas aos particulares (leia-se, companhias estatais, privadas ou mistas) por meio de decreto do Poder Executivo Nacional (PEN). Por meio da permissão, o permissionário tem o direito exclusivo de explorar petróleo e gás natural dentro de determinada área, pelo prazo máximo de 14 anos, sendo-lhe garantido o direito de obter a concessão de produção dos hidrocarbonetos que foram descobertos.

A Fase de Exploração tem a duração de até 6 anos em blocos *onshore* e até 7 anos em blocos *offshore*, sendo dividida em 3 períodos exploratórios, cada qual com seu respectivo compromisso exploratório. É permitida a prorrogação dessa fase pelo máximo de 4 anos, divididos entre o segundo e o terceiro períodos exploratórios.

A concessão de produção, por sua vez, confere ao particular (concessionário) o direito de realizar, no prazo máximo de 35 anos e nos limites da área concedida, atividade de extração de petróleo e gás natural, bem como atividades acessórias como a construção e operação de refinarias e Unidades de Processamento de Gás Natural (UPGN), de sistemas de comunicação e de transporte, de instalações de armazenagem e demais atividades que precedem ao transporte do gás natural para fora da área de produção. Após a extração, a propriedade dos hidrocarbonetos é transferida ao particular, que poderá transportá-los, comercializá-los ou deles se beneficiar como bem entender.

A LHA ressalva que, se os concessionários cumprirem devidamente suas obrigações contratuais, o Poder Executivo Federal ou Providencial (a depender do local da concessão) poderá prorrogar a concessão por até 10 anos. Algumas concessões na província de Neuquen, na qual se situa a formação de Vaca Muerta, e na província de Mendonza tiveram seu prazo prorrogado, com anuência do governo, por ocasião do desenvolvimento de reservatórios não convencionais.[104]

---

[104] Nesse sentido, vide Lei nº 2.615 da província de Neuquén e Decreto nº 3.089 da província de Mendoza, que fixam termos e condições para a extensão e renegociação de concessões de hidrocarbonetos em ambas as províncias.

A província de Neuquen, titular de uma das mais proeminentes formações de não convencionais (modalidade *shale*), a exemplo de Vaca Muerta e Los Molles, criou recentemente uma Provincial Oil Company (POC) denominada Gas y Petroleo del Neuquén (HOZ, LANARDONNE e MÁCULUS, 2013, p. 10). Com fulcro no art. 11 da LHA, admitiu-se a possibilidade de tal estatal conceder direitos de exploração, de desenvolvimento e de produção, ou de parcela de óleo e gás extraído, a particular (companhias privadas), por meio de contrato de partilha de produção. Em contrapartida, o particular paga percentual de participações governamentais e tributos devidos, uma tarifa adicional de produção e parcela no óleo lucro.

Em agosto de 2012, a província de Neuquen editou o Decreto nº 1483/2012, que aprovou regras e procedimentos aplicáveis à exploração e explotação de recursos não convencionais com vistas a prevenir, mitigar e minimizar impactos ambientais que podem resultar da perfuração não convencional de *shale/tight gas/oil*. O referido decreto estabelece que todos os projetos de exploração e produção devem obter licença ambiental antes de serem executados. Nesse sentido, os permissionários e concessionários devem preencher um formulário com os seguintes requerimentos: (a) descrição e processo do sistema de tratamento do fluido de retorno e água produzida; (b) declaração dos componentes do fluido injetado no faturamento hidráulico; (c) validação prévia da Subsecretaria das Minas e Hidrocarbonetos (Subsecretaría de Minería e Hidrocarburos); (d) autorização para uso e descarte de água; (e) avaliação de impacto ambiental.

Além disso, o referido Decreto (Anexo I, art. 14 e ss) determina que os permissionários/concessionários devem submeter uma declaração com a estimativa de volume de água que se planeja utilizar no faturamento hidráulico, bem como determina que o fluido de retorno e a água produzida[105] devem se submeter a um tratamento especial para garantir o reúso da água no fraturamento, o seu uso para irrigação, o descarte ou sua reinjeção no poço. Cabe ainda às companhias a realização de análises físico-químicas da água e plano de 6 meses para o fraturamento hidráulico.

Ainda em razão da exploração de reservatórios não convencionais, cuja avaliação é mais difícil que a de convencionais, foi editado o Decreto nº 1447/2012, também pela província de Neuquen, que permite ao permissionário que identificar hidrocarbonetos que não sejam comerciáveis em determinado momento pedir a extensão do prazo. Observe-se que tal prerrogativa serve tanto para não convencionais quanto para convencionais. Essa extensão varia de 1 a 5 anos, dependendo das características do campo e do tempo remanescente da

---

[105] Designa-se *flowback water* a água que retorna junto com o fluido do fraturamento, após a produção; e de água produzida a água que já se encontra no reservatório e migra igualmente com o óleo e/ou gás após produção.

permissão correspondente à fase de exploração, já que o período de avaliação não pode exceder ao termo máximo da fase contida na permissão.

Por fim, na tentativa de incentivar a produção interna de gás natural, em busca da autossuficiência energética, o governo vem recentemente implementando uma série de medidas, como a Resolução nº 1/2013 da Secretaría de Energía e a celebração de acordos que garantem aos produtores um preço mínimo (no caso, de US$ 7,5 por MMBTU) para qualquer incremento de venda de gás para o mercado nacional.

Em 2014, foi editada a Lei nº 27.007, de 29 de outubro de 2014, que altera dispositivos da Lei nº 17.319/1967, introduzindo novo regramento para a exploração e a produção de recursos não convencionais. Essa lei cria um novo sistema único de licitação e adjudicação de áreas exploratórias, incorporando o critério de volume de investimento na proposta de cada companhia interessada. Além disso, traz novos prazos para as concessões, aumentando para 35 anos (25 + 10) em caso de exploração e produção não convencional. Tal diploma institui, ainda, um modelo único de participações governamentais para as províncias, fixando o percentual de 12% a título de *royalties* e o máximo de 3% para bônus de assinatura.

Com relação ao tema do fraturamento hidráulico, foi editada, em 2012, uma regulação pela província de Neuquen, na Argentina (que comporta grande parte da formação de Vaca Muerta), que requer dos operadores o preenchimento de *affidavits* descrevendo os químicos utilizados no procedimento, e contendo a análise químico-física da água descartada.

Por fim, a nova Lei incorpora o ideal de estímulos aos investimentos no setor energético argentino, trazido pelo Decreto 929/2013,[106] e o Programa de Estímulo ao Gás Natural. Esse decreto traz uma previsão interessante com respeito à unificação de áreas: dispõe, em seu art. 15, que os titulares de uma concessão de exploração não convencional de hidrocarbonetos que sejam também titulares de uma concessão adjacente (preexistente) poderão solicitar à autoridade concedente aprovação para a unificação de ambas as áreas como uma única concessão de exploração não convencional, se for possível demonstrar a continuidade geológica dessas áreas.

3.5.1.4.2. Colômbia

De acordo com o Relatório da EIA de 2013, com respeito aos recursos de óleo e gás tecnicamente recuperáveis, estima-se que a Colômbia tem um excelente potencial de *shale oil* e *shale gas*, baseado, entre outros, nas perfurações iniciais

---

[106] O Decreto no 1277/2012 também dispõe sobre investimentos no setor de petróleo e gás, incluindo o Plano Nacional de Investimentos em Hidrocarbonetos.

de folhelhos realizadas por algumas *majors* na região, como ConocoPhilips, ExxonMobil e Shell. Suas formações de *shale* concentram-se, majoritariamente, nas bacias do Vale do Médio Madalena, do Llanos e do Catatumbo. Trata-se do terceiro maior país na América do Sul com potencial de recursos não convencionais, atrás da Argentina e do Brasil.[107]

Em 2011, a Universidade Nacional da Colômbia conduziu uma avaliação dos reservatórios de *shale*, a pedido da Agência Nacional de Hidrocarburos (ANH), estimando um potencial total de 33 tcf nas regiões de Cordilheira Leste, Llanos leste e Caguan-Putumayo. No mesmo ano, a NOC Ecopetrol S.A., que controla grande parte das concessões na Colômbia, anunciou o seu programa exploratório de *shale*, no qual incluiu a perfuração do poço La Luna-1 como teste estratigráfico. Essa companhia realizou também, nos últimos anos, perfuração horizontal de poços, em busca de *know-how* para futuros projetos de perfuração horizontal em formações de folhelho.

A ANH elaborou um modelo regulatório específico para recursos não convencionais e dispõe de uma base de dados detalhada com informações petrográficas, geoquímicas, petrofísicas e estratigráficas correspondentes às bacias com potencial não convencional.[108] Em 2012, a ANH conduziu o primeiro leilão para blocos com potencial de *shale gas* (Ronda Colombia 2012) – foram ofertados 30 blocos, localizados nas bacias de Sinú-San Jacinto, Valle Superior, Valle Medio e Cordilheira, e apenas 5 concedidos. Em 2014, foi realizado novo leilão (Ronda Colombia 2014), no qual foram ofertados 18 blocos. Como critério de desempate, nas Rodadas de Licitações, considera-se o adicional do percentual sobre a produção (além do *royalty*)[109] ofertado pelas companhias licitantes.

A minuta de contrato de exploração e produção de hidrocarbonetos utilizada para a Ronda Colombia 2014 contemplou recursos convencionais e não convencionais; no caso de descobertas não convencionais, o contrato previu uma fase de exploração de 9 (nove) anos, que compreende 3 (três) períodos exploratórios (PEx) de 3 (três) anos cada, e 30 (trinta) anos de fase de produção.[110] Como

---

[107] Na Colômbia, os recursos naturais não renováveis são propriedade do Estado, a quem privativamente determinar as condições para a sua exploração e produção.

[108] Ressalte-se que no sítio eletrônico da ANH há vasta informação disponibilizada acerca dos não convencionais, incluindo regulação existente, apresentações técnicas e textos diversos. Vide: <http://www.anh.gov.co/Seguridad-comunidades-y-medio-ambiente/Estrategia%20Ambiental/Proyectos/Yacimientos-no-convencionales/Paginas/default.aspx>.

[109] O percentual do *royalty* varia entre 6,4% a 20% nos casos de produção *onshore* ou *offshore* com profundidade menor de 1.000 ft. e entre 4,8% e 15% em produção *offshore* com profundidade maior que 1.000 ft.

[110] Agência Nacional de Hidrocarburos. Minuta do Contrato de Concessão da Ronda Colombia 2014. Disponível em: <http://www.rondacolombia2014.com/images/archivos/FormatosyAnexos/Minuta%20EP%20adenda%202.pdf>. Acesso em: 8 abr. 2015.

Programa Exploratório Mínimo do 1º PEx, fixou-se a aquisição de 200 km de sísmica ou reprocessamento de sísmica existente e a perfuração de 2 poços exploratórios ou estratigráficos; para o 2º PEx, são 4 poços exploratórios; e no 3º PEx, devem ser perfurados 4 poços exploratórios.

Após a etapa exploratória e de avaliação de descoberta, é prevista a Declaração de Comercialidade (DC), compreendida em um documento que especificará o tipo de jazida que se pretende explotar. Em se tratando de hidrocarbonetos não convencionais, o contrato prevê o seguinte conteúdo da DC: a) a delimitação da acumulação, incluídos volumes, extensão da área correspondente e características petrofísicas e geomecânicas; b) dados completos acerca da qualidade e do tipo de hidrocarboneto; c) desenho da estimulação do reservatório, com a precisão para averiguar se comporta fraturamento e de qual tipo, além da completação, o modo de se estabelecer valores reais de hidrocarboneto tecnicamente recuperável, e sua projeção de produção; e d) dados que suportem a análise econômica, a viabilidade da explotação e os riscos previstos.

A agência reguladora colombiana reconheceu expressamente que a produção de recursos não convencionais, feita por meio de programas e técnicas especiais, demandam um investimento maior que os projetos convencionais, pelo que justificável a incorporação de termos mais flexíveis e favoráveis para promover o seu desenvolvimento. Assim, dentre os termos especiais no contrato, constam a redução de 40% nos *royalties* devidos (comparados aos convencionais) e preços mais altos no pagamento do óleo produzido.[111]

Em 26 de março de 2014, a diretoria da ANH editou a Resolução nº 3 que estabelece os termos para o desenvolvimento sustentável de recursos não convencionais no país, que vise crescimento econômico e geração de empregos, como parte integrante do Plano Nacional de Desenvolvimento 2010-2014, adotado pela Lei no 1450/2011. De acordo com essa Resolução, operadores devem propor um programa de exploração e produção para recursos não convencionais e assinar um contrato suplementar, mediante prévia qualificação com o preenchimento de termos de referência específicos. Esse programa, segundo previsto, pode conter também atividades envolvendo o desenvolvimento de recursos convencionais adicionais às obrigações (atividades e investimentos) previstas em contrato (para convencional) anteriormente celebrado com a agência.

A referida Resolução da ANH exige, ainda, do operador o preenchimento de requisitos que denotem suas capacidades (i) econômica-financeira, (ii) técnica--operacional, (iii) jurídica, (iv) ambiental e (v) social. Para atendimento da (i),

---

[111] O art. 15 do Decreto 2.100 de 2011 facultou o MME, a Comissão de Regulação de Energia e Gás e a ANH de estabelecer incentivos adicionais com o fim de promover a produção e a comercialização de gás natural proveniente de reservatórios não convencionais, dentro da órbita de sua respectiva competência.

exige-se um patrimônio líquido igual ou superior a USD$ 200.000.000 por área (média dos últimos três anos); como requisito da (ii), pede-se a comprovação de 50 milhões de barris de óleo equivalente (50 MBPE) de reservas provadas durante o último período fiscal e a produção de 20 mil barris de óleo equivalente por dia (20.000 BPED); em termos da (iii), o operador deve figurar como pessoa jurídica (nacional, estrangeira, pública, privada ou de capital misto) legalmente capaz, cujo capital esteja representado em ações nominais; em termos de capacidade ambiental, exige-se que o operador prove que possui um sistema de gestão ambiental para monitorar suas operações e outras atividades que possam impactar os recursos naturais e o meio ambiente. Por fim, em termos de responsabilidade social, o operador precisa demonstrar que implementou políticas e práticas de responsabilidade social corporativa.

O Ministério de Minas e Energia colombiano (MME), por sua vez, editou a Resolução nº 90.341, de 27 de março de 2014, que estabelece requerimentos técnicos e procedimentos para a exploração e a produção de hidrocarbonetos em recursos não convencionais (excepcionando destes as areias betuminosas e hidratos de metano).[112]

Nota-se que essa Resolução cria um sistema coordenado entre diferentes autoridades para a regulação dos não convencionais. Nesse sentido, o art. 5º exige que toda informação relacionada com formas, mapas e programas direcionais sejam apresentadas ao Marco Geocêntrico Nacional de Referencia MAGNA SIRGAS, único *datum* oficial da Colômbia adotado pelo Instituto Geográfico Agustín Codazzi (IGAC).

Exige-se da operadora a apresentação de um programa global de perfuração que inclua coordenadas direcionais detalhadas e as profundidades estimadas para cada poço que será perfurado, para que obtenha do órgão competente tal permissão. Concluídas a perfuração, a estimulação e a terminação do poço, o operador realizará um teste inicial de produção, que deve ser previamente detalhado e enviado à ANH). Esse teste poderá ter a duração de 45 dias de produção (até o alcance de condições estáveis de fluxo), sem prejuízo do tempo para a tomada de amostras, registros de pressão e acondicionamento do poço. Se o teste de produção inicial indicar que se trata de um poço produtor, o operador deverá submeter à ANH o projeto-piloto do respectivo poço, que terá duração de 2 (dois) anos, prorrogável com base em justificativas técnicas ou de acordo com os compromissos contratuais pactuados. Caso sejam encontrados novos poços produtores nas proximidades do poço objeto do piloto, esses poderão ser incluídos no projeto diante das mesmas condições de autorização aplicáveis para a aprovação do projeto-piloto, devendo ser este atualizado. Com o pro-

---

[112] As lacunas dessa Resolução são preenchidas pela regulação existente para recursos convencionais de P&G (Resolução nº 18-1495, de 2 de setembro de 2009).

jeto, o operador deverá encaminhar a discriminação dos equipamentos e das instalações que serão utilizados, que, por sua vez, deverão atender às normas técnicas e regulatórias vigentes e demais normas nacionais e internacionais que regulem a matéria.

A Resolução em comento elenca, ademais, requisitos quanto aos registros de poços exploratórios, determinando, por exemplo, que a seção vertical do poço contenha raios gama, densidade nêutron, resistência, potencial espontâneo e medidas de temperatura à profundidade de cada revestimento. Para os poços estratigráficos, exige-se a amostra de núcleos convencionais que cubram pelo menos 5% da espessura total da coluna estratigráfica, registro dos fluidos e gases contidos na sequência, e registros de poços do tipo elétricos, sônicos, visuais, radioativos e térmicos. Contempla também requisitos de cementação de poços exploratórios e de desenvolvimento, incluindo revestimentos condutor e superficial, intermediário e produtor.

Os arts. 12 e ss da Resolução nº 90341/2014 regulam as operações de fraturamento hidráulico, técnica esta que já vem sendo utilizada na Colômbia para reservatórios convencionais, como os localizados na bacia de Putamayo. São previstos os procedimentos a serem cumpridos pelo operador previamente à realização de tal atividade, como a realização de testes e monitoramento de pressão dos revestimentos, as hipóteses que exigem a suspensão da atividade e notificação à ANH, bem como as ações corretivas que deverão ser porventura adotadas, e o encaminhamento de um informe detalhado dos trabalhos que serão realizados ao MME, ANH e ao Serviço Geológico Colombiano. Nesse informe a ser encaminhado às autoridades públicas, devem ser revelados quais os aditivos químicos que serão utilizados no fluido, seus respectivos volumes, as concentrações de propante e as pressões adiantadas de fratura.

Para evitar a contaminação das águas potáveis, o § 4º desse dispositivo determina que a distância entre o fraturamento e o aquífero nunca poderá ser inferior a cinco vezes o raio de estimulação hidráulica, calculada com base no modelo geomecânico, que leve em conta os esforços horizontais e verticais da área a ser estimulada – no caso específico de gás de metano da camada de carvão, essa distância cai para duas vezes o valor do raio do fraturamento, sendo que em nenhum caso a distância poderá ser inferior a dez vezes a espessura vertical do intervalo estimulado. Complementarmente, o § 5º determina que não sejam feitas operações de fraturamento em poço que se encontre a menos de 200 metros de distância de outro construído para fins de consumo (humano), irrigação, uso agropecuário ou outras atividades de subsistência.

O art. 14 da Resolução arrola hipóteses que demandam a imediata suspensão de atividades de fraturamento hidráulico pelo operador, como no caso de um evento sísmico de magnitude maior ou igual a 4 na Escala Richter, cujo epicentro esteja localizado dentro da área, cujo raio em torno do poço seja duas vezes a profundidade do poço e a uma profundidade hipocentral menor do que 16 km, de acordo com informações do Serviço Geológico Colombiano.

Subsequentemente, no art. 15, dispõe a Resolução sobre requisitos para poços injetores de fluido de retorno e água produzida, que demandam prévia aprovação e características geológicas que restrinjam a migração de fluidos aos aquíferos aproveitáveis ao consumo humano, incluindo requerimentos de construção, testes iniciais, limites de operação e monitoramento. O art. 17, ao final, arrola as atividades que demandam prévia inspeção do órgão fiscalizador.

Registre-se, por fim, que, com o intuito de promover o desenvolvimento compartilhado do conhecimento e o aprimoramento em questões ambientais, que se relacionam com os não convencionais, a ANH, juntamente com o Ministerio de Ambiente y Desarrollo Sostenible, a Autoridad Nacional de Licencias Ambientales e o MME estão desenvolvendo um projeto conjunto, denominado Proyecto de Gestión del Conocimiento en Medio Ambiente, para, dentre outros: a) analisar a regulação com vistas a avaliar e a monitorar o desenvolvimento de projetos não convencionais; b) reunir contribuições necessárias ao aprimoramento da regulação e à fixação de parâmetros de desempenho; c) elaborar termo de referência para o impacto ambiental desses projetos; d) realizar pesquisas padronizadas em regiões nas quais atividades de E&P de não convencionais possam ter lugar.

3.5.1.4.3. México

O México abriu recentemente o seu setor de petróleo e gás a companhias privadas, por meio de Emenda Constitucional aprovada em dezembro de 2013 pelo Congresso mexicano, como reação ao declínio da produção petrolífera e com a pretensão de modernizar o setor de O&G no país. A referida Emenda permitiu a abertura das atividades de *upstream* a operadores privados, mantendo a NOC Petróleos Mexicanos (PEMEX) como um operador adicional.[113] As atividades relativas às cadeias de *midstream* e *downstream* serão paulatinamente liberadas à participação de atores privados nos próximos anos (2016 a 2018). Além disso, a referida Emenda reorganizou o setor elétrico mexicano.[114]

A aludida Emenda introduz uma série de detalhes de como o setor de O&G será organizado, prevendo-se um pacote de leis proposto pelo Executivo para

---

[113] A PEMEX permanece como uma estatal, regida, porém, por normas privadas que viabilizam a competição com os novos entrantes do setor com objetivo lucrativo.

[114] A íntegra da Emenda pode ser consultada no sítio eletrônico: <http://www.diputados.gob.mx/>.

implementar a reforma constitucional prevista na Emenda.[115] Interessante destacar que uma dessas leis prevê uma atuação coordenada de agências reguladoras, em especial, a Comisión Nacional de Hidrocarburos (CNH) como reguladora das atividades de *upstream* e a Comisión Reguladora de Energía (CRE) para as atividades de *midstream* e *downstream*, incluindo a indústria de energia elétrica.[116]

A nova Lei de Hidrocarbonetos (*Ley de Hidrocarburos*) prevê a criação da Agencia Nacional de Seguridad Industrial y de Protección al Medio Ambiente del Sector Hidrocarburos, com o objetivo de assegurar o cumprimento de normas e padrões relativos à saúde, segurança e meio ambiente. A autoridade dessa agência está limitada à indústria de P&G, englobando os setores de *upstream*, *midstream* e *downstream*, e a responsabilidade por aprovar (por meio da emissão de autorizações) todos os projetos sob a perspectiva de segurança e do meio ambiente.

Para as atividades de E&P, o Governo Federal, por intermédio do regulador CNH, já iniciou, neste ano de 2015, a oferta de blocos, em meio a leilões públicos e de caráter internacional, áreas potenciais a companhias estatais e estrangeiras (individualmente ou em *joint ventures*) para a exploração e produção de P&G, celebrando contrato com as vencedoras dos leilões. As áreas mantidas pela PEMEX, no âmbito da Rodada Zero, continuarão a ser por ela operadas, podendo contar com o apoio de petroleiras prestadoras de serviços, com as quais poderão celebrar contratos de serviço.

A nova regulação, ainda pouco testada, abarca igualmente os recursos não convencionais. Porém, até o presente momento, estes não foram concedidos sob o novo regime regulatório.[117]

Há quatro regimes exploratórios no México: as licenças, os contratos de partilha de produção, os *profit-sharing agreements* e os contratos de serviço (LÓPEZ-VELARDE, JIMÉNEZ e VALDEZ, 2014).

---

[115] Em agosto de 2014, esse pacote tornou-se efetivo no México, com emendas a uma série de leis relacionadas ao setor energético.

[116] Há quatro principais reguladores de atividades de *upstream*: a) A Secretaría de Energía (SE), responsável pela elaboração da política energética nacional, por definir áreas de E&P para as licitações e os tipos de contratos, por definir os termos comerciais do contrato e por emitir permissões para processamento e refino de gás; b) a CNH, subordinada à SE, que é responsável por conduzir os leilões e celebrar os contratos em nome do Governo Federal, por regular as operações de E&P e manter os bancos de dados geológicos e sísmicos; c) a Secretaría de Hacienda y Crédito Público (SHCP), que determina os termos fiscais dos contratos de E&P e d) a Secretaría de Medio Ambiente y Recursos Naturales (SEMARNAT), que regula e supervisa saúde, segurança e meio ambiente relacionados às operações e instalações de E&P, e questões atinentes ao abandono.

[117] As informações estão sendo atualizadas no seguinte sítio eletrônico da CNH: <http://ronda1.gob.mx/Espanol/index.html>. Até o presente momento, não foram definidas as condições para as ofertas de áreas não convencionais (último acesso em: 25 out.2015).

A nova legislação mexicana para hidrocarbonetos traz diferentes direitos alocados para projetos com recursos convencionais e não convencionais na mesma área de concessão, podendo ambos coexistirem em diferentes níveis de profundidade: normalmente "direitos rasos" (*shallow rights*) para os recursos convencionais e "direitos profundos" (*deep rights*) para os recursos não convencionais.

Para encorajar o desenvolvimento de projetos não convencionais, a nova lei confere às companhias interessadas incentivos tributários e outros relacionados a investimentos aplicados em P&D. A Ley de Ingresos sobre Hidrocarburos garante incentivos fiscais específicos e gerais para facilitar o desenvolvimento da indústria do *shale*. Como incentivo específico, tem-se a isenção de *royalty* quando o preço do gás natural for abaixo de $ 5/MBtu. Dentre os incentivos genéricos, permitem-se algumas deduções relacionadas ao imposto de renda, tais como: a) 100% do montante do investimento inicial feito para a exploração e para a recuperação, e manutenção não capitalizada, no ano fiscal em que realizados; b) 25% do montante original feito para as etapas de desenvolvimento e produção de petróleo e gás, em cada ano fiscal; c) 10% do total dos investimentos despendidos com infraestrutura de armazenamento e transporte necessária à execução das atividades de E&P, em cada ano fiscal.[118]

O imposto de importação incide normalmente sobre bens e equipamentos importados para utilização nas operações de recursos não convencionais, à exceção de cláusulas preferenciais quando a importação vem de países da América do Norte ou das áreas de livre-comércio (leia-se, NAFTA). Contudo, admite-se o regime de importação temporária de equipamentos isento de tributos por um período determinado.

Há também a flexibilização de exigência de conteúdo local quando não houver bens e serviços disponíveis no mercado interno, a considerar que, em regra, a Lei mexicana determina um conteúdo local mínimo de 25% em 2015 e um aumento gradativo para 35% em 2025. Trata-se de percentual aplicável em base agregada e não por projeto individualmente. Até o presente momento, apenas projetos de águas profundas são isentas da obrigação de conteúdo local, embora uma possível flexibilização venha sendo debatida pelas autoridades mexicanas (LÓPEZ-VELARDE, JIMÉNEZ e VALDEZ, 2014).

Os preços de óleo e gás serão determinados pelo mercado. Vendas domésticas não serão sujeitas a restrições ou controles, e as exportações dependerão de autorização. Operadores de dutos são legalmente obrigados a conferir o livre acesso aos dutos, de forma não discriminatória.

---

[118] A Lei mexicana permite que uma companhia tenha mais de uma licença para E&P, porém, nesse caso, não poderá se beneficiar do regime tributário consolidado (JIMÉNEZ, 2014).

3.5.1.5. Índia

Desde fevereiro de 1999, com a abertura do setor de petróleo e gás ao capital privado e estrangeiro, a Índia adota um modelo de licenças para a E&P de petróleo e gás natural localizados em seu território denominado New Exploration Licensing Policy (NELP). Antes disso, apenas as companhias nacionais – ONGC e Oil India – podiam explorar os recursos petrolíferos indianos, tidos como propriedade do Estado.[119] As áreas são concedidas por meio de leilões realizados pelo *Directorate General of Hydrocarbons* (DGH), que é a agência reguladora local, subordinada ao Ministério de Petróleo e Gás Natural (MoPNG).[120] A companhia vencedora da licitação recebe uma *Petroleum Exploration Lease* (PEL) que lhe confere o direito de explorar petróleo e gás por determinado período (7 anos para blocos *onshore* e 8 anos para blocos de fronteira e de águas profundas). Após a descoberta e a declaração de sua comercialidade, é concedida uma *Petroleum Mining Lease* (PML), inicialmente de 20 anos, para o desenvolvimento e a produção de petróleo e gás na área, havendo previsão de ampliação de prazo dessa fase – 30 anos – no caso de gás não associado ao petróleo.

O governo indiano vem realizando uma forte campanha de incentivo à exploração de recursos não convencionais em seu território, com ênfase no *coalbed methane*. A DGH já realizou quatro leilões de áreas com potencial para a exploração e produção desse recurso, permitida a participação de companhias nacionais e/ou estrangeiras, com exclusividade ou em parcerias, podendo concorrer por número ilimitado de blocos. No caso de parcerias, o edital exige que cada consorciada deva ter, pelo menos, 10% de participação indivisa e que toda companhia licitante comprove sua capacidade técnica e financeira satisfatórias, podendo existir, posteriormente, cessão de participação indivisa desde que previamente aprovado pelo governo.

O edital de licitação do DGH para E&P de CBM prevê, ainda, que a fase de exploração (Phase-I) terá 2 (dois) anos, ao final da qual a companhia poderá optar por prosseguir à fase seguinte (Phase-II) ou terminar o contrato. A fase seguinte (Phase-II), que terá o máximo de 3 (três) anos, consiste na realização do projeto-piloto, da pesquisa de mercado e da etapa de compromisso. Desejando permanecer na área, tem-se início o período de desenvolvimento e produção, que não pode exceder o total de 30 (trinta) anos – 5 anos para o desenvolvimento e 25 anos para a produção. Todos os dados obtidos

---

[119] Houve um período de transição, entre a abertura do setor e a entrada em vigor do NELP, que o governo indiano ofereceu blocos (tanto *onshore* quanto *offshore*) a interessados, sem realizar qualquer procedimento licitatório – o que foi denominado *Nomination Rounds*.

[120] Para mais informações, vide sítio oficial do DGH: <http://www.dghindia.org>.

durantes as operações serão de propriedade do governo da Índia, garantida a sua confidencialidade, e será dada vantagem competitiva às companhias que concordarem em transferir tecnologia ao governo indiano ou a seus nomeados.

Há um comando do edital que determina à licitante vencedora dar preferência ao emprego de bens e serviços indianos (cláusula de conteúdo local), condicionado à qualidade, à disponibilidade no mercado, ao tempo e ao preço (exige-se que seja competitivo); bem como à contratação de mão de obra nacional qualificada, que deve ser treinada de forma apropriada.

De acordo com informação publicada pelo DGH, a Índia possui a terceira maior reserva provada de carvão e é o quarto maior produtor desse recurso, estimando possuir significativos e comerciais prospectos de CBM. Alguns incentivos adicionais foram dados pelo governo para atrair investidores à exploração desse recurso, tais como: (i) ausência de bônus de assinatura; (ii) percentual de 10% de *royalty* no valor do CBM de acordo com o Oilfield Act de 1948; (iii) percentual *ad valorem* da contribuição devida em razão do nível de produção (Production Level Payment), destinado ao governo central; (iv) livre acesso ao mercado de gás doméstico a preço regulado pelo mercado; (v) estabilidade fiscal no contrato; (vi) isenção de imposto de importação para bens necessários às operações de CBM; (vii) previsão de arbitragem, nos termos da Arbitration and Conciliation Act de 1996 para dirimir controvérsias decorrentes do contrato; (viii) possibilidade de dedução do imposto de renda, devido pela pessoa jurídica, dos custos de exploração e desenvolvimento do projeto; dentre outros.

Tratamento diverso foi dado ao *oil shale*. O DGH implementou, em 2007, um projeto de avaliação das reservas de *oil shale* e de seu potencial em parte de *(Upper) Assam* e área vizinha, em *Arunachal Prdesh*. O estudo foi levado por um consórcio formado pela BRGM, França e MECL, Índia. A avaliação envolveu trabalho de campo, mapeamento geológico, coleta de amostras de rocha da superfície exposta para análise geoquímica do óleo, perfuração de poucos poros centrais, sísmica 3D e demais estudos, com prazo de conclusão inicialmente para 2009-2010. A segunda etapa do projeto consiste na avaliação técnica-econômica da extração do *oil shale* desses depósitos, no estudo de seu impacto ambiental, elaboração de uma regulação para extração simultânea das reservas de carvão e de *oil shale* (a indústria de *oil shale* será suplementar e complementar à indústria de mineração de carvão), na elaboração de um modelo de contrato de partilha de produção para o *oil shale*, na delimitação dos blocos a serem ofertados em uma 1ª Rodada para *oil shale*, e na obtenção dos devidos esclarecimentos do MoEF, MoHA e MoD para os blocos ofertados. Por fim, ter-se-á o anúncio da 1ª Rodada para *oil shale*, acompanhado dos *road shows*, a venda de pacotes de dados, o recebimento das ofertas, sua avaliação e a concessão de blocos exploratórios.

Em que pese o cenário de abertura para o *oil shale*, em 2013, foi aprovado o Shale Gas Policy Act, que autoriza apenas às companhias nacionais indianas (NOCs), com exclusividade, explorar *shale gas* em território indiano, desde que já tenham obtido uma PEL/PML previamente (confere-se, dessa forma, uma permissão adicional para a E&P de *shale*).[121]

A exploração e a explotação do *shale* será realizada em até 3 (três) períodos exploratórios de até 3 (três) anos cada, podendo a companhia requerer a extensão desses períodos, desde que justifique o pleito de forma fundamentada. Durante a fase exploratória, a NOC terá de executar um Programa Exploratório Mínimo (PEM), dentro do prazo determinado na permissão, e encaminhar relatórios mensais e anuais ao DGH acerca da produção e da venda desses recursos. Caso a NOC não consiga cumprir o PEM comprometido, a companhia terá de indenizar o governo, sendo o montante calculado com base em percentual da área licenciada.

Ademais de ter de cumprir as normas de segurança operacional e de meio ambiente, e de adotar as melhores práticas da indústria do petróleo, exige-se da NOC, para atingir à formação de *shale*, as seguintes condicionantes, a serem por ela custeadas: a realização de estudos geológicos, geofísicos, geoquímicos e geomecânicos; a perfuração de poços de testes e poço-piloto (pelo menos um poço-piloto por bloco que tenha uma área de até 200 km^2 e, pelo menos, dois poços-pilotos em bloco que tenham área superior a 200 km^2); a apresentação de um estudo de impacto ambiental (EIA), incluindo a fonte de água que será utilizada e como se dará o seu tratamento e/ou descarte (considerando a existência da atividade de fraturamento hidráulico).

Por envolver a técnica do fraturamento hidráulico, a NOC se sujeitará concomitantemente a normas do MoPNG, do Ministério do Meio Ambiente, Floresta e Mudança Climática (MoEF), do State Pollution Control Board (SPCB) e de Autoridades Reguladoras de Águas (Central Ground Water Autorithy, State Ground Water Autorithy), bem como às diretrizes emitidas por organizações internacionais de renome como a American Petroleum Institute (API), a Society of Petroleum Engineers (SPE), a International Standards Organization (ISO), incluindo o API Guidance Document HF3 (jan. 2011), o API Guidance Document HF2 (jun. 2010) e o API Guidance Document HF1 (out. 2009).

---

[121] O Ministério de Petróleo e Gás indiano editou, em 14 de outubro de 2013, diretrizes para a exploração e a explotação de *shale gas* e *shale oil* pelas NOCs consubstanciadas no documento de nº F.No.0-32011/41/2009-ONG-I. Disponível em: <http://petroleum.nic.in/docs/oidb.pdf>. Acesso em: 27 mar. 2015.

Ainda com respeito ao fraturamento hidráulico, é determinado à NOC divulgar às agências reguladoras (DGH, MoEF e SPCB), regularmente, os componentes químicos e volumes do fluido injetado e, posteriormente, expelido do fracionamento, podendo também (facultativamente) divulgar tais informações no sítio eletrônico da companhia. Em caso de abalo sísmico relacionado a essa técnica, o projeto deverá ser revisado pelo DGH conjuntamente com outros reguladores.

Por fim, observa-se que alguns benefícios de ordem fiscal foram concedidos aos projetos de *shale*, como a isenção de tributos incidentes sobre os bens relacionados às atividades petrolíferas/gaseíferas, nos termos da Notification nº 12/2012 – Customs, de 17 de março de 2012. Frise-se, porém, que nenhuma atividade exploratória de *shale* foi, até o momento, efetivamente executada, em que pese a notícia de que apenas a estatal indiana ONGC tem feito projeto-piloto em algumas áreas com a colaboração da Schlumberger.

Além do CBM e do *shale*, a Índia também tem investido em outro recurso não convencional, que é o *methane hydrates*, por meio do National Gas Hydrate Program (NGHP). Esse programa foi proposto pelo MoPNG e tecnicamente coordenado pelo DGH, sendo efetivamente executado por um consórcio formado pelas NOCs indianas – ONGC e Gas Authority of India Ltd. – e Instituições de Pesquisa nacionais – National Institute of Oceanography, National Geophysical Research Institute e National Institute of Ocean Technology.

O início da produção comercial desse recurso, estimado para o ano de 2015, tardou em razão de alguns desafios encontrados, tais como: falta de reservas consideráveis de *gas hydrates* em águas profundas, falta de tecnologia disponível para uma exploração comercial, baixa taxa de produção de gás natural já mundialmente constatada dessas reservas (ex.: poço de Mallik, no Canadá), administração do alto nível de água e controle da areia que serão produzidos em conjunto com a dissociação do *hydrates*, e outros desafios de ordem ambiental.

Com vistas a superar os inúmeros desafios dessa exploração e expandir conhecimento e experiências, o DGH, em nome do NGHP, celebrou um *Memorandum of Understanding* sobre *gas hydrates* com o Japan Oil, Gas, Metal Corporation (JOGMEC), Gas Hydrate R&D Organisation (GHDO) da Korea Institute of Geology, Mining and Materials (KIGAM) e o US Department of Energy (USDOE), e outro MOU com o US Geological Survey (USGS), ainda em construção.

3.5.1.6. China

A China designou o *shale gas* como um imperativo nacional, tendo sido estimado um número significativo de reservas recuperáveis desse gás.[122] Foi

---

[122] Precisamente: 1,115 trilhão m³ segundo informado no Curso Online *Shale Gas and Fracking: the Politics and Science* – University of Nottingham, fev. 2015. Disponível em: <https://www.futurelearn.com/>.

inclusive criado um Centro Nacional de Pesquisa e Desenvolvimento em *shale gas*, com a liderança da CNPC nos estudos. Há um forte incentivo para a colaboração entre acadêmicos nacionais, empresas estatais e companhias privadas, inclusive estrangeiras.

O início da exploração do *shale* no país deu-se no ano de 2010, tendo sido realizado dois leilões para E&P de *shale gas* nos anos de 2010 e de 2012. O país, que já investiu mais de US$ 1,14 bilhões em pesquisa e exploração de *shale gas*, é considerado um dos líderes em extração desse recurso no continente asiático (ESPOSITO, 2013, p. 7).

Muitos dos projetos chineses de *shale gas* encontram-se na fase de produção, apesar de tal volume representar menos de 1% do total da produção de gás natural nesse país. A PetroChina Company Limited (PetroChina) e a China Petrochemical Corporation (Sinopec) são os *players* dominantes no desenvolvimento doméstico do *shale gas*. Todavia, enfrentam ainda o desafio de falta de tecnologia e *know-how* nacional e pessoal com experiência para a exploração e o desenvolvimento desse tipo de recurso – leia-se, maquinário para perfuração e fraturamento, fornecedores de fluido para o fraturamento, serviço de perfuração etc.

Em 2012, o governo chinês fixou a meta de produção anual de *shale gas* de 6,5 bcm anualmente em 2015 e 60-100 bcm em 2020 (EIA 2013c). Outros objetivos fixados incluem a conclusão de pesquisas e a avaliação das reservas de *shale gas* do país até este ano de 2015, por meio da seleção de 30 a 50 prospectos de folhelhos e 50 a 80 áreas com potencial, bem como o desenvolvimento de tecnologia de exploração e equipamentos nacionais para a extração de *shale gas* na China (FULBRIGHT, 2013).

No que tange ao regime regulatório chinês para P&G, adota-se o modelo de licenças para a exploração e para a produção de recursos minerais, regido pela Lei de Recursos Minerais de 1986, emendada em 1996. Há também a formação de parcerias entre empresas nacionais e companhias estrangeiras para a exploração e produção conjuntas. As licenças para a E&P de recursos não convencionais na China como o *shale* e o CBM são concedidas distintamente da licença para o gás natural convencional, uma vez que o ordenamento chinês classifica ambos, o folhelho e o CBM, como minerais distintos dos hidrocarbonetos convencionais (FULBRIGHT, 2013). Logo, a regulação para CBM e para o *shale gas* são também distintas, sendo aquela já consolidada e esta mais recente.

A licença de exploração tem duração de 3 (três) anos, no caso de *shale gas* e outros minerais, e de 7 (sete) anos para a exploração de petróleo e gás natural. No caso de uma descoberta comercial, o licenciado pode requerer mais 2 (dois) anos de prorrogação ou retenção dos direitos exploratórios dentro de 30 (trinta) dias anteriores à expiração do término da licença. Dentre as obrigações constantes dessa licença, tem-se a necessidade de se realizar um Programa Exploratório Mínimo, de apresentar resultados à autoridade regulatória local e de pagar uma taxa de retenção de área. Admite-se, também, a cessão de direitos exploratórios a terceiros, desde que quitadas as obrigações do licenciado; não sendo este, contudo, um procedimento fácil na China, como destaca CHOU (2013, p. 6).

A China não regulou, até o presente momento, a atividade de fraturamento hidráulico no país (ESPOSITO, 2013, p. 7). Entretanto, em razão de problema de escassez de água no país,[123] e sendo esta essencial à atividade de fraturamento, acredita-se que tal vazio será, em breve, preenchido com a edição de uma regulação específica pelo Estado.

CHOU (2013, p. 6) atenta para um problema regulatório atinente à sobreposição de competências entre diferentes agências governamentais envolvidas na regulação do *shale gas*, em detrimento de um modelo coordenado e transparente. Ao que indicado, são mais de sete agências[124] envolvidas no processo, sem uma clara divisão de responsabilidades. O Ministério de Terra e Recursos administra os direitos minerários sobre o *shale gas*, os registros de prospecção e exploração, e realiza os leilões, além de elaborar normas e padrões técnicos à exploração e prospecção do *shale*. A Administração Nacional de Energia (ANE), por sua vez, é responsável pelos planos de desenvolvimento para gás convencional e não convencional, e estabelece políticas para o seu desenvolvimento. Atualmente, porém, também está empenhada em estabelecer uma comissão para fixação de padrões para a supervisão das atividades de *shale gas*.

Outra demonstração de conflito de competência entre agências toca a questão ambiental: dois Departamentos da Comissão de Desenvolvimento Nacional e Reforma são responsáveis por elaborar estratégias relacionadas a racionamento energético e mudanças climáticas, sendo esta uma matéria também de atribuição do Ministério de Proteção Ambiental, que está por emendar a Lei de Controle e Prevenção da Poluição do Ar e elabora um guia para a proteção ambiental na exploração de *shale gas*. Esse Ministério, por sua vez, tem suas atribuições ambientais conferidas por uma série de leis ambientais (lei de proteção ambiental, lei de águas e conservação de solo etc.) e pode aplicar sanções a particulares por descumprimento de normas ambientais. A Comissão de Desenvolvimento Nacional e Reforma é responsável por regular o preço do gás natural na China, em todas as etapas da cadeia – produção, comercialização e consumo –, que,

---

[123] Estima-se que os recursos hídricos potáveis na China somente sejam capazes de dar suporte sustentável à metade da população chinesa (ADAMS, 2012).

[124] São elas: o Ministério de Comércio da República Popular da China, o Ministério de Terra e Recursos da República Popular da China, a Comissão de Desenvolvimento Nacional e Reforma, o Ministério de Finanças, a Administração Nacional de Energia, o Ministério de Ciência e Tecnologia, e o Ministério de Proteção Ambiental.

diga-se de passagem, é significativamente inferior aos preços internacionais, conforme relatório da IEA (2012); exceção, contudo, foi estabelecida para o preço do *shale gas*, que é regulado pelo mercado.

Os gasodutos na China são monopolizados pelas NOCs Sinopec e CNPC, que não são legalmente obrigadas a aceitar a passagem de *shale gas* produzido por companhias privadas em seus gasodutos, o que lhes garante vantagem competitiva no desenvolvimento do gás de folhelho (FORBES, 2013; CHOU, 2013).[125] Em outubro de 2013, todavia, o governo chinês, mediante nova política, anunciou que os produtores de *shale gas* e seus distribuidores deveriam ter acesso livre, não discriminatório, aos dutos e à infraestrutura de transporte já existentes (SIDLEY AUSTIN, 2013).

A China adotou política de incentivo fiscal ao *shale gas*, que inclui subsídio federal de $ 0,064 por m^3 produzido de 2012 a 2015, além do encorajamento do Governo Federal aos governos provinciais a concederem outros subsídios aos produtores de *shale*, como redução tributária e outras isenções aos produtores de *shale*, isenção de impostos de importação de equipamentos e de tecnologia necessários a E&P dos não convencionais inexistentes ou indisponíveis no país (FULBRIGHT, 2013).

Com a aprovação do governo, os projetos de *shale gas* e demais recursos não convencionais podem ser isentos do regime de *royalties*, da taxa de compensação de recursos minerais e de outros tributos eventualmente incidentes, como o imposto de renda (FULBRIGHT, 2013; SIDLEY AUSTIN, 2013). Adicionalmente, admite-se ao operador auferir receita da produção quando da realização do projeto-piloto, ainda em fase exploratória. Se o contratante tiver mais de um contrato, pode compensar perdas e receitas entre ambos os contratos.

3.5.1.7. Austrália

A Austrália é um país com abundantes reservas de gás natural, incluindo uma indústria em crescimento de *coalbed methane* e uma das pioneiras no desenvolvimento do *shale gas*, motivada em grande parte pelo advento de novas tecnologias além dos altos preços de exportação do gás para a Ásia (*cf.* WILSON, FREEHILLS, 2012).[126]

---

[125] Em reação, o governo anunciou que pretende ampliar a malha de gasoduto, construindo 27.400 milhas adicionais. Em junho de 2013, o primeiro gasoduto dedicado a *shale gas* foi construído na província de Sichuan. A Administração Nacional de Energia estimulou o uso de capital privado para facilitar a construção e ampliação de infraestrutura de dutos (FORBES, 2013).

[126] Apesar de seu pioneirismo na exploração do *shale gas*, afirma-se que a indústria australiana de CBM encontra-se mais amadurecida que a indústria de *shale*.

Predominante, inicialmente, na Costa Leste, hoje os projetos envolvendo recursos não convencionais de petróleo e gás já alcançam diversas partes do país.[127] Em cinco dos seis Estados australianos há concessões de *shale gas*, sendo que em dois deles, Estado de South Australia (bacia de Cooper) e Estado de New South Wales, os projetos encontram-se em etapa de produção (COWELL CLARKE, 2014).

Similarmente aos Estados Unidos, a regulação do gás não convencional na Austrália é feita a nível federal e a nível estadual, sendo que no caso de conflito entre ambas prevalece as leis federais. No caso da regulação do *coalbed methane*, sua edição é de responsabilidade primária dos Estados e Territórios. Se, contudo, a atividade tiver significativo impacto nacional (de cunho ambiental), será necessário obter aprovação do Commonwealth Minister for Sustainability, Environment, Water, Population and Communities, nos termos do Environment Protection and Biodiversity Conservation Act 1999 (Cth). Trata-se de uma atuação subsidiária, uma vez que a Constituição australiana confere a responsabilidade pela proteção ambiental primordialmente aos Estados.

Portanto, cada Estado tem sua própria legislação para a concessão e o desenvolvimento de licenças minerárias e petrolíferas. Tendo em vista que as reservas são localizadas em vários Estados, diferentes regulações são aplicadas. De se considerar também que os regimes regulatórios encontram-se em diferentes estágios de desenvolvimento, na medida em que refletem o progresso da indústria naquele Estado. Tanto o *shale* quanto demais espécies são incluídos em *states petroleum titles*.

Em Queesland (QLD) foi editado, em 2004, o Petroleum and Gas Production and Safety Act 2004 (Qld) que revogou, em parte, o Petroleum Act 1923. Esse Ato define os direitos, as obrigações e as prioridades para o desenvolvimento de petróleo, de gás natural (em especial, o CBM, que representa mais de 27% do suprimento de gás desse Estado[128]) e de carvão, que são considerados propriedade do Estado. O novo regramento exige licenças específicas para cada recurso, não se permitindo, por exemplo, produção comercial de CBM sob um *mining tenement* para carvão ou *oil shale*, apenas se sua extração se der de forma incidental.

Outrossim, antes de a companhia iniciar o desenvolvimento de um projeto de CBM, ela necessita de determinadas autorizações ambientais, nos termos do Environmental Protection Act 1994 (Qld), devendo apresentar, dentre outros, um estudo de impacto ambiental ao Queensland Department of Environment and Resources Management e um plano de gerenciamento ambiental para mi-

---

[127] Em 2010, a Austrália concentrava 2% das reservas de gás mundiais e 2,1% de sua produção. Cf. Geoscience Australia. Australian Gas Resource Assessment 2012.

[128] *Queensland Parliament. Second Readings – Hansard.* 12 maio 2004.

nimizar eventuais impactos adversos e promover a transparência e a informação ao público e às autoridades; outros documentos serão exigidos de acordo com a classificação do projeto em termos de riscos que podem ser gerados ao meio ambiente. Esse plano de gerenciamento ambiental deve conter também um plano de gerenciamento de água que discorra sobre o seu uso, tratamento, armazenamento e descarte.

No caso de New South Wales (NSW), o gás não convencional é regulado da mesma forma que as atividades *onshore* de gás e petróleo convencionais, por meio do Petroleum (Onshore) Act 1991 (NSW) e do Environmental Planning and Assessment Act 1979 (NSW). Antes de iniciar as atividades, as companhias devem pleitear ao Ministro de Recursos Minerais as respectivas licenças, nos termos desses regramentos, quais sejam: licença de exploração e licença de produção. A autoridade levará em consideração os impactos da atividade ao meio ambiente, analisando os aspectos históricos, culturais e geológicos dos locais, bem como a flora e a fauna. A licença pode ser concedida mediante condições, como a reabilitação do terreno explorado.

A maioria das atividades petrolíferas em NSW necessita também de aprovação do New South Wales Trade and Investment – Division of Resources and Energy, departamento predominantemente responsável pela administração do Petroleum Onshore Act, que inclui a concessão, renovação e administração das licenças, a fixação de parâmetros de segurança e o gerenciamento de esforços de reabilitação.

Interessante asseverar que, em julho de 2011, o governo de NSW editou uma moratória ao uso do fraturamento hidráulico no processo de extração petrolífera, em resposta ao apelo da comunidade receosa de que tal atividade causasse a poluição de aquíferos. A moratória estava prevista para encerrar em 31 de dezembro de 2011, porém se estendeu até abril de 2012. Como motivação do ato, destacou-se a preocupação com respeito ao uso de certos componentes químicos no processo de fracionamento. Em que pese o pronunciamento do Ministério de Recursos e Energia de que o uso de benzeno, tolueno, etilbenzeno e xilenes seria vedado no Estado, grupos de fazendeiros e de ambientalistas permaneceram receosos de que outros químicos utilizados nesse processo pudessem gerar danos significativos. Por conseguinte, o Parlamento divulgou um relatório, em maio de 2012, que recomendava a prorrogação da moratória ao *fracking* até que o National Industrial Chemicals Notification and Assessment Scheme tivesse pleno acesso aos componentes químicos do fraturamento. Além disso, o relatório atentou para as deficiências do regime regulatório vigente, incluindo: a) a fragmentação entre as autoridades públicas (diferentes agentes reguladores); b) a existência de um inadequado processo de monitoramento e fiscalização das atividades e c) de um sistema ineficiente de atendimento às reclamações dos administrados e de *resourcing*, pelo que recomendou a criação, por meio de norma a ser editada pelo Legislativo, de uma unidade responsável por gerenciar o desenvolvimento dessa política pública.

Em Western Australia (WA), a extração de petróleo e gás é regulada pelo Petroleum and Geothermal Energy Resources Act 1967 (WA) e pelo Schedule of Onshore Exploration and Production Requirements 1991, que estabelecem os requisitos necessários à perfuração de poços, à concessão de licenças de produção e ao registro de títulos. Esse Ato não contempla o gerenciamento de questões ambientais em atividades petrolíferas *onshore*, porém, este pode ser exigido pelas autoridades responsáveis por tais projetos (como é comum, na prática, demandar do operador um código de práticas ambientais). As companhias que pleiteiam licença de produção de gás não convencional devem apresentar, conjuntamente, um requerimento para perfuração de poço, um plano de gerenciamento ambiental e um plano de segurança operacional, ressalvando que estes não são documentos obrigatórios – por falta de previsão legal ou regulamentar – dependendo da solicitação discricionária do ministro responsável.

No caso de o operador pretender lançar mão do *fracking* no âmbito de seu projeto exploratório, o Departamento de Minas e Petróleo de WA requer a completa divulgação dos componentes químicos que serão utilizados no fluido do fraturamento e informações detalhadas acerca do programa de fraturamento hidráulico, a fim de deliberar sobre sua aceitação. O Departamento tem a prerrogativa de indeferir o pleito do operador nos casos em que constatar que químicos potencialmente lesivos pretendem ser por ele utilizados.

Paralelamente, cabe destacar que o referido Departamento elaborou uma nota consignando sua intenção de apresentar um pacote de reforma baseado em necessidades regulatórias específicas para a indústria do gás natural não convencional em WA, que inclui: a) o desenvolvimento de uma política integrada para o processamento do *fracking*; b) a obrigatoriedade de divulgação dos componentes químicos do fluido do fraturamento; c) a publicação de uma regulação para o gerenciamento de novos recursos minerais a priorizar a recuperação ótima dos hidrocarbonetos; d) a revisão da regulação de segurança e meio ambiente pelo Departamento para incorporar os desafios particulares e as diferenças associadas à extração de gás não convencional.

Note-se que em fevereiro de 2012, entrou em vigor um acordo de parceria nacional para o CBM (National Partnership Agreement on Coal Seam Gas and Large Coal Mining Developments), celebrado entre o Governo Federal e os Estados de Queensland, New South Wales, South Australia e Victoria, que endereça algumas preocupações públicas acerca dos impactos fáticos e potenciais do CBM sobre os recursos hídricos. Há nele o compromisso dessas instâncias governamentais quanto ao aprimoramento substancial de evidências científicas que subsidiem decisões regulatórias a aumentar a transparência e publicidade nos processos regulatórios; e a assegurar que o assessoramento de especialistas em todas as proposições relativas ao CBM será disponibilizado às comunidades, aos governos e à indústria. Como salientam WILSON e FREEHILLS (2012), o referido acordo representa o reconhecimento pelos governos federal e estaduais de seu interesse mútuo na preservação, qualidade e viabilidade dos recursos hídricos australianos, a longo prazo, e o compromisso para o desenvolvimento sustentável do CBM.

Algumas questões interessantes e controvertidas envolvendo a indústria do CBM são colocadas pela doutrina como corrente no país. Destacaremos uma delas atinente ao uso da terra. As bacias produtoras e com potencial de CBM estão localizadas em áreas que incluem cidades, regiões com predominância da agricultura e regiões de jazidas carboníferas. Como já ressaltamos neste trabalho, diferentemente dos projetos envolvendo reservatórios convencionais, os recursos não convencionais, como é o caso do CBM, demandam uma considerável infraestrutura (grande número de poços e equipamentos, dutos de transmissão e escoamento), que ocupa um espaço significativo na propriedade e em sua superfície, além de gerar, com tal infraestrutura, um aumento de ruídos (poluição sonora) na região. Por conseguinte, gera-se o conflito e a disputa de terra entre os produtores de recursos naturais, os fazendeiros/agricultores e as comunidades locais, que fortemente se opõem ao desenvolvimento da indústria de CBM.

Nesse cenário, nasce para as autoridades governamentais o desafio de estabelecer um regime regulatório capaz de equilibrar as necessidades dos proprietários de terras e o desejo nacional e particular de se explorar e produzir recursos naturais de maneira segura e efetiva. Alguns Estados, como NSW, determinam que os requerentes de licenças de perfuração celebrem com os proprietários ou os possuidores da terra um acordo de acesso, quando apropriado. Caso encontre resistência do proprietário/possuidor, o operador poderá se valer de outros métodos para obter o acesso, como a arbitragem. Uma vez celebrado esse acordo, o proprietário/possuidor não poderá obstruir as operações na área, sob pena de ser sancionado com multa para cada ato ofensivo/impeditivo.

Em março de 2011, todavia, o governo de NSW impôs uma moratória de 60 dias à concessão de novas licenças exploratórias para o CBM, a fim de dirimir controvérsias recorrentes envolvendo o uso da terra e a exploração dos recursos naturais, momento em que se propôs uma revisão da legislação (Petroleum Onshore Act) para atribuir ao governo – autoridade competente – a condução dessas autorizações de acesso à propriedade para as fases de E&P dos projetos não convencionais, conferindo-se aos proprietários a ampla defesa em tais procedimentos. Fora o acordo de acesso, já há previsão de indenização dos proprietários/possuidores por quaisquer danos eventualmente causados em suas propriedades relacionados às atividades exploratórias.

3.6. As normativas elaboradas por organizações internacionais voltadas à indústria do petróleo e do gás com respeito aos não convencionais

Na busca por uma uniformização no âmbito internacional, e de forma a garantir tanto a preservação do meio ambiente quanto a exploração econômica sustentável dos recursos não convencionais de petróleo e gás, diversas organizações civis, de caráter internacional e nacional, voltadas à indústria do P&G, que centram suas atividades em pesquisas, desenvolvimento de normas e de boas práticas aplicadas à indústria, já se pronunciaram sobre o assunto. São exemplos a Association of International Petroleum Negotiators; o American Petroleum Institute; a Canadian Association of Petroleum Producers; a Canadian Association of Petroleum Landmen; a International Standards Organization; a Royal Academy for Engineering; a International Association of Oil and Gas Producers e a Society of Petroleum Engineers.

Destacaremos as de maior atuação em âmbito internacional, em especial, que trouxeram contribuições normativas relativas à exploração e à produção de petróleo e gás não convencionais.

3.6.1. *Association of International Petroleum Negotiators*

A Association of International Petroleum Negotiators (AIPN) é uma associação independente e não lucrativa de profissionais, fundada em 1981, que apoia negociantes internacionais que atuam no setor energético, ao redor do mundo, aumentando a efetividade dessas negociações e o profissionalismo da comunidade internacional voltada à área da energia.

Trata-se de uma organização multidisciplinar, que conjuga profissionais e acadêmicos das áreas técnica, jurídica e comercial/econômica, visando a assegurar a qualidade e excelência de suas atividades, que incluem, dentre outras, a promoção de programas educacionais (cursos, seminários, fóruns) e publicações sobre temas relevantes dos setores petrolífero e gaseífero, além da elaboração de modelos contratuais que são bem aceitos e muito utilizados na indústria. Observe-se que em tais modelos contratuais são contemplados conceitos advindos tanto da *common law* quanto da *civil law*.

Em 2014, foi elaborado e divulgado um modelo de contrato para operações conjuntas envolvendo recursos não convencionais, denominado Unconventional Resources Operating Agreement (UROA), que inclui operações envolvendo exclusivamente tais recursos não convencionais – nestes estão incluídos o *shale oil*, o *shale gas*, o *tight oil*, o *tight gas*, o *coal seam gas* e o *oil sands*, e/ou recursos não convencionais e convencionais simultaneamente. Buscou-se, com esse modelo, uniformizar práticas envolvendo a E&P de não convencionais na indústria, tendo em vista que cada Estado hospedeiro vem ajustando sua respectiva regulação petrolífera convencional para os não convencionais, gerando uma diversidade de modelos.

A AIPN recomenda aos redatores dessa espécie de contrato algumas adaptações necessárias para as operações envolvendo recursos não convencionais, algumas que podem ser aplicadas com maior liberdade no âmbito de parcerias e outras que sugerem alterações nos diversos regimes regulatórios vigentes em diferentes Estados (leia-se, nos instrumentos que concedem direitos exploratórios a particulares) e que, portanto, prescindem do aval das autoridades regulatórias locais. As mais enfatizadas foram as seguintes: 1) a retirada da obrigação de que poços de desenvolvimento integrem necessariamente um Plano de Desenvolvimento (PD) aprovado pela autoridade regulatória, podendo ser perfurados independentemente de previsão no PD; 2) a permissão de operações exclusivas durante a fase de desenvolvimento e de produção; 3) a permissão de perfuração de poços contingentes; 4) a permissão do uso de tecnologia e infraestrutura (livre acesso) para a perfuração horizontal de poços, considerando variações de profundidade e de extensão; 5) a expansão das hipóteses que excepcionam a confidencialidade para permitir às partes trocar dados e informações não apenas com potenciais compradores, mas também com parceiros adjacentes, vedados em alguns regimes; 6) a possibilidade de revisão/adaptação da definição de recurso não convencional do UROA à definição atribuída no Estado hospedeiro do investimento.

Complementarmente, a AIPN publicou um manual com diretrizes e recomendações pontuais de ajustes, conforme etapa do projeto, aos instrumentos de concessão para a E&P de recursos não convencionais. Em comum às fases de exploração, de desenvolvimento e de produção, recomendou-se a estipulação de prazos contratuais mais extensos para cada etapa.[129]

Sugere-se dois passos anteriores à Declaração de Comercialidade, que variam a depender se o Contrato/Direito do Estado Hospedeiro permitir ou não a produção antes de o contratado declarar a comercialidade e comprometer-se com um PD. Na primeira hipótese, os passos serão os seguintes: (i) elaboração de um plano de avaliação que inclua a delimitação do reservatório e o projeto-piloto; (ii) se o piloto for exitoso, declara-se a comercialidade e apresenta-se o PD; caso não se permita atividade de produção antes da DC, então, uma vez delimitado o reservatório no plano de avaliação de descoberta, deverá ser

---

[129] É recomendado de 5 a 7 anos para a fase de exploração e o mínimo de 25 anos para a fase de produção, com possibilidade de prorrogação a pedido do concessionário/contratado. Caso o projeto-piloto seja realizado durante a etapa de avaliação, será necessário um período exploratório maior.

declarada a comercialidade e apresentado um PD que contenha, como primeira fase, o programa-piloto.

Discute-se se o projeto-piloto, que pressupõe a execução de atividade de perfuração, é parte da fase de avaliação ou se é parte da fase de produção, havendo regimes que o incluem na primeira (como o brasileiro) e outros na segunda. Independentemente se conduzido durante a fase de avaliação ou de produção, entende-se necessária a criação de mecanismos para alocar receitas de venda da produção do piloto no projeto, com vistas a garantir sua economicidade.

Com relação à etapa de desenvolvimento, que pressupõe a existência de um PD elaborado pelo operador e aprovado pela autoridade concedente/contratante, alerta-se para o fato de que as partes precisam, primeiramente, delimitar a extensão do reservatório, conduzir um projeto-piloto para determinar se a tecnologia e a metodologia da produção, à luz das características do reservatório, são efetivas e comerciais, antes de se comprometer com um PD de longo prazo, ademais de se sugerir a permissão para a perfuração de poços de desenvolvimento mesmo que não previstos no PD aprovado, caso sejam descobertos novos *sweet spots*.

Em razão de os projetos de desenvolvimento de reservatórios não convencionais demandarem planejamento de longo prazo mais flexível que projetos convencionais, sugere-se uma etapa de desenvolvimento de 5 anos, no qual apenas no 1º ano (ou 1º e 2º anos) haja compromissos.

Outra dificuldade vislumbrada no âmbito do UROA da AIPN foi a questão atinente às operações exclusivas. Em um modelo convencional de Joint Operating Agreement (JOA), é pressuposto para uma operação exclusiva a existência de uma determinada acumulação, sobre a qual as partes que consentiram irão participar (explorando e produzindo com risco exclusivo), e as partes que não consentiram serão excluídas. Como no caso dos não convencionais, os hidrocarbonetos tendem a dominar o reservatório e não se apresentar de forma separada; defende-se não poder aplicar a mesma lógica. Em vista disso, no modelo de UROA da AIPN, as operações exclusivas são baseadas em uma subárea da área contratada[130] (*sweet spot*) – possuem, normalmente, com extensão aproximada de 3x3 km, na qual são perfurados múltiplos poços horizontais, de um único *pad*, e utilizada a técnica do fraturamento hidráulico. O poço inicial ou outra operação que tenha por objetivo reunir dados e não produzir efetivamente seria tratado da mesma forma que a sísmica é tratada em um JOA – a parte que não tenha consentido com a operação não terá direito à informação, a menos que pague parcela do custo de obtenção acrescido de um prêmio. As consequências do não consentimento de uma parte a determinada operação e o risco exclusivo de outra parte consorciada precisam ser mais bem definidos pelo contrato.

---

[130] Fala-se, ainda, em delimitação de "zonas de exclusão", que podem potencialmente abranger múltiplas subáreas de produção.

Com relação à parte de infraestrutura, o UROA inova com as figuras do *Multi-Well Drilling Pad*, que consiste, basicamente, em uma plataforma que perfura dois ou mais poços horizontais a partir da mesma origem, e do *Multi-pad Production Facility*, que concentra os equipamentos e as instalações para tal estrutura. Os especialistas afirmam que poços horizontais (de 1.000 m a 3.000 m) localizados em um *Multi-Well Drilling Pad* apresentam uma opção interessante (se comparado com poços verticais singulares) para reduzir os impactos gerados na superfície com inúmeros poços, incluindo a redução de estradas e dutos que precisariam ser construídos para atender a tal produção. Para se evitar a ocorrência de impactos ambientais-industriais, recomenda-se cuidado ao selecionar o local em que será instalado o *pad*, considerando o acesso a rotas para a passagem de caminhões e o engajamento com outros proprietários de terras vizinhas ou próximas. Recomenda-se, por fim, que os contratos melhor esclareçam a questão do acesso à infraestrutura de terceiro, como estradas, dutos etc., e o direito do contratado de construir e de usar infraestrutura.

3.6.2. *International Energy Agency*

A International Energy Agency (IEA) é uma organização autônoma que trabalha para assegurar uma energia limpa e acessível para os seus países membros[131] e toda comunidade mundial, buscando estreitar relações, principalmente, com os maiores consumidores e produtores energéticos. Essa organização internacional possui quatro principais focos: a segurança energética, o desenvolvimento econômico, a conscientização ambiental e o engajamento global.

Também no que tange à exploração e à produção de recursos não convencionais de petróleo e gás natural, a IEA publicou alguns princípios a serem seguidos pelos reguladores, governos e operadores para a contenção de impactos ambientais e sociais porventura decorrentes dessas atividades, com a finalidade de incentivá-la nos diversos países.

Tais princípios foram consignados em Relatório denominado *Golden Rules for a Golden Age of Gas*, publicado em 2012.[132] A IEA os define como "Regras de Ouro", por acreditar que sua aplicação levará à ampla aceitação social e ao consequente crescimento do aproveitamento dos recursos não convencionais de petróleo e gás natural.

Dentre as principais recomendações, destacamos: (i) a plena transparência, quantificação e monitoramento de impactos ambientais e o engajamento com as comunidades locais para reduzir as incertezas do público; (ii) uma escolha

---

[131] Atualmente, a IEA é composta de 29 países-membros, nos quais o Brasil não se inclui.
[132] Vide relatório na íntegra, disponível em: <http://www.worldenergyoutlook.org/media/weowebsite/2012/goldenrules/weo2012_goldenrulesreport.pdf>. Acesso em: 28 abr. 2015.

cuidadosa das áreas a serem exploradas e produzidas, para diminuir os impactos, em especial, o risco de terremotos ou de contaminação de recursos hídricos; (iii) o aprimoramento do desenho, da construção e da integridade/revestimento dos poços, com a intensificação prévia de testes nos equipamentos, para impedir qualquer risco de vazamento de fluidos; (iv) uma rigorosa avaliação e monitoramento da água necessária à produção de *shale* e *tight gas*, bem como da qualidade da água produzida do *coalbed methane* e de seu descarte em todos os casos de produção que envolva os não convencionais; (v) incrementar investimento para eliminar a passagem/escape e a queima de poluentes e gases de efeito estufa durante a fase de completação do poço; (vi) a divulgação de todos os fluidos de fraturamento utilizados pelo operador e os respectivos volumes injetados, sem se sobrepor à proteção ao sigilo comercial.

CAPÍTULO 4

A E&P NÃO CONVENCIONAIS DE PETRÓLEO E GÁS NATURAL NO BRASIL E O DESAFIO REGULATÓRIO

Sumário: 4.1. Panorama das reservas brasileiras não convencionais – 4.2. A regulação brasileira para os não convencionais: 4.2.1. Da competência regulatória; 4.2.2. A regulação criada no âmbito da 12ª Rodada de Licitações da ANP; 4.2.3. O modelo de contrato de concessão utilizado para a 12ª Rodada; 4.2.4. A Resolução ANP nº 21/2014: fraturamento hidráulico – 4.3. Imbróglio jurídico em torno da 12ª Rodada de Licitações: ações judiciais em curso e da incerteza jurídica para a exploração nos blocos arrematados.

4.1. Panorama das reservas brasileiras não convencionais

No Brasil, as reservas não convencionais já mapeadas são consideradas significativas, segundo apontam os dados da EIA e da ANP, sendo a grande maioria localizada em terra.[1] Os primeiros mapeamentos apontam cinco bacias com perspectivas de terem recursos não convencionais, são elas: bacia do Parnaíba, bacia do Parecis, bacia do São Francisco, bacia do Paraná e bacia do Recôncavo.

O Recôncavo foi a primeira região produtora de gás no Brasil e hoje tem 1.700 poços em produção. A maior vantagem dessa região em relação às demais mencionadas é que ela já dispõe de instalações de processamento e transporte, além de refinarias e fábricas de fertilizantes instaladas. Portanto, tal região é considerada uma das mais promissoras entre aquelas com potencial de viabilidade para a exploração de recursos não convencionais.

---

[1] Conforme já noticiado na mídia, a atividade exploratória de não convencionais já se iniciou no Brasil e encontra-se em estágio avançado na parte mineira da Bacia do São Francisco, onde já foram concedidos 39 blocos exploratórios. Entre as principais empresas com área para exploração de gás não convencional nessa Bacia estão: Imetame, Cemig, Orteng, DELP, Shell, Petrobras e Petra. Ademais, a Petrobras criou o Programa Onshore de Gás Natural (PRON-GÁS), voltado para a exploração, produção e monetização do gás natural das bacias sedimentares terrestres brasileiras, em reservatórios convencionais e não convencionais (*cf.* <http://www.redepetrobrasil.org.br/tag/pron-gas/>).

De acordo com estimativa da EIA (2013), o Brasil figura como décimo maior detentor de reservas de gás de folhelho tecnicamente recuperáveis do mundo. Do ponto de vista do potencial geológico, são exemplos de rochas que poderiam se enquadrar na qualidade de *shale* os folhelhos das formações Irati e Ponta Grossa, da bacia do Paraná (JUSCHAKS FILHO, 2013, p. 7).

Todavia, para que a produção de gás em reservatórios do tipo *shale* seja viável no Brasil, argumenta-se necessária a observância de alguns fatores, como as características e o potencial geológico, o custo da produção, a avaliação de acesso aos recursos críticos (material e mão de obra especializados, água disponível para o fraturamento hidráulico etc.) e condições econômicas favoráveis (financiamentos, mercado favorável e logística de escoamento da produção).

O possível desenvolvimento da E&P de gás não convencional no Brasil traz boas perspectivas para a indústria de gás nacional. Acredita-se que tais recursos podem auxiliar no desenvolvimento do mercado de gás no País, interiorizando o uso do gás no território nacional. Para que essas expectativas se concretizem, porém, é preciso entender as peculiaridades do mercado brasileiro de gás natural e atuar nos principais gargalos desse setor, ademais de ampliar a indústria de bens e serviços, a infraestrutura de escoamento ao interior do País, a disponibilidade de sondas e de unidades de fraturamento de grande porte, sendo necessário enfrentar, ainda, os desafios específicos da regulação e implicações ambientais decorrentes da exploração e da produção de recursos não convencionais. Trataremos, no item seguinte, desse último ponto.

4.2. A regulação brasileira para os não convencionais

4.2.1. Da competência regulatória

Em que pese estarmos, em princípio, diante de uma mesma fonte energética – gás natural –, o gás obtido de reservatório não convencional possui determinadas peculiaridades distintas do convencional, que implicam uma diferenciação regulatória, como veremos.

Uma questão prévia que merece ser mencionada, por sua relevância histórica, é a controvérsia originalmente instaurada entre o Departamento Nacional de Produção Mineral (DNPM), órgão regulador de setor minerário brasileiro, e a ANP para definir a regulação da lavra do xisto betuminoso. Apesar de este trabalho não tratar do xisto betuminoso, acreditamos relevante trazer à baila tal controvérsia, pois seu desfecho resulta indiretamente na definição do órgão competente para regular o gás não convencional.

Identificamos como ponto de partida da controvérsia o parecer de lavra da Consultoria Geral de República (Parecer CGR nº H-247, de 31 de agosto de 1965), no qual é afirmado que o xisto betuminoso não é um hidrocarboneto, nem um fluido, de modo que seria regulado pelo então Código de Minas (Decreto-lei nº 1.985/1940) e não pelo mesmo regramento que o petróleo.[2]

Com o advento do novo Código de Mineração (Decreto nº 62.935/1968), tem-se a exclusão das jazidas de rochas betuminosas e pirobetuminosas da competência do DNPM, o que levou ao entendimento de que as atividades realizadas sobre tais rochas estariam sujeitas à regulação do então Conselho Nacional de Petróleo.

A Lei nº 9.478/1997, contudo, não regulou expressamente o xisto betuminoso – tampouco outras fontes não convencionais de petróleo e gás natural. Dessa forma, autoridades do DNPM permaneceram com a posição de que a competência para outorga de autorizações para exploração de xisto seria desse órgão, por se tratar de lavra mineral, cabendo-lhe, portanto, a arrecadação da Compensação Financeira pela Exploração de Recursos Minerais (CFEM).

Em 6 de outubro de 2011, a Procuradoria Federal e a ANP firmaram, no Parecer nº 061/2011/PF-ANP/PGF/AGU, o entendimento de que a competência regulatória da exploração do xisto betuminoso e de demais fontes não convencionais é da ANP. Dentre as razões apontadas no referido Parecer, afirmou-se que a Lei do Petróleo, em seu art. 61, distinguiu mais de uma espécie do gênero petróleo ("*petróleo proveniente de poço, de xisto ou de outras rochas*") e que, por isso, não importaria, juridicamente, diferenciar as características físico-químicas do "petróleo de poço" e do "petróleo de xisto", pois ambos seriam espécie do gênero "petróleo", devendo, por conseguinte, receber o mesmo tratamento legal, inclusive no que diz respeito ao órgão regulador com atribuição para regulamentar as atividades industriais correlatas. Igual entendimento aplicar-se-ia ao gás natural.

Na mesma linha, a Superintendência de Participações Governamentais (SPG) da ANP afirmou que a utilização de técnicas exploratórias não convencionais não é condição suficiente para descaracterizar o objeto da lavra como não abrangido pela Lei nº 9.478/1997 e, portanto, sujeito à regulação da ANP. No sentido da competência da ANP para a regulação do xisto betuminoso encontramos, ainda, o Ofício nº 368/2012/CONJUR-MME/CGU/AGU e o Despacho nº 145/PROGE/DNPM/2012.

Interessante salientar que, apesar da aparente definição quanto à competência regulatória por parte da ANP, concessionários que exploram o xisto betuminoso continuam sendo cobrados, de forma duplicada, tanto dos *royalties*, pela ANP, quanto da CFEM, pelo DNPM, o que denota, a nosso ver, a remanescente in-

---

[2] Vide o art. 1º do Decreto nº 56.980/1965, segundo o qual: "*A pesquisa e a lavra dos xistos oleígenos, vulgarmente denominados rochas betuminosas e pirobetuminosas, regulam-se, inclusive quando às exigências de prazos, pelas disposições do Decreto-lei nº 1.985 (Código de Minas) de 29 de janeiro de 1940, e modificações posteriores*".

definição sobre a questão, de forma a não prejudicar em demasiado o investidor em um cenário de insegurança jurídica e imprevisibilidade.[3]

4.2.2. A regulação criada no âmbito da 12ª Rodada de Licitações da ANP

Antes mesmo do advento da 12ª Rodada de Licitações da ANP e das inovações regulatórias criadas para os recursos não convencionais de petróleo e gás natural, note-se que diversos concessionários vislumbraram a possibilidade de explorarem gás natural de reservatórios não convencionais no âmbito de suas concessões, oriundas de Rodadas de Licitações anteriormente promovidas pela ANP. Para tanto, apresentaram pleitos à agência, com vistas a viabilizar tal intento, ressaltando-se, com maior ênfase, a necessidade de um período exploratório mais extenso para permitir o real conhecimento de toda a área explorada – tendo em vista que o *play* não convencional é mais extenso e demanda a perfuração de um número maior de poços – e o acesso aos recursos não convencionais, considerando, ademais, que muitas dessas oportunidades estavam localizadas em bacias brasileiras de novas fronteiras, ainda não tão bem conhecidas. Outros aspectos foram igualmente levantados pelos concessionários, como o pleito para que o licenciamento ambiental para perfuração ocorresse por bloco, e não por poço, como ocorre no caso dos convencionais; a realização da atividade de fraturamento hidráulico e a flexibilização das regras de conteúdo local, por se tratar de atividade incipiente no Brasil, sem a formação de um mercado nacional capaz de atender a demanda por tecnologia, bens e serviços.

Atenta aos desafios a serem encarados pela indústria do petróleo, em 2010, a Superintendência de Comercialização e Movimentação de Petróleo, seus Derivados e Gás Natural da ANP (SCM) já havia emitido Nota Técnica (NT n.º 9/2010/SCM) sobre os recursos não convencionais, a qual traz explanações técnicas e, ao final, reconhece que a aplicação de técnicas diferenciadas para viabilizar a exploração e produção desses recursos aumenta o custo da produção do gás natural e, portanto, exige incentivos econômicos para a viabilização da atuação de empresas nesse setor.

Sem exaurir, contudo, o debate sobre os recursos petrolíferos e gaseíferos não convencionais com a sociedade e demais interessados, incluindo outros órgãos e reguladores igualmente envolvidos (direta ou indiretamente) com a atividade de exploração e de produção de petróleo e gás não convencionais, a ANP, após autorização conferida pela Resolução CNPE nº 6, de 25 de junho de

---

[3] Nesse sentido, consideramos procedente o alerta feito por Giovani Loss quanto à insegurança jurídica em matéria de gás natural no Brasil, seja em razão da incerteza quanto às competências legais e regulatórias dos entes federados, seja pela falta de tradição brasileira em matéria regulatória, o que atrai riscos e afasta investimentos (LOSS, 2007).

2013, realizou a 12ª Rodada de Licitações, na qual concedeu blocos exploratórios em terra com a possibilidade de se explorar petróleo e gás não convencionais.[4] Foram licitados 240 blocos com risco exploratório, localizados em 13 setores de 7 bacias sedimentares brasileiras – Acre-Madre de Dios, Paraná, Parecis, Parnaíba, Recôncavo, São Francisco e Sergipe-Alagoas – que perpassam pelos Estados de Alagoas, Acre, Bahia, Goiás, Manaus, Mato Grosso, Piauí, Paraíba, Sergipe, São Paulo e Tocantins.

Frise-se que um dos objetivos anunciados com a realização da 12ª Rodada seria a ampliação do conhecimento e o respectivo mapeamento das reservas de gás natural nas bacias terrestres brasileiras, a fim de permitir o planejamento da produção de tais reservas, bem como a ampliação do conhecimento geológico sobre as reservas de gás não convencional no Brasil, por meio de pesquisa exploratória a ser realizada e custeada pelos licitantes vencedores (leia-se: concessionários).

Apesar de a 12ª Rodada não ter sido destinada exclusivamente à exploração e produção de recursos não convencionais, diferentemente de licitações anteriores promovidas pela ANP o edital e a minuta de contrato de concessão dessa rodada contemplaram um tratamento exploratório diferenciado em caso de identificação de recursos não convencionais nas áreas concedidas. Tal tratamento, no entanto, à luz das propostas apresentadas por diferentes interessados da indústria no âmbito da Audiência Pública nº 25/2013, não atende de forma satisfatória as especificidades dessa modalidade exploratória, pelo que entendemos remanescente a necessidade de edição de uma regulação própria da matéria.

Note-se que, apesar de a audiência pública supracitada ter como objetivo anunciado a obtenção de subsídios e informações adicionais sobre o pré-edital e a nova minuta do contrato de concessão, apenas alguns pleitos pontuais dos concessionários foram deferidos pela ANP, e vários outros desconsiderados, por entender a agência que o contrato, nos termos em que elaborado, já atenderia a tais peculiaridades. Entretanto, a própria agência consignou em Ata a necessidade de aprofundar estudos para a adequação da legislação aplicável.[5] Com isso, parece-nos ter reconhecido a existência de um vácuo normativo que precisa ser

---

[4] A Resolução CNPE nº 6, de 25 de junho de 2013 institui como objetivos dessa licitação: (i) a atração de investimentos para regiões ainda pouco conhecidas geologicamente ou com barreiras tecnológicas a serem vencidas, possibilitando o surgimento de novas bacias produtoras de gás natural e de recursos petrolíferos convencionais e não convencionais e, com relação às bacias maduras, (ii) o oferecimento de oportunidades exploratórias que possibilitem a exploração e a produção de gás natural a partir de recursos petrolíferos convencionais e não convencionais contidos nessas regiões.

[5] AGÊNCIA NACIONAL DO PETRÓLEO, GÁS NATURAL E BIOCOMBUSTÍVEIS. Superintendência de Promoção de Licitações. 12ª Rodada de Licitações. Consulta e Audiência Pública. Disponível em: <http://www.brasil-rounds.gov.br/round_12/portugues_R12/audiencia.asp>. Acesso em: 6 out. 2013.

preenchido de forma satisfatória, atendendo aos interesses de todos os atores envolvidos nesse setor regulado.

4.2.3. O modelo de contrato de concessão utilizado para a 12ª Rodada

Uma questão preliminar que pode ser colocada versa sobre a possibilidade de a regulação para os recursos não convencionais estar prevista em norma infralegal editada pela ANP (contrato de concessão e edital de licitação) sem expressa referência em lei. Tal questão foi levantada por Alexandre Aragão, em sua obra sobre Direito dos Serviços Públicos, de forma ampliada, em realidade, para a possibilidade de acordo firmado entre a Administração Pública e o particular estabelecer direitos, prerrogativas e obrigações, sem base legal imediata. Sua conclusão é a de que o ordenamento jurídico deixa espaço de autonomia para os sujeitos jurídicos – incluindo particulares e o próprio Estado – estabelecerem voluntariamente vínculos entre si, com obrigações previstas em lei ou apenas em acordo de vontades (contratos), desde que não contrariem lei existente (ARAGÃO, 2013, p. 372).

Autores como Almiro do COUTO E SILVA (1990, p. 53) e Marçal JUSTEN FILHO (2002, p. 510-511) defendem que a lei criadora da entidade reguladora é dotada de amplo grau de generalidade e abstração para permitir a plena atuação do regulador, dentro das regras e princípios nela contidos, possuindo o regulamento natureza interpretativa e integrativa. No caso específico do contrato de concessão firmado entre a ANP e o concessionário para a exploração, o desenvolvimento e a produção de petróleo e gás natural, este deve observância à Lei nº 9.478/1997 (além da própria Constituição Federal). Apesar de entendermos que as nuances dos recursos não convencionais de petróleo e gás não estão abarcadas pela referida Lei, demandando uma alteração legislativa para contemplar esse modelo exploratório, como trataremos no último item deste trabalho, consideramos que as inovações trazidas exclusivamente pela minuta do contrato de concessão da 12ª Rodada, que analisaremos neste item, são condizentes com esse diploma.

A cláusula 1.3.46 do contrato de concessão define a expressão recurso não convencional como "*acumulação de petróleo e gás natural que, diferentemente dos hidrocarbonetos convencionais, não é afetada significativamente por influências hidrodinâmicas e nem é condicionada à existência de uma estrutura geológica ou condição estratigráfica, requerendo, normalmente, tecnologias especiais de extração, tais como poços horizontais ou de alto ângulo e fraturamento hidráulico ou aquecimento em retorta*". Incluem-se nessa definição o petróleo extrapesado, o extraído das areias betuminosas (*sand oil* ou *tar sands*), dos folhelhos oleíferos (*shale oil*), dos folhelhos ricos em matéria orgânica (*oil shale* ou xisto betuminoso) e das formações com baixíssima porosidade (*tight oil*). Consideram-se, também, na definição, o gás metano oriundo de carvão mineral (*coal bed methane* ou *coal seam gas*) e de hidratos de metano, bem como o gás natural extraído de folhelhos gaseíferos (*shale gas*) e de formações com baixíssima porosidade (*tight gas*).

O contrato de concessão inovou, com a previsão de uma fase de exploração estendida, na hipótese de ocorrência de uma descoberta de recursos não convencionais, com períodos exploratórios estendidos (2+2+2 anos), e o projeto-piloto, com o propósito de testar a produtividade do reservatório não convencional e verificar a comercialidade do projeto.

Na fase de exploração estendida, o concessionário deverá avaliar os recursos não convencionais por meio da execução de um Plano de Exploração e Avaliação de Recursos Não Convencionais, conforme previsto no contrato. Trata-se de documento preparado pelo concessionário, sujeito à aprovação da ANP, que deve conter a descrição e o planejamento físico-financeiro de todas as atividades exploratórias[6] e de avaliação dos recursos não convencionais a serem realizadas pelo concessionário na área de concessão durante os períodos exploratórios estendidos, por meio de projetos-pilotos. Estes, por sua vez, consistem em atividades de avaliação propostas pelo concessionário com o propósito de testar a produtividade do reservatório não convencional e verificar a comercialidade do projeto.

Nos termos da cláusula 5.2.1 do contrato de concessão, cada período exploratório estendido é restrito e condicionado à área em que haja indício de ocorrência de recursos não convencionais a ser constatado pelo concessionário. Apesar de o item (i) da aludida cláusula falar em "indício de ocorrência" desses recursos, os itens (ii) e (iii) da mesma cláusula falam da necessidade de a ANP reconhecer tais indícios como efetivas descobertas de petróleo e gás não convencionais, e de devolver o restante da área, sem considerar que, exatamente por se tratar de indícios, o concessionário pode vir a constatar, posteriormente à realização das atividades de exploração e avaliação (contidas no Plano de Exploração e Avaliação de Recursos Não Convencionais e/ou sua revisão), que a área da descoberta é mais ampla, inclusive adentrando em parte devolvida.

Observe que a fase de exploração estendida ocorrerá após a fase de exploração convencional que, de acordo com o edital de licitação da 12ª Rodada, varia entre 5 e 8 anos,[7] passível de prorrogação nos termos do Contrato de Concessão.

---

[6] A cláusula 7.7.1 do contrato de concessão demanda que o Plano de Exploração e Avaliação de Recursos Não Convencionais contemple, no mínimo, a perfuração de dois poços por período exploratório estendido em bacias de nova fronteira, ou a perfuração de um poço, por período exploratório estendido, em bacias maduras.

[7] De acordo com o edital de licitação da 12ª Rodada, aos blocos licitados nas bacias do Recôncavo e de Sergipe-Alagoas (bacias maduras) foi fixada a fase de exploração em 5 anos,

A cláusula 5.11 do contrato prevê que, para as áreas de concessão localizadas nas bacias sedimentares do Paraná, Parecis, Parnaíba, Recôncavo, São Francisco e Sergipe-Alagoas, o primeiro poço perfurado na fase de exploração deverá atravessar o objetivo estratigráfico mínimo exigido, obrigando-se o concessionário a realizar perfis de poço, amostragens e análises específicas, conforme detalhado no edital de licitações. A cláusula 5.12, por sua vez, ressalva que a ANP poderá, a seu exclusivo critério, aprovar a alteração do objetivo estratigráfico de poços comprometidos como Programa Exploratório Mínimo, desde que o concessionário demonstre tecnicamente que tal alteração é compatível com as melhores práticas da indústria do petróleo e indique o prospecto que motivou a solicitação de alteração.

As fases de desenvolvimento e de produção permaneceram idênticas para recursos convencionais e não convencionais. Entretanto, o contrato permite ao concessionário avaliar uma descoberta de petróleo e gás natural não convencional a qualquer momento durante a vigência da concessão, desde que observado o procedimento da cláusula 7a que trata da descoberta e avaliação.

Vale destacar que o modelo de contrato elaborado para a 12ª Rodada exige do concessionário um maior controle ambiental, por meio da disposição de um sistema de gestão de responsabilidade social e sustentabilidade, bem como da implantação de um sistema de gestão de segurança e meio ambiente, que garanta: (a) a integridade dos poços, revestimentos, cimentações e fraturamentos hidráulicos, de forma a preservar a qualidade dos aquíferos, das águas subterrâneas, do solo e do subsolo; e (b) a integridade dos processos de captação, uso, tratamento, reuso e/ou descarte de água, fluidos e demais materiais relacionados às operações de fraturamento hidráulico.

Além disso, o contrato atribui ao concessionário o dever de informar imediatamente à ANP e às autoridades competentes qualquer ocorrência de risco ou dano ao meio ambiente ou à saúde humana, ao patrimônio próprio ou de terceiros, atribuindo-lhe responsabilidade integral e objetiva por danos causados ao meio ambiente que resultarem, direta ou indiretamente, da execução das operações. É ainda previsto que a ANP poderá solicitar cópia dos estudos do concessionário submetidos à aprovação do órgão ambiental competente caso a ciência do seu conteúdo torne-se necessária para instrução ou gestão do contrato de concessão, bem como prevê a obrigação de o concessionário apresentar à ANP

---

sendo 3 anos para o 1º período exploratório (PEx) e 2 anos para o 2º PEx. Para os blocos localizados nas bacias de São Francisco, Paraná, Parnaíba e Parecis (bacias de nova fronteira) foi estipulada a fase de exploração com duração total de 6 anos, sendo 4 anos para o 1º PEx e 2 anos para o 2o PEx. Por fim, os blocos localizados na bacia de Acre-Madre de Dios (também de nova fronteira) possuem a fase de exploração de 8 anos, sendo 5 anos para o 1º PEx e 3 anos para o 2º Pex.

cópia das licenças ambientais e de suas respectivas renovações, quando necessário para instruir procedimento de autorização que requeira tais documentos.

Apesar da cláusula ambiental em comento configurar uma inovação da 12ª Rodada, entendemos prudente que as mesmas obrigações estejam presentes em demais rodadas, ainda que ofertem exclusivamente recursos convencionais de petróleo e gás, por ser uma preocupação que merece cuidado quando da execução de qualquer atividade de E&P.

4.2.4. A Resolução ANP nº 21/2014: fraturamento hidráulico

Além do contrato de concessão da 12a Rodada, foi editada a Resolução ANP nº 21/2014, que regula a atividade de fraturamento hidráulico em reservatório não convencional, fixando os requisitos a serem cumpridos pelos detentores de direitos de exploração e produção de petróleo e gás natural que realizarão tal atividade.

Merece nota o fato de que tal resolução, muito questionada, foi editada (às pressas, pode-se dizer) em 10 de abril de 2014, portanto, depois de realizada a 12ª Rodada que ofertou blocos com potencial não convencional, com o objetivo de se antecipar a Agência a questionamentos de demais órgãos regulatórios. Nada obstante, tal regulação encontra fundamento de validade no art. 8º, *caput* e inciso IX, da Lei nº 9.478/1997, os quais estabelecem que a ANP tem por finalidade, dentre outras, promover a regulação e a fiscalização das atividades econômicas integrantes da indústria do petróleo, do gás natural e dos biocombustíveis, e que lhe compete fazer cumprir as boas práticas de conservação e uso racional do petróleo, gás natural, seus derivados e biocombustíveis e de preservação do meio ambiente.

A atividade de fraturamento é definida pelo art. 1º, inciso XIV, da Resolução em comento como uma *"técnica de injeção de fluidos pressurizados no poço, em volumes acima de 3.000 m³, com objetivo de criar fraturas em determinada formação cuja permeabilidade seja inferior a 0,1 mD (mili Darcy), viabilizando a recuperação de hidrocarbonetos contidos nessa formação".*

De acordo com a Resolução, o fraturamento hidráulico dependerá da prévia autorização da ANP, que somente será concedida mediante a apresentação pelo operador de diversos documentos, entre os quais, a licença ambiental para a atividade e a outorga ou autorização para utilização dos recursos hídricos.

O referido ato normativo estabeleceu diversas obrigações aos operadores. A primeira delas foi o estabelecimento de um sistema de gestão ambiental, que atenda às melhores práticas da indústria do petróleo e que contenha um plano detalhado de controle, tratamento e disposição dos efluentes provenientes das atividades de perfuração e de fraturamento hidráulico em reservatório não convencional, nos termos dos arts. 2º e 3º da Resolução.

Os arts. 4º e 7º externam a preocupação do regulador com relação à proteção dos corpos hídricos e dos solos da região, que deverá ser garantida pelo operador ao desenvolver o projeto de fraturamento hidráulico para reservatório não convencional. O art. 7º arrola como condição à aprovação dessa técnica em reservatório não convencional a garantia pelo operador de que o alcance máximo da fratura permaneça a uma *distância segura* dos corpos hídricos eventualmente existentes ao redor da área a ser explorada e produzida, e que os poços sejam *integralmente revestidos* (inclusive nos intervalos anteriores ao intervalo produtor) para garantir sua segurança. O § 1º desse dispositivo veda, expressamente, o fraturamento em poços localizados a menos de 200 metros de distância de poços de água potável e tem-se a obrigação do operador de realizar testes, modelagens, análise e estudos que concluam pela inexistência de possibilidade técnica de as fraturas preexistentes ou as geradas durante as atividades de E&P de hidrocarbonetos alcançarem qualquer corpo d'água existente.

No art. 6º, o regulador delimitou a obrigação de o concessionário publicar, em seu sítio eletrônico, algumas informações consideradas relevantes, como: (I) um relatório anual de avaliação dos impactos e dos resultados das ações de responsabilidade socioambiental; (II) a relação de produtos químicos que são utilizados no fluido do fraturamento, contemplando suas quantidades e composições; e (III) informações específicas sobre a água utilizada nos fraturamentos, nominando claramente origem, volume captado, tipo de tratamento adotado e disposição final.

Observe que a obrigação contida no art. 6º, II, da Resolução, consistente na publicação da relação dos compostos químicos utilizados pela companhia no fluido do fraturamento, já é algo que vem sendo realizado pelos concessionários da indústria com a ANP, ademais de se tratar de uma fórmula cada vez mais uniformizada. Ainda assim, o alerta merece ser feito para a proteção do concessionário de eventual quebra de patente sobre tal composição, que venha a seriamente prejudicá-lo, como abordamos anteriormente.

A Resolução em comento não alterou (como, de fato, não poderia) a competência dos órgãos ambientais para a realização do prévio licenciamento ambiental e para a autorização do órgão competente à utilização de recursos hídricos. Assim é que o art. 8º dispõe que o operador deverá apresentar à ANP, para fins de aprovação da realização do fraturamento, a licença ambiental do órgão competente e a outorga ou autorização para a utilização dos recursos hídricos.

Para os corpos hídricos superficiais (reservatórios artificiais ou naturais, lagos e lagoas) e poços de água existentes em um raio de 1.000 metros horizontais da cabeça do poço a ser perfurado, exige-se também um laudo fornecido por laboratório independente, acreditado pelo Instituto Nacional de Metrologia,

Qualidade e Tecnologia (INMETRO), contendo, além das análises porventura exigidas pelo órgão ambiental competente: (i) data da coleta; coordenadas dos pontos de coleta e métodos utilizados na coleta; (ii) data da realização das análises, método de análise utilizado e resultados obtidos; e (iii) identificação do responsável pela análise.

O art. 11 externa a preocupação com respeito ao revestimento e à cimentação que, como vimos, são imprescindíveis à segurança do poço e para evitar o risco de acidentes. Dessa forma, o dispositivo traz requisitos detalhados acerca de como eles devem ser feitos pelo operador.

Os arts. 13 a 15 e o art. 25 da Resolução, por fim, falam da necessidade de realização de análises de riscos para todas as fases e operações, bem como do dever de o operador elaborar e cumprir um plano de emergência, contendo os recursos disponíveis, a relação de contatos de emergência e os cenários identificados na análise de risco, contemplando as questões específicas do fraturamento hidráulico. Essa análise de riscos, portanto, faz as vezes da pretendida "garantia" a que pretendeu a ANP exigir no contrato de concessão, alterada após a realização da consulta e audiências públicas para o contrato da 12ª Rodada de Licitações.

É possível perceber a preocupação que a ANP teve com a poluição dos corpos hídricos e outros impactos ambientais que podem ser relacionados à exploração e produção do petróleo e gás não convencionais. Todavia, afirma SOUZA (2014) que tal a Resolução não esgota todos os aspectos ambientais a serem considerados, pelo que necessário o aprofundamento da discussão sobre o tema entre a Agência, os órgãos ambientais, o Ministério Público, a academia e a sociedade civil organizada.

4.3. Imbróglio jurídico em torno da 12ª Rodada de Licitações: ações judiciais em curso e da incerteza jurídica para a exploração nos blocos arrematados

As discussões acerca do *shale gas* ganharam maior relevância em território brasileiro com a notícia de que a 12ª Rodada de Licitações para Exploração e Produção de Petróleo e Gás Natural ofertaria áreas com potencial para a exploração não apenas de recursos convencionais como também de recursos não convencionais de petróleo e gás natural.

Fato é que a polêmica instaurada no plano internacional em torno dos possíveis riscos ambientais decorrentes da exploração e produção do *shale gas* e, especialmente, da técnica do fraturamento hidráulico, repercutiu significativamente no Brasil, como se depreende das inúmeras manifestações promovidas antes mesmo da efetiva realização da aludida Rodada, que tiveram por objetivo impedi-la de acontecer.

Nesse sentido, em 5 de agosto de 2013, a Sociedade Brasileira para o Progresso da Ciência (SBPC) e a Academia Brasileira de Ciências (ABC) enviaram uma carta à Presidência da República, solicitando que fosse sustada a inclusão de áreas, em licitações da ANP, em que se pudesse explorar e produzir petróleo e gás não convencionais, por um período suficiente para aprofundar os estudos sobre a real potencialidade da utilização do fraturamento hidráulico e dos seus possíveis prejuízos ambientais.

Contudo, tais solicitações não foram atendidas e, dois dias após o envio da referida Carta, foi publicada no Diário Oficial da União a Resolução nº 6/2013 do CNPE, que autorizou a realização da 12ª Rodada, com a previsão de áreas nas quais há a possibilidade de exploração e produção de recursos petrolíferos convencionais e não convencionais.[8] No dia 23 agosto de 2013, foi publicada a Portaria ANP nº 181/2013, constituindo a Comissão Especial de Licitação da 12ª Rodada.

Corroborando o entendimento da SBPC e da ABC, a 4ª Câmara de Coordenação e Revisão do Ministério Público Federal (MPF) enviou ao MME e à ANP, em 18 de setembro de 2013, a Recomendação nº 01/2013, pleiteando a realização de uma Avaliação Ambiental Estratégica (AAE) para que fossem esclarecidos os riscos e impactos da exploração e da produção do "gás de xisto", bem como a suspensão da 12ª Rodada, até que seja concluída e dada publicidade à referida AAE.[9]

Em 3 outubro de 2013, foi concluído o Parecer Técnico nº 03/13 do Grupo de Trabalho Interinstitucional de Atividades de Exploração e Produção de Óleo e Gás (GTPEG) sobre as áreas ofertadas na 12ª Rodada, composto por representantes do Ministério do Meio Ambiente (MMA), do Instituto Chico Mendes de Conservação da Biodiversidade (ICMBio) e do Instituto Brasileiro do Meio Ambiente e dos Recursos Naturais Renováveis (IBAMA), com o objetivo de colaborar com a definição de áreas a serem licitadas para a exploração e produção de petróleo e gás natural, por meio de análises ambientais prévias. Considerando a presença significativa da temática das águas superficiais e subterrâneas, o GTPEG contou com a contribuição da Agência Nacional de Águas (ANA) para a análise das áreas ofertadas na 12ª Rodada.

Além da avaliação sobre as restrições ambientais dos blocos, o Parecer Técnico GTPEG nº 03/13 abordou especificamente os riscos ambientais associados à exploração e à produção de gás de folhelho, sustentando em sua conclusão

---

[8] Resolução nº 6, de 25 de junho de 2013. Aprovada por Despacho da Presidenta da República em 06 de agosto de 2013. Publicada no *DOU* 07.08.2013.

[9] PARTIDÁRIO (1999, p. 20) define a Avaliação Ambiental Estratégica como "*o procedimento sistemático e contínuo de avaliação da qualidade do meio ambiente e das consequências ambientais decorrentes de visões e intenções alternativas de desenvolvimento, incorporadas em iniciativas tais como a formulação de políticas, planos e programas (PPP), de modo a assegurar a integração efetiva dos aspectos biofísicos, econômicos, sociais e políticos, o mais cedo possível aos processos públicos de planejamento e tomada de decisão*".

que *"não existem elementos suficientes para uma tomada de decisão informada sobre a exploração de gás não convencional no Brasil e que devem ser adotadas medidas para a intensificação do debate na sociedade brasileira sobre os impactos e os riscos ambientais envolvidos nessa atividade, assim como para o avanço na elaboração de regulamentações e protocolos para uma atuação segura".* O referido parecer recomendou também a adoção da Avaliação Ambiental de Área Sedimentar (AAAS),[10] instrumento previsto na Portaria Interministerial MME/MMA nº 198/2012 para *"a indefinição das condições de contorno para a utilização da técnica de fraturamento hidráulico em poços horizontais nas bacias de interesse".*

Note-se que o referido estudo foi concluído anteriormente à data fixada em cronograma publicado para a apresentação das ofertas referentes à 12ª Rodada, porém não impediu a sua realização com a contemplação das áreas para não convencionais.

Em 26 de novembro de 2013, foi ajuizada a Ação Popular nº 0142635-78.2013.4.02.5101, pelo cidadão José Maria Ferreira Rangel, perante a Justiça Federal do Rio de Janeiro. Tal ação judicial, em trâmite perante a 17ª Vara Federal do Rio de Janeiro, visava à suspensão da 12ª Rodada de Licitações, com fundamento nos riscos ambientais da atividade de fraturamento hidráulico.

Em 27 de novembro de 2013, foi apresentado o Projeto de Decreto Legislativo (PDC) nº 1409/2013, pelo Deputado Federal Chico Alencar (PSOL/RJ), perante o Congresso Nacional, com o intuito de sustar a Resolução CNPE nº 06/2013, a Portaria ANP nº 181/2013 e o edital da 12ª Rodada. Dois dias depois (29 de novembro de 2013), a Associação de Saúde Ambiental Toxisphera ajuizou o Mandado de Segurança nº 0143437-76.2013.4.02.5101 perante a Justiça Federal do Rio de Janeiro, com pedido de liminar para suspender a realização da 12ª Rodada, o qual foi negado pelo Juízo da 30ª VFRJ.

Tais iniciativas judiciais e legislativas, contudo, não lograram êxito e o leilão da 12ª Rodada foi realizado pela ANP nos dias 28 e 29 de novembro de 2013, com a arrematação de 72 dos 240 blocos ofertados, sendo 54 blocos adquiridos nas bacias do Recôncavo e de Sergipe-Alagoas, onde existem maiores expectativas para exploração de recursos não convencionais.

---

[10] Portaria Interministerial MME/MMA nº 198/2012. Art. 2º Para os fins previstos nesta Portaria, entende-se por: I – Avaliação Ambiental de Área Sedimentar – AAAS: processo de avaliação baseado em estudo multidisciplinar, com abrangência regional, utilizado pelos Ministérios de Minas e Energia e do Meio Ambiente como subsídio ao planejamento estratégico de políticas públicas, que, a partir da análise do diagnóstico socioambiental de determinada área sedimentar e da identificação dos potenciais impactos socioambientais associados às atividades ou empreendimentos de exploração e produção de petróleo e gás natural, subsidiará a classificação da aptidão da área avaliada para o desenvolvimento das referidas atividades ou empreendimentos, bem como a definição de recomendações a serem integradas aos processos decisórios relativos à outorga de blocos exploratórios e ao respectivo licenciamento ambiental.

Em 6 de dezembro de 2013, o Deputado Federal Sarney Filho (PV/MA) apresentou o Projeto de Lei (PL) n° 6904/13, com o objetivo de suspender a exploração do *shale gas* por 5 anos no Brasil. De acordo com o referido PL, no curso desse período, o Poder Público deverá *(i)* fixar modelos de procedimentos para a exploração de *shale gas* de modo a evitar danos ao meio ambiente e prover a segurança das pessoas que atuam na indústria; *(ii)* proceder à revisão dos critérios vigentes para a concessão de autorizações de exploração; e *(iii)* promover estudos para atualizar a tecnologia de exploração do *shale gas*, de modo que seja ambientalmente sustentável e garanta a segurança dos trabalhadores que atuam na atividade. Em 07 de janeiro de 2016, foi apensado a esse Projeto (proposição principal) o PL n° 4.118, de 2015, que veda a outorga de concessão de lavra para exploração de gás mediante a técnica de fraturação hidráulica (*fracking*).

A matéria tramita em regime ordinário e está sujeita à apreciação conclusiva pelo Plenário, tendo sido distribuída às Comissões de Meio Ambiente e Desenvolvimento Sustentável; Desenvolvimento Econômico, Indústria e Comércio; Minas e Energia; Finanças e Tributação; e Constituição e Justiça e de Cidadania. A Comissão de Meio Ambiente votou pela aprovação do PL, com emendas, enquanto as Comissões de Desenvolvimento Econômico e de Minas e Energia votaram pela rejeição do PL sob o argumento de que tal moratória vai à contramão da tendência mundial e impede o desenvolvimento socioeconômico nacional. Restam, até o presente momento, os votos da Comissão de Finanças e da Comissão de Constituição e Justiça e de Cidadania.

Não obstante esses esforços, em 13 de dezembro de 2013, no âmbito da Ação Civil Pública (ACP) n° 5610-46.2013.4.01.4003, ajuizada pelo Ministério Público Federal (MPF) contra a ANP e a União Federal, a Justiça Federal do Piauí proferiu decisão liminar, determinando a *"imediata suspensão de todos os atos decorrentes da arrematação do bloco PN-T-597 pertencente à bacia do Parnaíba, no que se refere à exploração do gás de xisto (gás não convencional), e que a Agência Nacional do Petróleo – ANP e a União se abstenham de realizar outros procedimentos licitatórios com finalidade de exploração do mesmo gás na bacia do Parnaíba, enquanto não for realizada a Avaliação Ambiental de Área Sedimentar"*. Cumpre salientar que essa ação civil pública foi ajuizada devido ao insucesso das negociações entre a ANP e o MPF para a celebração de um Termo de Ajustamento de Conduta (TAC), que estabeleceria, entre outros aspectos, a necessidade de elaboração pelo Conselho Nacional do Meio Ambiente (CONAMA) de uma regulação específica, previamente ao início das atividades de fraturamento hidráulico, e a possibilidade de exclusão de blocos ofertados na 12ª Rodada a depender do resultado da AAAS que deveria ser elaborada.

Dessa forma, o juiz da Subseção Judiciária de Floriano entendeu que a ANP desconsiderou o Parecer CGPEG n° 03/13 sem apresentar fundamentação técnica para tanto e ressaltou que o referido parecer já indica os potenciais corpos hídricos que poderiam ser afetados pela atividade de fraturamento hidráulico na região, tais como a Represa da Boa Esperança, os aquíferos Poti-Piauí, Pedra de Fogo e Motuca, além de nascentes existentes na Serra do Gado Bravo.

Em 22 de maio de 2014, o Ministério Público Federal do Paraná (MPF/PR) propôs, perante o juízo da 1ª Vara Federal de Cascavel, a Ação Civil Pública nº 5005509-18.2014.404.7005/PR,[11] atacando, principalmente, a atividade de faturamento hidráulico como causadora de *prejuízos ambientais, econômicos e à saúde humana, de caráter irreversível*, o que seria acirrado pelo fato de a composição do fluido nela utilizado ser protegida por segredo industrial. Alegou-se na inicial que a ANP agiu de forma prematura, ao promover o leilão sem ouvir a comunidade científica envolvida. Pautando-se no Parecer GTPEG 03/2013 que afirmou não haver elementos suficientes para uma tomada de decisão informada sobre o assunto, concluiu-se pela necessidade de se intensificar o debate e realizar uma AAAS.

A inicial do MPF/PR apontou também para vícios procedimentais e de direito. Dentre as irregularidades procedimentais apontadas, alegou-se: (i) que o requerimento de exclusão de áreas protegidas pelo órgão ambiental não teria sido observado pela ANP; (ii) a ausência de análise sobre impactos aos recursos hídricos; (iii) a inclusão de terras indígenas e ausência de consulta prévia à comunidade indígena, em violação à Convenção OIT 169; (iv) que a ANP não levou em consideração as colocações técnicas levantadas pelos interessados na Audiência Pública nº 25/2013 nem os casos internacionais de moratória ao faturamento hidráulico. Com relação aos direitos que fundamentaram a causa de pedir, arrolou-se a proteção do direito ao meio ambiente e desenvolvimento sustentável (necessidade de realização de estudos de impactos ambientais) e o princípio da precaução (em vista da incerteza científica sobre viabilidade ambiental da exploração de não convencionais, não deve esta ser autorizada). Por fim, pleiteou-se a suspensão da execução e da assinatura de contratos decorrentes da 12ª Rodada de Licitações, relativos ao Setor ofertado SPAR-CS.

O Juízo da 1ª VFPR deferiu a liminar pleiteada pelo MPF e determinou: a) a suspensão imediata dos efeitos dos contratos já assinados, referentes a *blocos para exploração do gás de xisto, mediante utilização da técnica de fraturamento hidráulico no setor SPAR-CS, até a adoção das seguintes providências: i) estudos técnicos-ambientais realizados pelo IBAMA que demonstrem a viabilidade, ou não, do uso daquela técnica de fraturamento hidráulico naquela área (SPAR-CS); ii) prévia regulamentação pelo CONAMA autorizando a utilização da referida técnica;*

---

[11] Foram arrolados no polo passivo desta ACP os seguintes réus: ANP, Petróleo Brasileiro S.A, Bayar Empreendimentos e Participações Ltda., Companhia Paranaense de Energia, Cowan Petróleo e Gás S.A., Petra Energia S.A. e Tucumann Engenharia e Empreendimentos Ltda.

iii) realização e devida publicidade da Avaliação Ambiental de Áreas Sedimentares – AAAS, em relação à bacia hidrográfica do Paraná; b) a condenação das rés a não assinar os contratos de concessão dos blocos do setor SPAR-CS localizados dentro da faixa de fronteira. Com tal suspensão, impediu-se a realização de atividades exploratórias (como levantamentos sísmicos não exclusivos 2D e 3D autorizados pela ANP) e a perfuração de poços para identificação de descoberta, mesmo convencional, e conhecimento da área.

Em face da decisão foram interpostos recursos com o objetivo de suspender os efeitos da liminar ou, subsidiariamente, restringi-los apenas à exploração dos recursos não convencionais no Setor SPAR-CS. Argumentou-se, ainda, que o pleito do MPF somente se justificaria se houvesse, de fato, uma descoberta não convencional, que pressuporia a aprovação de Plano de Exploração e Avaliação de Recursos Não Convencionais pela ANP e de licenciamento ambiental pelo órgão ambiental competente. O Tribunal Regional Federal da 4ª Região, por unanimidade, considerou, no mérito, presentes os requisitos para manutenção da liminar e, por maioria de votos, considerou ser impossível cindir o objeto da licitação em exploração de recursos convencionais e de recursos não convencionais, como pleiteado pelos concessionários e ANP. No dia 6 de abril de 2015, foi realizada audiência de conciliação entre as partes para se tentar uma solução que conciliasse o interesse de todos envolvidos, sem prejuízo aos valores que busca o MPF tutelar nessa ação. O MPF pugnou pelo aditamento à inicial para restringir o objeto da ação, a fim de possibilitar o prosseguimento dos efeitos dos contratos assinados, bem como a assinatura daqueles que ainda restam pendentes, exclusivamente ao que se refere à exploração de gás convencional, pedido este aquiescido pelo IBAMA e pelas requeridas. O Juízo da 1ª VFPR, contudo, indeferiu o pleito e manteve a suspensão integral da licitação, por entender que ele viola os princípios licitatórios consagrados na Lei nº 8.666/1993; em decisão aclaratória subsequente, a juíza deferiu o pedido de suspensão do feito até 6 de outubro de 2014 – isto é, 6 (seis) meses da data em que realizada a audiência de conciliação – para a apresentação de estudos técnicos complementares; e então ser proferida a sentença.

Paralelamente, foi instaurado, em março de 2014, um Inquérito Civil (IC n.º 1.14.000.000197/2014-40) para apurar questões ambientais relacionadas à exploração de gás de folhelho, por meio da técnica do fraturamento hidráulico, nas bacias sedimentares que abarcam o Estado da Bahia (bacias do Recôncavo e de São Francisco). Foram ouvidos nesse IC o IBAMA, o INEMA, a Petrobras e a ANP, sendo que esta esclareceu que (i) a 12ª Rodada não tinha como objetivo exclusivo a exploração do não convencional; (ii) a aplicação da técnica do fraturamento não se daria imediatamente após a assinatura dos contratos; (iii) pelas características da bacia do Recôncavo e dos possíveis reservatórios nela existentes não haveria risco de contaminação de aquíferos.

Em seguida, o Ministério Público Federal da Bahia (MPF/BA) ajuizou a Ação Civil Pública nº 0030652-38.2014.4.01.3300, distribuída perante a 13ª Vara Federal da Seção Judiciária da Bahia, em face da ANP e dos demais licitantes vencedores[12] de blocos localizados nas referidas bacias, objetivando a suspensão dos efeitos decorrentes da 12ª Rodada relacionados à exploração de gás de folhelho, por meio de fraturamento, licitados no âmbito da 12ª Rodada; logo, o objeto dessa ação foi restrito à exploração de recursos não convencionais mediante o emprego da técnica de fraturamento hidráulico. Diante do pleito do MPF/BA, foi concedida liminar que determinou a suspensão dos efeitos dessa rodada e dos contratos já assinados, em relação aos setores SREC-T2 e SREC-T4, exclusivamente em relação às atividades que envolvam a exploração de gás de xisto por meio de fraturamento hidráulico (restrição após embargos de declaração opostos pelas rés) até que sobrevenha regulamentação específica do CONAMA e seja realizada a AAAS (que abranja a Bacia do Recôncavo) na forma da Portaria Interministerial nº 198/2012. Além disso, o Juízo determinou que a ANP não realize novos procedimentos licitatórios relativos à exploração de gás de xisto na bacia do Recôncavo e que não assine contratos para a exploração desse gás no Recôncavo até a execução das citadas providências. Pende, no momento em que concluído este trabalho, o julgamento de Agravo de Instrumento interposto em face dessa decisão.

Uma quarta ACP (Ação Civil Pública nº 0006519-75.2014.4.03.6112) foi distribuída, em 17 de dezembro de 2014, pelo Ministério Público Federal, à 5ª Vara Federal da Subseção de Presidente Prudente/SP, em face da ANP, da Petra Energia S.A, da Petróleo Brasileiro S.A e da Bayar Empreendimentos e Participações Ltda. Os fundamentos dessa ACP foram os mesmos utilizados nas anteriores, quais sejam: a) iminente risco de dano ambiental irreversível; b) ausência da realização de estudos ambientais e inobservância de procedimentos obrigatórios pela ANP prévios à 12ª Rodada; e c) ausência de regulamentação específica. Também os pedidos foram formulados na linha dos anteriores: suspensão dos efeitos dessa rodada (com relação aos blocos do Setor SEPAR-CN) e da realização de atividades exploratórias no Setor – e, ao final, a decretação da nulidade da rodada, com efeitos *ex tunc*; impedimento para a realização de novas licitações de blocos exploratórios na área até a elaboração de estudos técnicos, da regulamentação do CONAMA e da realização de estudos de impacto ambiental e publicidade de AAAS. Em 19 de janeiro de 2015, o Juízo acolheu parcialmente o pedido liminar e suspendeu os efeitos da 12ª Rodada e dos contratos de concessão, exclusivamente à exploração do gás não convencional, ressalvando, nesta ação, que a demanda não afeta a exploração de gás conven-

---

[12] São corréus dessa ACP com a ANP: a Petróleo Brasileiro S/A, a Alvopetro S/A Extração de Petróleo e Gás Natural, a Cowan Petróleo e Gás S/A, a GDF Suez Energy, a Ouro Preto Óleo e Gás S/A e a Trayectória Petróleo & Gás do Brasil Ltda.

cional. Complementarmente, determinou a suspensão das atividades relacionadas ou que tenham por objetivo aquela exploração.

Neste ano de 2016, nova Ação Civil Pública (Processo nº 080036679.2016.4.05.8500) foi ajuizada pelo MPF perante a Justiça Federal de Sergipe. Assim, em 17 de março de 2016, o juiz federal da 1ª Vara Federal determinou, em decisão liminar, a suspensão exclusivamente da exploração de gás de folhelho com a utilização da técnica do fraturamento hidráulico.

Como resultado dessas ações em tramitação perante diferentes seções judiciárias, permanece no Brasil um cenário de grande incerteza jurídica e possível desestímulo à exploração e à produção de gás não convencional em território nacional (em que pese as decisões judiciais analisadas restringirem-se ao "gás de xisto" ou gás de folhelho e sabendo-se que a técnica de fraturamento pode não ser determinante a outras espécies não convencionais).

Ainda com relação aos contratos celebrados em que se permitiu a exploração de recursos convencionais apenas, paira igual incerteza com relação à necessidade de cumprimento de obrigações impostas no contrato pela ANP que condizem a uma exploração não convencional,[13] ou mesmo ao uso da técnica do fraturamento para testar a comercialidade de áreas, haja vista que não restou definida a questão quanto a possibilidade de se utilizar da técnica do fraturamento hidráulico para operações de petróleo e gás convencionais no Brasil, ou mesmo para a exploração de não convencionais que não a espécie *shale*.

Não se descuida do fato de que tais controvérsias carregam consigo direitos de altíssima relevância: por um lado, tem-se a preocupação quanto a possíveis riscos ambientais e à saúde humana, advindos da exploração de gás não convencional com a técnica do fraturamento e, de outro, o direito dos investidores que, com o sinal verde da ANP, participaram dessa licitação, investiram capital em projetos e desembolsaram parcela de participações governamentais e garantias financeiras com a expectativa de poder explorar recursos convencionais e não convencionais de petróleo e gás natural e, acima de tudo, o abastecimento e desenvolvimento socioeconômico nacional com a possibilidade do incremento de energia e renda à população. Entendemos que todos esses são direitos

---

[13] Apesar do discurso utilizado pela Agência no sentido de que a 12ª Rodada seria voltada para gás em terra, com *possibilidade* de se identificar e explorar gás não convencional, desde que reconhecidos pela ANP, o contrato traz algumas regras exploratórias que demandam do concessionário atingir objetivos estratigráficos em profundidade de reservatório não convencional, mesmo que antieconômico ao concessionário ou que não seja a sua vontade produzi-lo. Portanto, demanda a companhias cujos objetos sociais consistem na exploração para a produção de petróleo e óleo exigências de pesquisa geológica, que não consiste em seu fim, gerando um ônus ainda maior; quando poderia a ANP contratar o serviço de petroleiras para conhecimento da área, contratação de poço estratigráfico, como investimento em P&D para fomento.

consagrados pelo nosso ordenamento jurídico (leia-se, Constituição Federal) e merecem igual respeito.

Porém, alertamos para a necessidade de, quando do julgamento dessas ações, o Judiciário munir do devido conhecimento técnico da matéria em discussão e atentar, com a devida profundidade e seriedade, acerca dos reais riscos suscitados e sua efetiva possibilidade de ocorrência, e não de mero receio sem um robusto fundamento técnico. Isso porque, sem colocar em risco a proteção do ser humano (incluindo a presente e as futuras gerações), bem maior tutelado pela Constituição pátria, vimos que há diversas ações que podem ser tomadas para garantir a prática da E&P de petróleo e gás natural não convencionais, incluindo a utilização da técnica do fraturamento de uma forma segura, à luz das melhores práticas da indústria do petróleo.

Apesar de o MPF afirmar em suas ações que a técnica de exploração do gás de folhelho é altamente questionada no mundo inteiro e representa um potencial dano ambiental de extensão imensa e caráter irreversível, em especial em relação à contaminação de aquíferos e cursos de água, apresentamos nesta obra estudos de diversos especialistas que provam o contrário. Ademais, em análise a legislação e a prática adotadas em outras jurisdições, bem como aos regimes exploratórios criados, no Direito Comparado, para os recursos não convencionais, destacamos que muitas das moratórias ou banimentos ao *fracking* não foram pautados em consistentes razões técnicas (como a demonstração do nexo causal entre supostas contaminações ao meio ambiente e a técnica do fraturamento); sendo muitas adotadas por motivação política em vista de manifestação contrária da população/eleitores, ou mesmo pela falta de transparência e influência da comunidade nos procedimentos licitatórios para tais recursos. Também com relação à composição química do fluido de fraturamento, vimos que esta é cada vez mais divulgada pelos operadores, seja por determinação legal ou pelo compromisso destes com a transparência.

Nesse cenário, devemos transplantar o que há de positivo nos modelos exitosos criados em âmbito internacional para a E&P de recursos não convencionais e lembrar que a regulação e, por conseguinte, o controle do ato administrativo pelo Poder Judiciário, deverá sopesar os efetivos e reais riscos e benefícios que tal atividade pode gerar à nação brasileira.

CAPÍTULO 5

PROPOSIÇÕES A VIABILIZAR A E&P DE PETRÓLEO E GÁS NÃO CONVENCIONAIS E CONVENCIONAIS FRENTE AOS DESAFIOS APRESENTADOS

Sumário: 5.1. Por um marco legal específico para a exploração não convencional: 5.1.1. Contornos de um modelo exploratório próprio para os recursos não convencionais; 5.1.1.1. Concomitância das fases de exploração, de desenvolvimento e de produção; 5.1.1.2. Declaração de comercialidade e devolução de área da concessão; 5.1.1.3. Plano de Desenvolvimento; 5.1.1.4. Conteúdo local; 5.1.1.5. Participações governamentais; 5.1.1.6. Unitização – 5.1.2. *Joint rulemaking*: por uma regulação compartilhada: 5.1.3. Uma nova regulação fundada na efetiva participação; 5.1.4. Uma licença social para a operação dos recursos não convencionais de P&G – 5.2. Desafios e perspectivas à exploração e à produção convencionais de P&G no atual contexto econômico mundial.

5.1. Por um marco legal específico para a exploração não convencional

Como detalhado, muitos são os desafios técnicos, jurídicos, econômicos e sociais a serem enfrentados para viabilizar a exploração e a produção do gás não convencional no Brasil. Apesar de a questão ambiental, associada à utilização da técnica do fraturamento hidráulico, ter ganhado maior relevância no cenário dos não convencionais, atentamos para a existência de outras dificuldades, em especial, de natureza legal e regulatória, que devem ser aprimoradas para encorajar projetos envolvendo gás não convencional no Brasil, que efetivamente possam trazer êxito ao país e aos investidores.

Questão debatida, ainda de forma tímida, entre especialistas brasileiros diz respeito ao enquadramento ou não dos recursos não convencionais de petróleo e gás natural no mesmo arcabouço legislativo existente para as espécies convencionais desses recursos, na medida em que, tanto a Lei nº 9.478/1997 quanto a Lei nº 11.909/2009 não fazem menção expressa ao gás não convencional.

O inciso II do art. 6º da Lei nº 9.478/1997 e inciso XIV do art. 2º da Lei nº 11.909/2009 trazem as seguintes definições para o gás natural:

> Gás Natural ou Gás: todo hidrocarboneto que permaneça em estado gasoso nas condições atmosféricas normais, extraído diretamente a partir de reservatórios petrolíferos ou gaseíferos, incluindo gases úmidos, secos, residuais e gases raros.

> Gás Natural ou Gás: todo hidrocarboneto que permaneça em estado gasoso nas condições atmosféricas normais, extraído diretamente a partir de reservatórios petrolíferos ou gaseíferos, cuja composição poderá conter gases úmidos, secos e residuais.

Em meio a uma interpretação literal dos dispositivos anteriormente destacados, poder-se-ia argumentar que, pelo fato de estar localizado, muitas vezes, em rochas geradoras (como é o caso do *shale*), o gás não convencional não estaria abarcado pela redação dos dispositivos, que falam em hidrocarboneto "*extraído diretamente a partir de reservatórios petrolíferos ou gaseíferos*".

Entretanto, se empregada uma interpretação sistemática dos incisos II e X do art. 6º da Lei nº 9.478/1997, tem-se a seguinte definição de reservatório: "*configuração geológica dotada de propriedades específicas, armazenadora de petróleo ou gás, associados ou não*"; forma-se, portanto, uma definição ampla, na qual se pode enquadrar tanto a rocha geradora (tipo *shale*) quanto a rocha reservatório, que armazena petróleo e gás.

Nesse sentido, BISAGGIO, ESTEVÃO e CONFORT (2010) asseveram, conforme definições anteriormente destacadas, que:

> Tendo em vista que o gás natural se caracteriza como um hidrocarboneto gasoso extraído de reservatórios e que um reservatório é uma configuração geológica capaz de armazenar gás, pode-se depreender que, à exceção do gás de hidrato de metano, o produto obtido de todas as demais fontes não convencionais poderia ser enquadrado simplesmente como "gás natural".

Nada obstante, mesmo que se entenda que o gás não convencional pode ser abarcado pelas definições contidas nos diplomas legais supracitados, acreditamos que o modelo de E&P contemplado na Lei nº 9.478/1997 não é adequado para os projetos exploratórios de gás não convencional, que pressupõe uma lógica totalmente distinta daquela aplicável ao gás convencional.

Por conseguinte, sugerimos a criação de um marco legal próprio para os recursos não convencionais, que reconheça as nuances e particularidades desse tipo de exploração e que contemple expressamente todos os tipos de recursos não convencionais de petróleo e de gás natural. Com isso, pode-se evitar eventual controvérsia regulatória, como ocorrido no caso do xisto betuminoso, mencionado no item 4.2.1, ou mesmo para o caso do hidrato de metano, em vista da colocação doutrinária anteriormente destacada.

Importante salientar que tais desafios envolvendo a E&P de petróleo e gás não convencionais não é uma exclusividade brasileira. Porém, como vimos no terceiro capítulo deste trabalho, diversos países que depararam com tal oportunidade exploratória ajustaram e/ou criaram normas e condições para viabilizar projetos não convencionais. Em grande parte dos países examinados (p. ex. Estados Unidos, Colômbia, México, Índia), foram concedidos incentivos fiscais para a exploração e para a produção de gás não convencional – incluindo a isenção ou a redução de parcela das participações governamentais e outros tributos, a possibilidade de dedução de impostos com gastos de E&P, o financiamento de projetos com recursos de P&D, dentre outros –, angariado o apoio da comunidade local, bem como uma alteração na própria forma de regular dos órgãos envolvidos.

Desse modo, apresentamos a seguir, com inspiração no Direito Comparado, algumas proposições a serem contempladas em um novo marco para os recursos não convencionais que tocam alguns dos desafios que entendemos mais relevantes e que apresentam possíveis soluções a algumas das controvérsias que se fizeram mais evidentes a nível nacional, envolvendo a questão.

5.1.1. *Contornos de um modelo exploratório próprio para os recursos não convencionais*

O que observamos da análise da regulação criada no Brasil, concretamente, para os recursos não convencionais, em especial do contrato elaborado para a 12ª Rodada de Licitações da ANP, foi a permanência, com exceção de pequenos ajustes pontuais, de uma lógica rígida, em que pese exitosa, para um modelo exploratório convencional de petróleo e gás, perfeitamente dividido em fase de exploração, de desenvolvimento e de produção, lógica esta que não se aplica no caso do modelo exploratório não convencional.

No caso dos recursos convencionais, sua viabilidade econômica é baseada na descoberta de uma determinada acumulação de hidrocarbonetos dentro da área concedida, porquanto prevalece, inicialmente, a incerteza quanto ao tamanho e ao tipo do reservatório. Sua comercialidade, analisada pelo concessionário, normalmente é dependente da economicidade do desenvolvimento e da produção de tal acumulação, utilizando-se de tecnologia e de técnicas conhecidas para a extração.

Em contrapartida, a lógica da comercialidade de um recurso não convencional não é baseada na descoberta de uma determinada acumulação de hidrocarbonetos. Isso porque já se sabe de antemão que aquele reservatório possui uma considerável quantidade de hidrocarbonetos. Logo, sua viabilidade econômica está baseada no desenvolvimento de uma estrutura que permita o investidor extrair hidrocarbonetos do recurso não convencional em quantidades comerciais.

O que se observou na prática exploratória sobre tais reservatórios não convencionais é que, em um mesmo reservatório, é possível localizar alguns pontos comerciáveis (denominados *sweet spots*) que não necessariamente estão conectados uns aos outros.

Nesse cenário, destacamos, a seguir, algumas previsões que consideramos mais adequadas para um modelo exploratório próprio para os recursos não convencionais de petróleo e gás (analisando-se comparativamente a regulação hoje vigente).

5.1.1.1. Concomitância das fases de exploração, de desenvolvimento e de produção

As minutas de contrato de concessão elaboradas pela ANP, à luz do modelo contemplado na Lei nº 9.478/1997, preveem uma rígida divisão entre as fases de exploração, etapa de avaliação e desenvolvimento e fase de produção, como se depreende da cláusula 4.1 do contrato da 12ª Rodada.

Essa cláusula reparte o contrato em duas fases, dispondo que a fase de exploração abrangerá toda a área concedida e terá duração prevista em anexo do contrato, e que a fase de produção, limitada à área do campo (e não mais do bloco exploratório licitado), terá a duração definida nesse instrumento, sendo normalmente de 27 anos, podendo ser reduzida ou prorrogada, a depender do preenchimento de certos requisitos.

Ainda em análise ao contrato da 12ª Rodada da ANP, verifica-se que a cláusula 7.2 restringe a avaliação de uma descoberta de petróleo e/ou gás natural à fase de exploração e determina que a avaliação dessa descoberta, a constar de um Plano de Avaliação de Descoberta, seja realizada *integral* e *necessariamente* durante a fase de exploração, não podendo se estender, em regra, para a fase de produção. A cláusula 7.7 do mesmo instrumento, que inova dispondo sobre o Plano de Exploração e Avaliação de Recursos Não Convencionais, estabelece que este deve contemplar, para a área de concessão, todas as atividades exploratórias e de avaliação, inclusive os projetos-pilotos que verificam a comercialidade da descoberta não convencional e analisam o comportamento da produção. Extrai-se dessas redações uma interpretação segundo a qual todas as atividades exploratórias devem ser feitas durante a fase de exploração, incluindo a realização de testes por meio dos pilotos.

A cláusula 7.13 do contrato da 12ª Rodada ressalva que o concessionário poderá avaliar uma descoberta de petróleo e gás natural em um *novo reserva-*

tório ou recurso não convencional a qualquer momento durante a vigência do contrato, o que inclui, por lógica, a fase de produção. Entretanto, de se notar que a redação conferida a essa cláusula restringe a casos de "novo reservatório/recurso não convencional" – sem contemplar, por exemplo, a possibilidade de novas descobertas em um mesmo reservatório já explorado (não por inteiro). Certo que a ANP, na esteira de demais modelos regulatórios contemplados no terceiro capítulo deste livro, estendeu o prazo exploratório em caso de descobertas não convencionais. Isso foi de todo relevante na medida em que a atividade exploratória e cada poço perfurado aumenta o conhecimento sobre a estrutura do reservatório e os seus limites para se concluir acerca de sua economicidade. Ademais, a logística das operações e a escassez de equipamentos próprios para os recursos não convencionais demandam mais tempo para contratações e construções no sítio exploratório.

Entretanto, entendemos que, em realidade, tal lógica de rigidez de fases contratuais e atividades exclusivas a cada uma delas não é compatível com a E&P de recursos não convencionais, que necessita de uma concomitância das atividades de exploração, desenvolvimento e produção para se justificar. Pelas características geológicas do reservatório não convencional, não é factível delimitá-lo, por inteiro, durante a fase de exploração, demandando-se atividades exploratórias também ao longo da fase de produção do reservatório. Também no que tange à sua produção, sabe-se que apesar de seu rápido início, a taxa de declínio do poço não convencional é geralmente mais acentuada, razão pela qual acreditamos que, mais eficaz do que fixar um período específico de anos para a produção, seria permitir sua duração pelo tempo que for rentável ao projeto.

Pelo exposto, em um novo modelo regulatório direcionado aos não convencionais, sugere-se prever a possibilidade de concomitâncias das fases de exploração, de desenvolvimento e de produção.

5.1.1.2. Declaração de comercialidade e devolução de área da concessão

Também em razão da apontada dificuldade de se delimitar o reservatório não convencional, acreditamos incompatível a esse modelo a manutenção da lógica de o concessionário ter de reter para a fase de desenvolvimento apenas a descoberta declarada comercial, e para a fase de produção, a área de desenvolvimento restrita à(s) jazida(s) a ser(em) produzida(s), devolvendo o restante da área arrematada à ANP.

Como antes ressaltado, não se tem como definir, muitas vezes, durante o prazo exploratório, qual a totalidade da jazida naquele reservatório não convencional. Isso porque, por ser o reservatório muito mais extenso que o convencional, pode haver muitas subáreas (denominadas *sweet spots*), de maior permeabilidade e porosidade, propícias à produção dentro da área concedida.

Assim, diante da possibilidade de novas descobertas comerciais – mais precisamente, no mesmo reservatório identificado – é importante que, no caso do modelo não convencional, não se exija a devolução de área não declarada comercial, de forma que a área a ser desenvolvida e produzida seja extensa o suficiente para cobrir todo o reservatório (de forma significativa) e para possibilitar que o operador confirme, por meio da realização de novos testes, a melhor maneira de explotar o reservatório, técnica e economicamente, permitindo-se a realização de novas descobertas capazes de serem desenvolvidas. O mais adequado, portanto, nesse modelo, seria a declaração de comercialidade sobre cada *sweet spot*, sem a necessidade de devolução dos contornos.

O mesmo raciocínio deve ser aplicado à área de desenvolvimento, para que não se restrinja à jazida, mas que seja extensa o suficiente para cobrir todo o reservatório (significativamente), de forma que o operador confirme, por meio da realização de novos testes, a melhor maneira de explotar o reservatório, técnica e economicamente, permitindo-se a realização de novas descobertas que contribuam para a manutenção de um nível satisfatório de produção, para, em última instância, assegurar a economicidade do projeto. Isso porque, como visto, em razão da característica do reservatório e do poço não convencional de rápido declínio, tem-se a necessidade de uma intensa e contínua perfuração de poços, por toda a área próxima, para garantir a manutenção da produção.

Nessas circunstâncias, defendemos a inclusão, em um modelo regulatório não convencional, de dispositivo que permita ao concessionário reter para uma fase de desenvolvimento e produção a totalidade da área concedida, ainda que não declarada, de imediato, a comercialidade de toda essa área, quando ele conseguir provar que o reservatório cobre toda a área, determinando-se a devolução da área somente após a sua depletação. Quando não for possível delimitar, por completo, a extensão do reservatório, poder-se-ia aguardar a delimitação da área pelo concessionário, com a avaliação de seu potencial para perfurar poços horizontais, fraturar e conduzir programa-piloto, ou, alternativamente, exigir o desenvolvimento progressivo da área.

5.1.1.3. Plano de Desenvolvimento

Igual dificuldade é vislumbrada com respeito à delimitação do campo, que será objeto do Plano de Desenvolvimento (PD), e única área objeto de produção. O contrato de concessão remete ao conceito de campo estabelecido no art. 6º, inciso XIV, da Lei nº 9.478/1997 que o define como "*área produtora de petróleo ou gás natural, a partir de um reservatório contínuo ou de mais de um reservatório, a profundidades variáveis, abrangendo instalações e equipamentos destinados à produção*". Logo, aplica-se esse mesmo raciocínio quanto à dificuldade de se delimitar o reservatório não convencional.

Entendemos, portanto, necessária uma menor rigidez quanto às exigências do regulador com respeito ao PD, permitindo dele constar atividades de exploração, desenvolvimento e produção, sem a obrigação de se especificar todos os poços que serão perfurados para o desenvolvimento e a produção. Isso porque, na regulação brasileira vigente, o concessionário fica vinculado às atividades constantes do PD, podendo ser punido, inclusive com a perda da concessão, em caso de descumprimento.

De se reparar que há cláusulas do contrato de concessão que preveem a possibilidade de a ANP flexibilizar algumas regras, com a utilização da expressão "a critério da ANP". Ocorre que tal disposição, nos moldes em que formulada, confere uma discricionariedade à Agência para que decida acerca de tal flexibilização, sem necessariamente estar pautada em critérios técnicos, o que gera a indesejada insegurança jurídica.

Em razão do fator incerteza no projeto não convencional, entendemos que tal rigidez desencoraja investidores, afastando-se o desenvolvimento desses recursos não convencionais, pelo que acreditamos necessária a alteração, em um novo marco, da definição do objeto do PD para a E&P de recursos não convencionais.

5.1.1.4. Conteúdo local

Com o objetivo de incrementar a participação da indústria nacional de bens e serviços, em bases competitivas, nos projetos de exploração e desenvolvimento da produção de petróleo e gás natural, e impulsionar o desenvolvimento tecnológico, a capacitação de recursos humanos e a geração de emprego e renda nesse setor, a ANP passou a inserir nos contratos de concessão, desde a 1ª Rodada de Licitações, a cláusula de conteúdo local.

Por força dessa cláusula, os concessionários devem assegurar preferência à contratação de fornecedores brasileiros sempre que suas ofertas apresentem condições de preço, prazo e qualidade equivalentes às de outros fornecedores convidados a apresentar propostas. O descumprimento dessa cláusula pelo concessionário enseja a aplicação de multa pelo regulador, apurada em processo administrativo sancionador.

Observamos que o contrato de concessão da 12ª Rodada manteve intactas as obrigações relativas ao conteúdo local. A par das discussões correntes acerca dos percentuais excessivos de conteúdo nacional exigidos no Brasil e uma possível alteração pela ANP, certo é que, no caso dos não convencionais, o atingimento da meta estabelecida pela Agência é ainda menos provável, em vistas da carência nacional com relação ao aparato diferenciado necessário a E&P de recursos petrolíferos e gaseíferos não convencionais.

Como afirmado em Relatório da IEA (2012, p. 91) sobre gás não convencional, a indústria de serviços para o *shale oil* e *shale gas* é um "oligopólio norte-americano". De fato, não há, até o presente momento, uma indústria de serviços nacional consolidada – com disponibilidade de sondas de perfuração e unidades de fraturamento hidráulico de grande porte – para a E&P de recursos não convencionais como ocorre nos EUA; razão pela qual torna-se inviável a manutenção da mesma exigência de conteúdo nacional.

É preciso adequar os percentuais de CL para viabilizar a efetivação dos investimentos na E&P de gás não convencional, sem que o concessionário incorra em descumprimento de uma obrigação contratual e editalícia, e sujeite-se à penalização de multa.

Sugere-se a previsão de isenção de percentual de conteúdo local em não havendo equipamentos, mão de obra ou companhias de serviço locais com *know-how*, pessoal ou serviço necessários a conduzir e manejar as operações com técnicas necessárias à exploração não convencional de P&G, bem como a permissão da livre importação de bens e serviços necessários a tais operações.

5.1.1.5. Participações governamentais

Vimos que em muitos países prevalece o regime dominial, segundo o qual os recursos minerais localizados no subsolo são propriedade do Estado. Logo, para que possa explorar economicamente os recursos naturais, demanda-se do particular uma contrapartida monetária pela utilização do bem público. O modelo de contrapartida mais tradicional para as concessões petrolíferas é o modelo de *royalties*, adotado pelo Brasil, como ressaltado em capítulo anterior.

Em situações nas quais o investidor não tem controle sobre o preço de mercado do recurso extraído, o pagamento de *royalty* pode causar a antieconomicidade do projeto, o que leva a seu abandono precoce. Com baixos preços do óleo – como o atual cenário mundial – ou custos de exploração altos – no caso de projetos não convencionais –, acirra-se o risco da antieconomicidade do projeto, podendo os *royalties* prejudicarem uma diminuta receita advinda da produção de petróleo e/ou gás natural.

À medida que a produção cai, os custos da extração provavelmente excederão as receitas; nesses casos, demanda-se um tratamento diferenciado para os *royalties*. Isso porque a contrapartida ao Estado pela utilização de seus bens não deve produzir desincentivos para a exploração de novas reservas ou o desenvolvimento de novos campos, ou mesmo o abandono precoce daqueles existentes.

Nesse contexto, visando ao incentivo da produção e ao abastecimento nacional – que são objetivos prioritários da política energética nacional –, bem como garantir a rentabilidade de tais operações, sugere-se a redução das participações governamentais incidentes nas concessões para a E&P não convencionais de petróleo e gás natural a ser contemplada em um marco legal para os recursos não convencionais.

Isso porque, como antes ressaltado, tais projetos demandam investimentos muito maiores que os projetos convencionais, na medida em que a produção desses recursos impõe a execução de múltiplas perfurações consecutivas e multidirecionais, que devem cobrir toda a área contratada, para evitar o declínio acelerado da produção e garantir a manutenção ou ampliação da produção anual.[1] Além disso, demanda-se a utilização de tecnologia avançada, com métodos de estimulação e fraturamento hidráulico. São, portanto, projetos mais intensivos e exigentes em termos de capital e tecnologia, com um fator de recuperação menor que projetos convencionais e uma depleção mais rápida da área.

Interessante observar que, apesar de o contrato de concessão da 12ª Rodada de Licitações da ANP não ter conferido um tratamento diferenciado para as participações governamentais no caso de descobertas não convencionais, entendemos que tal flexibilização já seria possível à luz da Lei nº 9.478/1997. Essa lei contempla, no art. 45, as seguintes PGs: bônus de assinatura, *royalties*, participação especial e pagamento pela ocupação ou retenção de área,[2] além do pagamento de participação ao proprietário de terra, no caso de blocos *onshore*.[3] O § 1º do citado artigo, todavia, consigna que apenas os *royalties* e o pagamento pela ocupação ou retenção de área serão obrigatórios.[4]

O bônus de assinatura corresponde ao montante ofertado pelo licitante na proposta para obtenção da concessão de petróleo ou gás natural e são pagos pelo concessionário no ato da assinatura do contrato, em parcela única.[5] Eles representam uma expressiva antecipação de receita ao poder concedente, livre

---

[1] Segundo o Relatório da IEA, enquanto um campo *onshore* convencional requer 1 poço por 10 m², campos não convencionais podem precisar de mais de 1 poço por m², o que intensifica significativamente o custo da produção. ALMEIDA e FERRARO (2013, p. 56) destacam que a produção de campos horizontais na região de Barnette, nos EUA, por exemplo, sofre uma redução de 39% no primeiro ano de produção e de 50% no final do segundo ano produtivo. Há quem aponte para taxas ainda maiores de declínio de produção: de 63% a 85% no primeiro ano de produção (DUMAN, 2012).

[2] O pagamento pela ocupação ou retenção de área é fixado pelo edital de licitações, em valor por km² ou fração da área de concessão, para as fases de exploração, de desenvolvimento e de produção, aumentado em caso de prorrogação da fase de exploração. Tem por objetivo desencorajar o concessionário de utilizar a área concedida para fins de especulação, estimulando-o a explorá-la e produzi-la.

[3] Nos termos do art. 52 da Lei nº 9.478/1997, tal participação equivale, em moeda corrente, a um percentual variável entre cinco décimos por cento e um por cento da produção de petróleo ou gás natural, a critério da ANP, e será distribuída na proporção da produção realizada nas propriedades regularmente demarcadas na superfície do bloco.

[4] Os contratos de concessão (como o fez o contrato da 12ª Rodada da ANP) costumam prever que o concessionário não se eximirá desses pagamentos mesmo nas hipóteses excepcionais de suspensão do curso do prazo contratual e de caso fortuito e força maior, ou de produção auferida durante o período de teste de longa duração.

[5] No regime de concessão, os bônus de assinatura são livremente ofertados pelos licitantes, a partir de um valor mínimo fixado no edital, e serve como um dos critérios de julgamento

de qualquer risco geológico ou econômico, desembolsada antes mesmo do início da produção, impactando significativamente o fluxo de caixa do projeto. Nos termos do § 1º do art. 45 da Lei nº 9.478/1997, não se trata de uma espécie de PG de incidência obrigatória, pelo que seria possível sua dispensa em licitações para E&P de recursos não convencionais, sem que isso constitua renúncia de receita pela ANP.

A regra aplicável aos *royalties* é a de que serão pagos mensalmente e corresponderão ao percentual fixo de 10% da produção de petróleo e gás natural realizada na área de concessão, a partir da data de início da produção comercial de cada campo. A Lei nº 9.478/1997 prevê, em seu art. 47, § 1º, que tal parcela poderá ser reduzida pela ANP (com previsão em edital de licitação) em até 5% da produção, levando-se em conta *os riscos geológicos, as expectativas de produção e **outros fatores pertinentes**.*[6] Logo, com base na redação final deste parágrafo, poderia a ANP fixar para os recursos não convencionais *royalties* no percentual de 5% da produção, considerando se tratar de projetos exploratórios que demandam um investimento significativamente superior e uma tecnologia diferenciada, escassa no mercado interno; principalmente por incluir projetos envolvendo gás natural não associado, que possuem uma receita inferior aos projetos envolvendo petróleo.[7]

Com relação à participação especial, a Lei nº 9.478/1997 prevê que ela incidirá nos casos de grande volume de produção ou de grande rentabilidade e será aplicada sobre a receita líquida da produção (deduzidos os *royalties*, os investimentos na exploração, os custos operacionais, a depreciação e os tributos previstos na legislação em vigor). Tal espécie de PG é regulamentada pelo Decreto nº 2.705/1998 (como determinado pelo art. 50 da Lei nº 9.478/1997), o qual prevê, em seu art. 22, alíquotas que variam de 10% a 40%, conforme volume de produção trimestral fiscalizada. Por estarem previstas no nível infralegal de forma originária, as alíquotas da participação especial podem ser reduzidas ou majoradas por ato do Presidente da República, procedimento muito mais célere que um processo legislativo. Nesse contexto, vislumbramos duas possíveis alternativas para as participações especiais em projetos não convencionais: a primeira delas seria a possibilidade de sua não incidência por completo (uma vez que, nos termos do art. 45 da Lei nº 9.478/1997, trata-se de espécie de PG

---

das propostas. No regime de partilha de produção, por seu turno, tal valor já é previamente fixado no edital e não interfere no julgamento das propostas.

[6] O § 2º do mesmo artigo prevê que os critérios para o cálculo do valor dos *royalties* serão estabelecidos por decreto do Presidente da República, em função dos preços de mercado do petróleo, gás natural ou condensado, das especificações do produto e da localização do campo.

[7] Como aponta AMORIM (2014, p. 11), alguns Estados contemplam tal diferenciação entre *royalties* aplicáveis para o petróleo e para o gás natural em seus modelos regulatórios.

não obrigatória), e a segunda seria a redução de sua alíquota por ato do Poder Executivo.

O Decreto nº 2.705/1998 fixa faixa de valores para o pagamento anual pela ocupação ou retenção de área, a serem observadas pela ANP conforme as características geológicas, a localização da bacia sedimentar em que o bloco objeto da concessão se situar e outros fatores pertinentes. O percentual dessa participação, determinado em cada edital de licitação para as fases de exploração, de desenvolvimento e de produção com o objetivo desencorajar o concessionário de utilizar a área concedida para fins de mera especulação, poderia ser igualmente reduzido a considerar que, no caso da E&P de recursos não convencionais, faz-se necessária a retenção, ao longo da concessão, de uma área maior para a viabilidade e economicidade do projeto não convencional.

Desse modo, acreditamos que o marco proposto para os recursos não convencionais poderia isentar os concessionários de determinadas PGs, hoje aplicáveis às concessões convencionais, ou mesmo incidir com percentuais reduzidos (no caso de *royalties* e/ou participações especiais porventura incidentes), na linha do que já faculta o marco hoje vigente (leia-se, a Lei nº 9.478/1997).

Ponto a se atentar, contudo, diz respeito à necessidade de se alterar a base de cálculo de *royalties* incidentes em projetos não convencionais. Isso porque a Lei nº 9.478/1997 e o Decreto nº 2.705/1998 preveem que tais parcelas incidirão sobre a produção relacionada a cada *campo* da área de concessão. O art. 6º, inciso XIV, da referida lei define como campo de petróleo ou de gás natural a "*área produtora de petróleo ou gás natural, a partir de um **reservatório contínuo ou de mais de um reservatório**, a profundidades variáveis, abrangendo instalações e equipamentos destinados à produção*". Entendemos que esse significado de campo equivalente a todo o reservatório não deve ser aplicado para os reservatórios não convencionais, sendo o mais adequado, pelas razões antes indicadas, restringir o conceito de campo aos *sweet spots*.

5.1.1.6. Unitização

O instituto da unitização ou individualização da produção é definido pela Lei nº 12.351/2010 (art. 2º, inciso IX) como o "*procedimento que visa à divisão do resultado da produção e ao aproveitamento racional dos recursos naturais da União, por meio da unificação do desenvolvimento e da produção relativos à jazida que se estenda além do bloco concedido ou contratado sob o regime de partilha de produção*". A jazida, por sua vez, é definida na Lei nº 9.478/1997 como "*reservatório ou depósito já identificado e possível de ser posto em produção*".

O instituto em destaque foi mantido (na minuta do contrato de concessão da 12ª Rodada) sem distinção para as descobertas não convencionais.

Com base nas definições anteriores, atentamos para a dificuldade de se definir a jazida no caso de reservatórios não convencionais, o que dificulta, por sua vez, em eventual necessidade de se proceder a individualização da produção com terceiro concessionário. Por isso, parece-nos razoável que no caso dos não convencionais, o conceito de jazida deve se restringir aos *sweet spots* (depósitos) e não ao reservatório, em função de sua difícil delimitação.

Até mesmo porque, ainda na hipótese de um único reservatório se estender para além de uma concessão, é possível que, pela baixa porosidade e permeabilidade, não haja comunicação de óleo e/ou de água entre parte do reservatório localizado em uma concessão e parte localizada em outra, de modo que em nada afetaria o resultado da produção alheia ou o aproveitamento racional dos recursos naturais, a demandar a unitização, instituto este criado para evitar uma produção concorrencial e depredatória.

Por outro lado, caso seja possível o mapeamento e a identificação das fraturas e, de fato, seja verificada tal afetação, o marco proposto poderia prever a celebração de acordo de unitização entre os detentores de direitos das áreas concedidas, envolvendo as adjacências dessas áreas, prevendo, inclusive, o compartilhamento de custo do mapeamento das fraturas e de outras operações, incluindo a produção (perfuração horizontal e o fraturamento hidráulico).

Interessante destacar, por fim, sugestão proposta nos *guidelines* do Modelo de UROA 2014 da AIPN com respeito ao Acordo de Unitização. Com vistas a maximizar a produção e a recuperação em reservatórios não convencionais, a nota propõe uma atuação conjunta entre distintos concessionários, sejam de áreas distintas ou de uma mesma área concedida, com profundidades estratigráficas diferentes (no caso de jurisdições que admitem a concessão de licenças sob diferentes prismas de profundidade em uma mesma área), e a celebração de um Programa de Desenvolvimento Conjunto, que contemple o uso compartilhado de propriedade e reunião de esforços para o desenvolvimento da área. Trata-se de modalidade facultativa de unitização e não obrigatória.

5.1.2. Joint rulemaking: *por uma regulação compartilhada*

O que se denota das ações judiciais brasileiras, destacadas no item 4.3, é que uma causa preliminar e relevante para o desencadeamento da propositura dessas ações em face da 12ª Rodada de Licitações da ANP, que visam impedir a E&P de gás não convencional no País com a utilização da técnica do fraturamento hidráulico que a torna efetivamente viável, foi a ausência de um prévio alinhamento entre os órgãos reguladores que, de certa forma, são envolvidos com essa atividade.

Não se está em questão a competência da ANP, instituída pelo art. 8º e incisos da Lei nº 9.478/1997, para promover a regulação, a contratação e a fiscalização das atividades econômicas integrantes da indústria do petróleo, do gás natural e dos biocombustíveis, que inclui a delimitação de blocos a serem ofertados, a elaboração de editais e de licitações para a concessão de exploração, desenvolvimento e produção de P&G, o estímulo à pesquisa e à adoção de novas tecnologias na exploração e produção, como é o caso do fraturamento hidráulico.

Por outro lado, é também inquestionável a competência dos órgãos ambientais em zelar pelo meio ambiente e evitar sua degradação desenfreada a despeito do desenvolvimento socioeconômico. Trata-se de competência comum da União, dos Estados, do Distrito Federal e dos Municípios, na forma do art. 23, VI, da Constituição Federal, competindo à União, aos Estados e ao Distrito Federal legislar concorrentemente sobre meio ambiente (art. 24, VI, CRFB/1988). Sabe-se que as atividades de explotação de petróleo e gás, em âmbito federal, sujeitam-se ao licenciamento do IBAMA, observadas as normas expedidas pelo CONAMA. Assim, uma vez instaurado o processo de licenciamento pelo interessado, o órgão define o Termo de Referência, no qual delimita os estudos necessários ao exame do impacto ambiental da atividade pretendida, seguido do Estudo de Impacto Ambiental (EIA) – que registra a situação ambiental da área antes da implantação do projeto, analisa os impactos do projeto e de suas alternativas, e define medidas mitigadoras dos impactos negativos – acompanhado do Relatório de Impacto Ambiental (RIMA) – que é submetido à sociedade civil – para então se decidir acerca da expedição ou não da licença ambiental.

Apesar de a ANP defender, nos autos das referidas ações, suas competências para com a E&P de petróleo e gás no país (e ressaltar a orientação do Chefe do Executivo à realização da 12ª Rodada), reconhece, igualmente, a competência dos órgãos ambientais para o licenciamento de atividades petrolíferas, como fato indispensável à viabilização da E&P de não convencionais no Brasil. Assim, parece-nos precipitada a decisão do órgão regulador de antecipar-se, de forma unilateral, em ofertar áreas para a exploração e a produção de petróleo e gás não convencionais, incentivando os investidores a despender elevado capital em projetos desse gênero – cujo intuito, por óbvio, seja o de alcançar uma produção rentável e não apenas realizar pesquisas – para, logo em uma primeira etapa, não terem licenças concedidas para tal propósito, por se tratar de área com extrema sensibilidade ou envolver a utilização de técnica pouco conhecida no entendimento de órgãos ambientais (como já sinalizado em relatório do GTPEG, por exemplo).

Por isso é que, a nosso ver, muito mais eficiente, à luz dos princípios da NPM e da governança global, do que uma posição unilateral da Agência em inaugurar a exploração não convencional no Brasil com a utilização da técnica do fraturamento hidráulico – em que pese sua indubitável competência para regular técnicas exploratórias de P&G – seria a deliberação conjunta de todos os órgãos envolvidos na regulação das atividades de P&G e meio ambiente, em vista da tamanha repercussão da matéria, com a prestação de esclarecimentos e informações necessários, por meio de uma cooperação/coordenação entre as agências envolvidas, sem sobreposição de atribuições.

Reconhecemos, contudo, que não se trata de uma tarefa fácil, na medida em que a regulação coordenada consiste em um dos maiores desafios da moderna governança, sobre a qual vem se debruçando a doutrina estrangeira, e não está imune de dúvidas acerca de suas possibilidades e de seu real potencial.

O instituto, extraído do Direito Comparado, prega a harmonização entre reguladores, com a eliminação de eventuais conflitos emergentes em razão de matéria que possa perpassar por esferas de atribuição de mais de um regulador, como nos parece ser o caso sob análise. Essa coordenação pode se dar por meio da elaboração conjunta de normas entre reguladores, pela adoção de metodologias comuns, ou mesmo pela fusão de diferentes agentes reguladores (hipótese que entendemos mais difícil de ocorrer, apesar de condizente com o princípio da economicidade regente na Administração Pública).

Segundo FREEMAN e ROSSI (2012, p. 1145), há quatro tipos de delegação múltipla a agências que demandariam uma maior coordenação: (1) sobreposição de funções – quando a mesma função é atribuída a mais de uma agência; (2) acordos de jurisdição relacionados – quando o Legislativo designa funções relacionadas, porém distintas, a múltiplas agências em um amplo regime regulatório ou administrativo; (3) acordos de jurisdição que interagem – quando o Congresso designa às agências, inicialmente, missões diferenciadas, mas requer que elas cooperem em determinadas tarefas; (4) delegações que requerem concomitância – quando todas as agências envolvidas devem concordar para que uma atividade ocorra.[8]

No caso dos recursos não convencionais, mais especificamente da regulação sobre a técnica do fraturamento hidráulico, poder-se-ia argumentar configurar uma sobreposição de funções ou mesmo funções relacionadas designadas a múltiplas agências em meio a um amplo regime regulatório. Independentemente do tipo de delegação, FREEMAN e ROSSI (2012, p. 1155 e ss) apresentam uma variedade de instrumentos que podem auxiliar na coordenação entre as agências reguladoras, dentre os quais se incluem a previsão de consultas, de acordos interagências, de regulação conjunta e de revisão do Poder Executivo, hipótese em que o Presidente funciona como líder coordenador. Tal coordenação pode se dar, ainda, informalmente, envolvendo o diálogo, as práticas compartilhadas, ou acordos verbais com representantes de diferentes agências.

---

[8] Para aprofundamento no assunto, ler: FREEMAN, Judi. ROSSI, Jim. Agency coordination in shared regulatory space. *Harvard Law Review*. v. 125, n. 5, mar. 2012.

Com respeito ao instrumento da consulta interagência, dissertam os autores FREEMAN e ROSSI (2012), esta pode ocorrer sob diferentes formas: facultativa ou discricionária, quando o Legislativo autorizá-la, sem requerê-la; e mandatória, quando a lei de criação da agência reguladora determinar sua realização previamente à deliberação de determinada matéria (deixando a cargo da agência definir como se dará tal interação), podendo, eventualmente, exigir a publicização do procedimento. No que tange a acordos escritos de coordenação/cooperação, a doutrina arrola como o mais frequente o Memorandum of Understanding (MOU). Esse acordo divide responsabilidades entre as agências e designa tarefas específicas a cada uma, além de estabelecer procedimentos e obrigar as agências a cumprir compromissos mútuos. Assemelha-se a um contrato, exceto pelo fato de não possuir força vinculante e definitiva.[9]

Observe que a regulação coordenada já ocorre em alguns países, como nos Estados Unidos, de que são exemplos a parceria criada entre a Environmental Protection Agency (EPA) e a National Highway Traffic Safety Administration (NHTSA) para a regulação de gases de efeitos estufa e de combustíveis para carros; e o Federal Multiagency Collaboration on Unconventional Oil and Gas Research, projeto construído entre o Department of Energy (DOE), o Department of the Interior (DOI) e a EPA, o qual objetiva a pesquisa colaborativa para o acompanhamento do desenvolvimento dos recursos não convencionais ao mesmo tempo em que se assegura a proteção da saúde humana e do meio ambiente. Tendo em vista que a maioria das atividades envolvendo recursos não convencionais, em âmbito federal, nos Estados Unidos, toca atribuições do DOE, do DOI e da EPA, essas agências assinaram um MOU com o objetivo de traçar prioridades, de forma colaborativa e coordenada, para um desenvolvimento prudente de reservas *onshore* de petróleo e gás não convencionais.

Na prática, cada uma dessas agências contribui com representantes técnicos, cientistas e engenheiros, para integrar o "Comitê Multiagencial", conjuntamente com o Department of Health and Human Services (DHHS), no qual são traçadas estratégias para pesquisas colaborativas e coordenadas. Portanto, cada agência construiu sua *expertise* internamente e a aprimorou externamente, seja por meio de consultas a diversos atores interessados (indústria, academia, organizações não governamentais, comunidade e Estados), seja no âmbito desse Comitê interdisciplinar de reguladores. Os trabalhos que são realizados nesse fórum são posteriormente publicados.

Também no caso do Canadá, do Reino Unido, da Colômbia e da Austrália, como vimos no terceiro capítulo, foram adotadas ações coordenadas entre diversos

---

[9] Há quem defenda, principalmente na doutrina brasileira, a força vinculante do MOU à luz dos deveres conexos da boa-fé objetiva e do direito contratual brasileiro.

agentes reguladores envolvidos no processo regulatório dos não convencionais, como forma de garantir a eficiência na regulação.

A regulação coordenada, por conseguinte, parece-nos uma alternativa possível e eficiente para viabilizar a E&P de recursos não convencionais de P&G no Brasil, que otimizaria tempo e ordem na regulação, sem implicar uma excessiva centralização em apenas uma autoridade, a fim de gerar ganhos tanto às agências quanto à sociedade e a todos os atores envolvidos, afastando a presente insegurança jurídica.[10] Parece-nos, ainda, que a solução melhor funcionaria se prevista expressamente no marco ora proposto.

Outrossim, acreditamos que no caso específico dos recursos não convencionais de P&G, a cooperação regulatória pode ultrapassar a fronteira nacional para o plano internacional, que pressuporia a criação de uma regulação global sobre a matéria, nos moldes intentados para a regulação transnacional sobre florestas e sobre o sistema financeiro (Basileia). Tal regulação, que deve ser elaborada com observância às diretrizes e aos princípios destacados no primeiro capítulo deste livro, torna-se ainda mais necessária a considerar a possibilidade de reservatórios não convencionais estenderem-se para além de fronteiras nacionais – e, consequentemente, a necessidade de uniformizar o entendimento acerca da aceitação do *fracking* em eventual desenvolvimento compartilhado de jazida – ou mesmo a considerar a possibilidade de extensão do dano ambiental para mais de um Estado – como se argumenta com respeito ao Aquífero Guarani, localizado acima de parte das reservas de petróleo e gás de folhelho da bacia do Paraná no Brasil, no Paraguai, no Uruguai, e da bacia do Chaco, na Argentina.[11]

Nesse sentido, o item 12 das Recomendações da OCDE de 2012 determina considerar no desenvolvimento de medidas regulatórias "*todos os padrões internacionais relevantes e as estruturas de cooperação na mesma área e, quando apropriado, seus possíveis efeitos sobre as partes que estejam fora da sua jurisdição*". Por isso a importância de se estabelecer parâmetros globais para a exploração

---

[10] Chamamos a atenção para a existência de projetos existentes no Direito Comparado que visam identificar lições aprendidas e as melhores práticas para a colaboração e a coordenação entre agências reguladoras, em especial, em situações nos quais diferentes agências são dotadas de responsabilidades próximas ou similares para aspectos distintos de uma regulação mais ampla, programática ou gerencial. Maiores informações disponíveis em: <http://www.acus.gov/research-projects/improving-coordination-related-agency-responsibilities>. Acesso em: 1º fev. 2015.

[11] São 1,2 milhões de km², sendo 840 mil km² no Brasil, 225,500 mil km² na Argentina, 71,700 mil km² no Paraguai e 58,500 mil km² no Uruguai. Destaque-se a existência do Projeto de Proteção Ambiental e Desenvolvimento Sustentável do Sistema Aquífero Guarani, criado com o propósito de apoiar o Brasil, a Argentina, o Paraguai e o Uruguai na consecução de um marco legal e técnico de gerenciamento e preservação do Aquífero Guarani para as presentes e as futuras gerações, com o apoio do Fundo para o Meio Ambiente Mundial (FMAM), do Banco Mundial e da Organização dos Estados Americanos (OEA).

de petróleo e gás de folhelho (do tipo *shale*) e de outros tipos de recursos não convencionais,[12] e aplicá-los por meio de programas institucionais, para que não se coloque em questão sua aplicabilidade e cogência no plano interno.

5.1.3. Uma nova regulação fundada na efetiva participação

Uma terceira proposição que apresentamos, com vistas a angariar uma maior aceitação por parte da indústria e da comunidade às normas regulatórias relacionadas à E&P de recursos não convencionais, seria a alteração nos procedimentos de consulta e audiência públicas, com uma maior participação dos interessados e efetiva apreciação de suas considerações, já que, como vimos em diversos países, inclusive no Brasil, muito se questionou a respeito da ausência desses mecanismos como fundamento para criticar a exploração do *shale gas* e de outros recursos não convencionais.

HARLOW (2006, p. 199; 213) confere especial destaque ao princípio da participação.[13] Afirma o autor que a conexão entre o Direito Administrativo Global e a Democracia Cosmopolita prevalecente na Nova Ordem Jurídica Internacional, como vimos no primeiro capítulo deste trabalho, dá-se por intermédio do aludido princípio. Este pressupõe a participação tanto de integrantes da sociedade civil quanto de representantes estatais, como forma de conferir maior legitimação ao referido Direito e garantir a *accountability*.[14]

KRISCH e KINGSBURY (2006, p. 4) atentam para um aumento no exercício do Poder Público no âmbito de estruturas regulatórias globais e dos desafios políticos. Todavia, ressaltam esses autores que, em muitas áreas da governança global, estão emergindo mecanismos que buscam aprimorar a participação dos diversos atores na elaboração de atos e decisões no âmbito da regulação global. São exemplos trazidos pela doutrina o Painel de Inspeção instituído pelo Banco Mundial para assegurar o seu cumprimento às políticas internas; o denominado

---

[12] A título de ilustração, podemos elencar alguns standards primordiais: 1) entendimento sobre os impactos ambientais entre os operadores da indústria, os reguladores e a sociedade; 2) treinamento dos operadores prévio à utilização das técnicas e perfuração não convencionais, com base nas melhores práticas da indústria; 3) os reguladores devem ser treinados e capacitados para atuar rapidamente e de forma justa e equilibrada na permissão, na inspeção e na execução de um projeto não convencional; 4) Compromisso das companhias de medir, reportar e continuamente aprimorar suas atividades; 5) o nível da atividade não deve exceder a capacidade para uma boa vigilância e cuidados; dentre outros.

[13] Ver também: BIGNAMI, 2003.

[14] A maior preocupação revelada pelo autor (HARLOW, 2006) com relação ao Direito Administrativo Global é exatamente o perigo de os cidadãos perderem, no espaço global, sua liberdade e participação ativa na gestão pública (por meio de fóruns e audiências públicas) que maximizam as oportunidades de mudanças.

notice-and-comment procedure que decorre de padrões internacionais estabelecidos como o da OCDE; a inclusão de ONGs (Organizações Não Governamentais) em órgãos regulatórios como o Codex Alimentarius Commission; ou por meio de regras sobre participação estrangeira em processos administrativos domésticos como o estabelecido na Convenção Aarhus.

Como igualmente introduzido no primeiro capítulo, sob um prisma interno, a participação dos cidadãos em procedimentos administrativos promovidos por agências reguladoras, em especial na elaboração de normas regulatórias, visa suprimir ou, ao menos atenuar, o problema do *déficit* de legitimação democrática dessas agências. Os mecanismos mais tradicionais de controle social sobre a atividade normativa desses entes são as audiências e as consultas públicas.[15]

Com efeito, a audiência pública é modalidade de participação popular que concede maior publicidade, uma vez que as partes interessadas (indivíduos ou grupos determinados) têm o direito de realizar proposições de aprimoramento da norma regulatória, que devem ser debatidas (oralmente) em ato público (sessões abertas) realizado pelo regulador. Este, por sua vez, deve justificar as razões pelas quais adota ou rejeita a proposição realizada pela sociedade ou pelos agentes econômicos.

Tais audiências públicas são normalmente antecedidas de consultas públicas que, apesar de possuírem o mesmo espírito, não se equivalem. Estas consistem no questionamento da opinião pública acerca de assuntos de interesse coletivo que serão nela tratados e a consequente coleta de opiniões. Por meio da consulta, os interessados podem emitir suas opiniões acerca do conteúdo das regras a serem editadas pelo regulador, as quais devem ser examinadas pela agência reguladora com a devida consideração. À semelhança da audiência, a rejeição ou adoção das medidas propostas pelos interessados deve ser motivada e posta à disposição do público (*cf.* BINENBOJM, 2008, p. 297).

Ambos os mecanismos elencados – audiências e consultas públicas – têm a finalidade de concretizar o princípio da participação e da publicidade, ademais de encontrarem fundamento de validade em outras garantias constitucionais, como o direito de petição e o consequente direito à resposta, o princípio da motivação dos atos administrativos, o princípio do pluralismo, dentre outros (*cf.* ARAGÃO, 2012, p. 604).

---

[15] Há ordenamentos, como o brasileiro, que elencam, ainda, os Conselhos Consultivos. Tais conselhos são órgãos de participação social institucionalizada, compostos de integrantes da sociedade civil e de representantes de órgãos cujos interesses são atingidos pela regulação, nestes incluindo representantes do Congresso Nacional, do Poder Executivo, das prestadoras de serviços regulados, das entidades representativas de usuários e da sociedade em geral. Suas atribuições, basicamente, possuem caráter consultivo e fiscalizador, incluindo a emissão de opiniões sobre projetos das agências (*cf.* BINENBOJM, 2008, p. 300).

Assim, para que se possa considerar válida uma norma produzida por uma agência reguladora, sob a perspectiva procedimental do devido processo legal (*procedural due process of law*), é fundamental a promoção da audiência e da consulta públicas. Sem essa audiência, a elaboração de um ato normativo ou de uma decisão do regulador fica alijada de legitimidade, que pressupõe a participação daqueles que potencialmente terão seus direitos afetados pela atuação estatal[16] (BILIERI, 2010, p. 463).

BILIERI (2010, p. 463) pontua alguns requisitos imprescindíveis à concretização do princípio do devido processo legal no âmbito de audiências e consultas públicas. Primeiramente, fala da necessidade de se garantir aos interessados a oportunidade para tomarem conhecimento do teor do processo administrativo instaurado para a elaboração da norma. Além de assegurar o acesso aos autos, o ente regulador deverá garantir a compreensão das questões em debate no processo que, não raro, são de alta complexidade. Os interessados poderão requerer, ainda, a produção de provas sobre suas alegações.

JUSTEN FILHO (2006, p.327) alerta que, para que não reste infringido o postulado do devido processo administrativo, é preciso que as agências submetam suas decisões a um processo de formação da vontade que impeça a prevalência de preferências subjetivas ou a tomada de decisões produzidas no âmbito puramente interno da agência ou a ela transmitidas por autoridades políticas externas, cuja formalização seja precedida de um aparente processo.[17]

---

[16] No caso da regulação brasileira de P&G, sabe-se que a Lei nº 9.478/1997 prevê, expressamente, em seu art. 19, a necessidade de se realizar *audiências públicas* previamente à edição de normas que impliquem afetação de direitos dos agentes econômicos. Desse dispositivo extrai-se o comando no sentido de que toda e qualquer norma que crie uma obrigação para o regulado deve, necessariamente, passar pelo crivo da audiência pública para que a autoridade administrativa: (i) recolha subsídios, conhecimentos e informações para o processo decisório; (ii) propicie aos agentes econômicos e aos consumidores e usuários a possibilidade de encaminhamento de opiniões e sugestões; (iii) identifique, da forma mais ampla possível, todos os aspectos relevantes à matéria objeto da audiência pública; e (iv) dê publicidade, transparência e legitimidade às ações da Agência; sendo imprescindível a submissão a tal procedimento para que a norma seja provida de coercibilidade. No âmbito da ANP, tal procedimento dá-se da seguinte forma: a ANP, primeiramente, publica no Diário Oficial da União e divulga em seu sítio eletrônico um aviso de consulta pública e audiência pública – contendo o objetivo, o prazo e a forma de participação na consulta, bem como a data e o local em que ocorrerá a audiência, e sua programação – juntamente com a disponibilização de uma minuta da norma que se pretende editar. Os interessados encaminham seus comentários ao longo do prazo da consulta, os quais devem ser analisados pela ANP e, posteriormente, incorporados ou rejeitados à minuta do ato normativo. Demais manifestações de interessados realizados no dia da audiência pública podem ser também aproveitadas pela Agência no fechamento da minuta da norma.

[17] Acerca da ilegalidade de norma produzida em desrespeito à exigência de participação popular, destacamos o Mandado de Segurança nº 24.184/DF, no qual o Supremo Tribunal Federal entendeu ilegal Decreto que tinha por finalidade ampliar os limites de área de preservação ambiental, sem que o Poder Público tivesse realizado previamente a consulta pública, ex-

Quanto ao momento devido para a participação dos interessados, JUSTEN FILHO (2002, p. 567-568) bem pondera que esta deve se dar, em um primeiro momento, logo após a realização dos estudos internos e da formulação do esboço de soluções; e, em um segundo momento, deverão ser ouvidos os interessados já em relação ao projeto da norma a ser produzida. Apenas dessa forma, argumenta o doutrinador (com o qual estamos plenamente de acordo), que a participação dos indivíduos será significativa para a formulação da norma: a uma, pois já possuem conhecimento acerca da direção do conteúdo normativo, o que possibilita o debate; a duas, porque neste momento o conteúdo da norma não se encontra totalmente sedimentado, o que permite a real influência das contribuições ofertadas no resultado final do processo. Nesse sentido, sustenta BILIERI (2010, p. 494) que a realização de audiência ou consulta pública após a formulação completa da norma não apresentará qualquer valia ao processo, constituindo a oitiva dos interessados *"uma mera encenação"*, tendente a afastar o vício de validade que inevitavelmente revestirá o processo normativo.

Deve-se exercer um controle para verificar se o ato final incorporou as manifestações dos particulares que foram aceitas pelo ente regulador quando de sua apresentação ou, do contrário, se devidamente fundamentadas pela agência as manifestações rejeitadas. Cumprirá ao Judiciário, em um controle sob o aspecto procedimental das consultas e audiências públicas, verificar se tais manifestações foram efetivamente documentadas e se apreciadas, de forma fundamentada, pelos agentes responsáveis, com os motivos que os levaram a aceitar ou a rejeitar uma determinada contribuição, conferindo à sociedade ampla possibilidade de discussão das normas a serem estabelecidas.[18-19]

---

pressamente exigida no art. 22, § 2º, da Lei 9.985/2000. Igual ponderação restou assentada no excerto a seguir transcrito, extraído de acórdão proferido pelo Tribunal Regional Federal da 2ª Região. Confira-se: [...] *Já o exercício do seu poder normativo obedece aos mesmos parâmetros que pautam a atividade legislativa, dentre os quais os princípios da realidade, da razoabilidade e da proporcionalidade. Às agências incumbe, portanto, o exercício do poder sempre com a participação dos destinatários dos seus atos. Contudo, o postulado da legitimidade do poder normativo das agências reguladoras não é alcançado pela simples e formal realização de audiência pública, mas pela sua efetiva e material realização e por todo o procedimento de elaboração do ato normativo. A experiência demonstra que as audiências públicas reduziram-se a sessões formais e o coeficiente democrático da Agência Nacional de Petróleo – ANP chegou a causar perplexidades manifestas* (Tribunal Regional Federal da 2ª Região, processo nº 0013063-32-2002.4.02.0000, Relator Desembargador Federal André Fontes, DJ 6. jul. 2007).

[18] Vide, nesse sentido: ARAGÃO, 2012, p. 606; BINENBOM, 2008, p. 297; SCHIRATO, 2008, p. 525.

[19] O Projeto de Lei (PL) nº 3.337/2004, apresentado pelo Poder Executivo ao Congresso Nacional, que dispunha sobre a gestão, a organização e o controle social das agências reguladoras (também denominado Lei Geral das Agências Reguladoras), introduzia a obrigatoriedade para todas as agências de realização de consulta pública, previamente à tomada de decisão, sobre minutas e propostas de alterações de atos normativos e decisões da Diretoria Colegiada das agências. O PL introduzia, ainda, a obrigação de as agências disponibilizarem na internet os

Acreditamos que os mecanismos de participação aplicados como construídos na teoria são essenciais para tornar o processo deliberativo das agências reguladoras o mais transparente e eficiente possível, a fim de atender ao real interesse público que deve ser interpretado como "*um somatório de interesses privados que a Administração deve harmonizar*", conforme ensinamento de SOUTO (2012, p. 307).

Contudo, vê-se na prática, não raro, que as agências reguladoras não costumam levar em consideração as sugestões dos regulados e tampouco justificam a rejeição a suas proposições, limitando-se a uma sucinta negativa. Acreditamos que tal conduta atenta ao dever de motivação a que está submetida a Administração Pública, que não pode ser suprido por justificativas superficiais, ademais de contrariar a doutrina consagrada do *hard look*, colocando em cheque a própria legitimidade do ato administrativo.

Interessante notar que já em texto publicado no ano de 2000, Carlos Ari SUNDFELD (2000, p. 38) manifestou crítica aos procedimentos administrativos realizados pelas agências reguladoras, incluindo consultas/audiências públicas, nos quais "*os discursos jurídicos têm encontrado poucos ouvidos*" e a "*resposta a eles com frequência é a pura negação ao diálogo*". Infelizmente, ultrapassados 15 anos dessa crítica, o cenário hoje é muito similar ao relatado pelo referido jurista e o *déficit* na regulação econômica por ele vislumbrado parece remanescer.

Igual preocupação já havia sido manifestada por Bresser PEREIRA (2001), um dos mentores das transformações institucionais regulatórias implementadas no Brasil no final do século XX, em trecho que ora transcrevemos:

> Em um mundo em que a tecnologia muda tão rapidamente, onde o ritmo do desenvolvimento econômico tende a acelerar-se secularmente e onde as relações econômicas e sociais tornam-se cada vez mais complexas, espera-se também que as instituições políticas mudem. As três instâncias políticas que agem nas sociedades capitalistas modernas – a sociedade civil, o Estado (organizações e instituições) e o governo – deverão assumir novas formas, novos papéis, novos modos de relacionar-se uma com as outras e, assim, produzir uma nova governança democrática.

---

atos e propostas submetidos à participação popular e seu relatório anual de atividades. Esse PL, contudo, foi arquivado, em 18 de julho de 2013, após solicitação do Executivo, por meio da Mensagem de Retirada de Proposição de nº 90/2013, de 13 de março de 2013. Em que pese o seu arquivamento, somos do entendimento de que não apenas são obrigatórias as audiências públicas previamente à edição de atos normativos das agências reguladoras, mas igualmente antes da prolação de decisões, em especial, por parte do Órgão Colegiado do Regulador, como consta desse Projeto de Lei, para que se tenha assegurado o efetivo contraditório e ampla defesa, a transparência e a credibilidade, e para que possam os indivíduos afetados serem efetivamente ouvidos. Informações disponíveis em: <http://www.camara.gov.br/proposicoesWeb/fichadetramitacao?idProposicao=248978>. Acesso em: 11 jan. 2015.

Há de se garantir o escrutínio público em todo processo regulatório, reunindo fatos de cidadãos afetados por propostas, criando salvaguardas contra a corrupção e conflito de interesses, com vistas a promover a confiança no regulador, mediante maior transparência e participação pública. Acreditamos que apenas com a colaboração recíproca e consensual entre administrados e ente regulador, e com a devida apreciação e enfrentamento técnico das questões levantadas pelos interessados, é que restarão atendidos o princípio do *hard look* e o princípio da eficiência, estampado no art. 37 da Constituição Federal.

Resta, portanto, justificada a necessidade de se reforçar os contornos teóricos e práticos do princípio da participação nos atos e decisões dos reguladores no âmbito de um novo marco para a E&P de recursos não convencionais, para que se consiga reverter esse quadro ainda patológico da regulação, com vistas a se alcançar uma governança efetivamente democrática.

5.1.4. Uma licença social para a operação dos recursos não convencionais de P&G

Como uma etapa subsequente ao compartilhamento da regulação sobre a matéria a evitar a insegurança jurídica e em vista do medo criado em torno da técnica do fraturamento hidráulico para a exploração não convencional de P&G, consideramos providencial o engajamento do regulador e dos atores da indústria com o público e a comunidade maior, a fim de se obter uma licença social para tais operações.

O termo "licença social para operar" (LSO), extraído igualmente do Direito Comparado, tem origem na indústria minerária, considerada a primeira a visivelmente impactar recursos naturais finitos. Assim, para que fosse possível conduzir as atividades minerárias com o apoio das comunidades locais, os operadores precisaram demonstrar transparência e responsabilidade, e manter um diálogo aberto com a comunidade diretamente afetada por suas atividades, equilibrando o desenvolvimento econômico com o meio ambiente.

A transposição desse instituto nos parece perfeitamente cabível para as indústrias do petróleo e do gás natural, que igualmente se apoiam na extração de recursos naturais finitos, mais intensamente para viabilizar projetos de E&P de reservatórios não convencionais, cujos impactos ao meio ambiente podem ser superiores à exploração convencional.

A referida licença, que não é um documento físico ou previsto em lei, representa o nível de aceitação ou aprovação continuamente conferido pela comunidade local e outros atores (leia-se: entidades governamentais, iniciativa privada, organizações civis) às operações ou a um determinado projeto de uma organização/companhia, os quais ficam amparados com um valor comercial de longo prazo e anexados à sua reputação e à confiança do público em seus negócios. A extensão desse suporte dependerá de quanto esta comunidade terá suas expectativas atendidas por meio da atuação da companhia (*cf.* GUNNINGHAM, KAGAN e THORNTON, 2004; HOUSE, 2013, p. 18).

O termo – LSO – foi assim definido pelo Banco Mundial como a aquisição de um consentimento livre, prévio e esclarecido da comunidade local e demais atores, que se dá de forma tácita, intangível e casuística (FRANKS *et al.*, 2010). O consentimento esclarecido implica o dever de o operador ser aberto e transparente em suas comunicações, informando ao público acerca dos princípios operacionais incidentes sobre suas atividades e da existência, porventura, de quaisquer impactos ambientais ou salutares que suas operações possam gerar.

Inicialmente, o conceito da licença para operar era atrelado à indústria sob uma perspectiva de risco do negócio (risco a ser administrado pela empresa) e carecia do entendimento qualitativo de um contexto social. Entretanto, percebeu-se que considerar a perspectiva social no planejamento, no desenvolvimento e na implementação das atividades empresariais reduziria o risco de resistência da sociedade a tais atividades. Esse risco pode afetar diretamente os lucros da companhia por meio do atraso na produção ou, indiretamente, por meio de uma reputação negativa ou de uma maior rigidez regulatória (BLACK 2012; BOUTILIER *et al.*, 2012; OWEN e KEMP, 2013). Portanto, sob uma visão ampla, a LSO pode ser descrita como a habilidade de uma organização de gerenciar seus negócios em razão da confiança da sociedade de que ela se portará de forma legítima, transparente ("*accountable*") e ambientalmente aceitável.

PRNO e SLOCOMBE (2012) destacam a existência de quatro práticas para o operador conseguir uma LSO com comunidades locais. A primeira delas seria a antecipação e a manutenção de um diálogo com a comunidade; a segunda, a divulgação, de forma transparente, de informação; a terceira seria o desenvolvimento de um mecanismo eficaz de resolução de conflitos; por fim, a quarta prática consistiria na tomada de decisões pela companhia culturalmente apropriadas.

O nível de aprovação daqueles direta ou indiretamente afetados aos projetos de gás e petróleo não convencionais, como a comunidade local, grupos de agricultores e outros, é o que determinará se o operador tem uma licença social para operar tais projetos. Muitas vezes, o alcance de tal aceitação dependerá da habilidade da companhia de lidar com as questões controvertidas relatadas neste trabalho (como o cuidado para se evitar a contaminação de recursos hídricos, a poluição do ar e da superfície, o impacto da biodiversidade ou o desperdício inconsequente de água utilizada para as operações de fraturamento hidráulico), incluindo sua preocupação com a ética profissional e a exploração do meio ambiente de forma sustentável, como tratado no primeiro capítulo deste trabalho.

THOMSON e BOUTILLIER (2011) apresentam quatro possíveis níveis de suporte comunitário para uma operação de hidrocarbonetos que, por sua vez, relacionam-se com o nível de confiança. O nível inferior seria a própria ausência ou retirada de suporte da sociedade; em um degrau acima, viria o nível de aceitação; mais acima, o nível de aprovação; e no topo seria a identificação psicológica da comunidade com o projeto, que compartilha dos mesmos objetivos da companhia. Segundo esses autores, nos casos em que a comunidade espera receber algum benefício, a operação é vista apenas como legítima. Se há, no entanto, um significativo nível de confiança entre a comunidade e a companhia, decorrente da adoção de práticas como a transparência na divulgação de informações e um processo justo de solução de disputas, então poderá ser atingido o nível de "aprovação", necessário à obtenção da LSO.

Hoje se fala em novos níveis de suporte, com a legitimidade econômica na base, a legitimidade sociopolítica e a mútua relação de confiança acima, e a confiança institucionalizada no nível mais elevado. A legitimidade econômica do projeto consiste na percepção de que ele oferece algum benefício à comunidade; em caso positivo, receberá um nível de aceitação. O nível médio traduz a percepção comunitária de que determinado projeto contribui ao bem-estar da região, respeita o *modus vivendi* da comunidade, atende às suas expectativas e se desenvolve de acordo com a concepção de justiça dos acionistas, ademais de atingir uma boa relação companhia-comunidade, por meio do atendimento às promessas realizadas, do engajamento em um diálogo, e da apresentação de respostas às indagações da sociedade, que culmina com sua aprovação ao projeto. No nível superior, tem-se uma reciprocidade de interesses e participação entre a comunidade e a companhia, em estágio mais avançado (THOMSON e BOUTILLIER, 2011).

A International Association for Public Participation (IAPP) aponta para cinco níveis de participação, a seguir: informação, consulta, envolvimento, colaboração e autorização. A informação representa apenas uma via de comunicação, a qual é fornecida, objetivamente, por meio de relatórios publicados e sítios eletrônicos. A consulta e o envolvimento são processos mais participativos e pressupõem um diálogo, no qual a companhia busca entender as preocupações públicas e suas aspirações, principalmente no processo de elaboração normativa. Com a colaboração entre o público e o privado, criam-se, conjuntamente, soluções alternativas. Por fim, a autorização coloca a decisão final nas mãos do público, com a companhia implementando o que for por ele decidido.

PIKE (2012) pontua algumas circunstâncias que podem afetar a obtenção de uma LSO por uma companhia, ou mesmo serem alteradas no curso da atividade, aplicáveis às operações com hidrocarbonetos não convencionais. São elas: (1) *Condições locais*: os recursos naturais podem estar localizados em áreas distantes dos centros urbanos, frequentemente em áreas rurais desprivilegiadas. Logo, é importante conhecer e entender a política e a cultura da comunidade local, sendo que aquela é sujeita a bruscas mudanças com as alternâncias de governo; (2) *Distribuição de benefícios*: a questão acerca dos beneficiários da explotação de gás não convencional é uma questão-chave. O Reino Unido, por exemplo, tentou implantar um significativo benefício às comunidades da ordem de £ 100,000 por equipamento instalado na área e de 1% sobre a receita do poço em produção; (3) *Direitos sobre a terra*: discussões acerca do direito de propriedade e problemas com a delimitação clara das propriedades, que podem surgir, em especial, quando da perfuração horizontal de poço realizada durante a atividade de fraturamento hidráulico; (4) *Impactos ambientais*: em algumas áreas de maior sensibilidade ambiental (como parques nacionais, áreas de beleza natural extraordinária, ou naquelas de beleza natural sobre as quais se criou uma indústria de turismo ecológico) não importa o quão transparente e confiável seja a companhia, a comunidade local não aceitará a extração de hidrocarbonetos; e (5) *Registros históricos da companhia*: relaciona-se a responsabilidade corporativa e social. Se a companhia tiver um histórico negativo de cumprimento de compromissos, ou de ter deixado impactos sociais negativos, ou de degradação ambiental, será muito mais difícil obter a confiança de investidores locais.

Logo, acreditamos que os esforços das companhias para a obtenção de uma LSO perante as comunidades locais são de fundamental importância para o êxito de um projeto exploratório não convencional – assim como o foi no caso da indústria minerária – em vista da grande resistência e movimentação social em face da exploração do *shale gas*, precedida da técnica do fraturamento hidráulico. Não se trata de um requisito legal para se operar, porém uma forma de afastar obstáculos de ordem prática, econômica e moral.

Assim, para se evitar os protestos e a resistência popular a tais atividades, recomenda-se às companhias se engajarem, o quanto antes e de forma transparente, com a comunidade local, seguindo as melhores práticas da indústria, como determinam a Lei nº 9.478/1997[20] e o contrato de concessão para exploração, desenvolvimento e produção de P&G,[21] bem como estando sensível às condições locais.

---

[20] Lei nº 9.478/1997, art. 44, inciso VI: "O contrato estabelecerá que o concessionário estará obrigado a: (...) adotar as melhores práticas da indústria internacional do petróleo e obedecer às normas e procedimentos técnicos e científicos pertinentes, inclusive quanto às técnicas apropriadas de recuperação, objetivando a racionalização da produção e o controle do declínio das reservas".

[21] Item 1.3.28 do Contrato de Concessão da 12ª Rodada: "Melhores Práticas da Indústria do Petróleo: práticas e procedimentos geralmente empregados na indústria de petróleo em todo o mundo, por operadores prudentes e diligentes, sob condições e circunstâncias semelhantes àquelas experimentadas relativamente a aspecto ou aspectos relevantes das operações, visando principalmente à garantia de: (a) aplicação das melhores técnicas e procedimentos mundialmente vigentes nas atividades de exploração e produção; (b) conservação de recursos petrolíferos e gasíferos, o que implica a utilização de métodos e processos adequados à maximização da recuperação de hidrocarbonetos de forma técnica, econômica e ambientalmente sustentável, com o correspondente controle do declínio de reservas, e à minimização das perdas na superfície;

Exemplo de uma forma prática a concretizar o proposto engajamento é o Acordo de Desenvolvimento Comunitário (ADC), que pode ser tanto voluntário quanto regulado, celebrado entre as companhias e as comunidades impactadas, com a participação direta ou indireta de entidades governamentais, em consonância com a regulação vigente no Estado. Esse acordo, que defendemos pertinente para caso envolvendo a exploração de recursos não convencionais de petróleo e gás natural no Brasil, poderia ser pautado em modelo de ADC já elaborado pela Unidade de Petróleo, Gás e Mineração do Banco Mundial (UPGM-BM) para precedentes da indústria minerária, discutido e aprimorado em esfera internacional por diversos países e interessados (representantes de governos, da sociedade civil e da iniciativa privada).

O referido modelo de ADC do Banco Mundial pauta-se em algumas premissas, quais sejam: 1) ênfase na repartição de benefícios de forma equitativa: benefícios advindos do projeto exploratório das companhias devem ser compartilhados com a comunidade, incluindo empregos, infraestrutura e desenvolvimento da região; 2) globalização: à luz de crises econômicas cíclicas, governos, empresas e comunidades devem buscar investimentos sustentáveis que façam sentido economicamente e tragam benefícios de longo prazo à sociedade; 3) demanda por *accountability*: as companhias devem apresentar evidências de práticas responsáveis perante a sociedade e ao meio ambiente; 4) estratégia negocial: é importante que a companhia paute sua conduta nas melhores práticas da indústria e nas orientações advindas de organizações internacionais, de forma a lograr o apoio da comunidade aos seus projetos e, com isso, adicionar valor a suas ações e criar uma boa reputação no mercado; 5) requisitos regulatórios: os ADCs são orientados pela legislação nacional e pelos requisitos regulatórios locais.[22]

Tais diretrizes podem ser seguidas no caso da celebração de um ADC para viabilizar a exploração e a produção de recursos não convencionais, nas áreas já licitadas no âmbito da 12ª Rodada de Licitação da ANP e em rodadas futuras para não convencionais, acrescentadas de demais peculiaridades regionais que podem ser negociadas entre as partes como, por exemplo, a inclusão de representantes e pleitos de comunidades indígenas em determinadas áreas que abarquem suas reservas.

Para assegurar que a comunidade esteja realmente envolvida nesse processo e seja beneficiada de seu resultado, deve integrar às partes do ADC representantes

---

(c) segurança operacional, o que impõe o emprego de métodos e processos que assegurem a segurança das operações, contribuindo para a prevenção de incidentes; (d) preservação do meio ambiente e respeito às populações, o que determina a adoção de tecnologias e procedimentos associados à prevenção e à mitigação de danos ambientais, bem como ao controle e ao monitoramento ambiental das operações de exploração e produção de petróleo e gás natural".

[22] Para análise mais aprofundada, verificar modelo de ADC do Banco Mundial disponível em: <http://www-wds.worldbank.org/external/default/WDSContentServer/WDSP/IB/2011/05/02/000386194_20110502032111/Rendered/PDF/614820WP0P11781nal0Report0June02010.pdf>. Acesso em: 26 abr. 2015.

qualificados de cada comunidade e dos demais atores – que incluem, além das companhias, representantes políticos (regional e/ou nacional) e da sociedade civil (organizações civis, não governamentais) que venham a negociar os termos do acordo de forma equitativa. Além das diretrizes citadas anteriormente e das peculiaridades locais, é recomendável que no acordo restem contempladas informações do tipo: (i) quais os objetivos e metas do ADC; (ii) quem administrará o acordo e fiscalizará sua execução; (iii) quem será o representante qualificado da comunidade local; (iv) como os interesses de grupos específicos, como dos indígenas, por exemplo, podem ser tutelados; (v) de que forma o projeto exploratório contribuirá para a comunidade e o desenvolvimento socioeconômico nacional; (vi) um resumo com a provisão de gastos qualificados para o projeto.

Trata-se de uma alternativa plausível para legitimar a E&P de recursos não convencionais, alcançando-se o suporte comunitário e de órgãos governamentais resistentes a tal exploração. Todavia, para que tal suporte se prolongue no tempo (a considerar que a aprovação de hoje não garante a aprovação de uma futura geração) é necessário que, além do cumprimento das cláusulas acordadas por todas as partes celebrantes, seja mantida e preservada a relação de confiança e transparência entre empresa e comunidade, sem que sejam violados qualquer dos sustentáculos desse acordo: o desenvolvimento socioeconômico sustentável que se alcançará com a exploração de recursos naturais em benefício de toda a nação, o direito dos investidores, que inclusive licitaram e venceram o leilão de áreas com a legítima expectativa de explorar recursos não convencionais de petróleo e gás e, principalmente, os direitos humanos de todos os membros das comunidades afetadas, beneficiários últimos dessas atividades.

5.2. Desafios e perspectivas à exploração e à produção convencionais de P&G no atual contexto econômico mundial

Flexibilização similar na regulação apresentada anteriormente para viabilizar a exploração não convencional deve ser aplicada, dentro dos limites legais existentes, para estímulo também à exploração e à produção de petróleo e gás convencionais no atual contexto econômico mundial adverso à indústria.

É de notório conhecimento a acentuada queda do preço do petróleo desde o segundo semestre de 2014. Registra-se que, em 1º de setembro de 2014, o preço do petróleo Brent por barril era de US$101,37, caindo para US$66,37/bbl, em 5 de maio de 2015, com nova queda, em janeiro de 2016, a US$26,39/bbl. Em 22 de abril de 2016, o preço do petróleo Brent por barril subiu a US$44.[23]

---

[23] *Cf* Relatório Anual da Petróleo Brasileiro S.A. (Form 20-F), referente ao exercício findo em 31.12.2015, arquivado na *U.S. Securities and Exchange Commission* (SEC), em 27.04.2016. O

Em termos nacionais, teve-se uma forte valorização do dólar americano de julho de 2014 a dezembro de 2015, chegando ao patamar de R$ 4, em janeiro de 2016, dificultando a atuação de companhias do setor. Além disso, o País, imerso em um ambiente de incerteza política e instabilidade, perdeu o seu *rating* de crédito de grau de investimentos e, por reflexo, também a Petrobras teve sua nota de crédito reduzida pelas principais agências de risco internacionais.[24]

Tais circunstâncias impactam na economicidade de projetos de exploração e produção de P&G e no retorno esperado na produção de petróleo e gás, além de dificultar a capitalização de companhias e ocasionar o aumento de seu endividamento. Ademais do aspecto econômico, muitos operadores, por incidência de normas de conformidade (*compliance*), viram-se impossibilitados de contratar companhias brasileiras prestadoras de serviços envolvidas em um dos maiores esquemas de corrupção já revelados no Brasil (Operação Lava-Jato), dificultando o cumprimento de cronogramas aprovados em projetos exploratórios e de produção.

Nesse cenário, alerta merece ser feito às autoridades para que se impeça o retrocesso da exitosa e já consolidada indústria petrolífera brasileira. É imprescindível, portanto, a colaboração do regulador aos concessionários, de forma a incentivar e possibilitar a manutenção de atividades de E&P, em grande escala, no Brasil.

Cientes dessa necessidade, vários países como Reino Unido, Colômbia, Angola, Estados Unidos, México, China e Argentina já flexibilizaram sua regulação e/ou concederam incentivos à indústria, por meio da prorrogação de prazos exploratórios, redução de participações governamentais e de garantias financeiras, isenção de tributos incidentes, dentre outros.

Como já analisado, acreditamos que o contrato de concessão, na forma como concebido, permite igual flexibilização de prazos, na medida em que os eventos externos assumem proporções inesperadas e extraordinárias, de consequências incalculáveis, que desequilibram a relação contratual. Salutar, portanto, que as obrigações sejam revistas a fim de recompor o ajuste a bases equitativas atendendo, a um só tempo, à função social do contrato e aos interesses maiores das partes deste contrato relacional.

De igual modo, a Lei nº 9.478/1997, como argumentado no item 5.1.1.5, permite a redução da alíquota de *royalties*, a redução da base de cálculo da PE,

---

Formulário pode ser acessado pela Internet no *site* da SEC, disponível em <www.sec.gov>, ou no *site* da Petrobras, disponível em <http://www.petrobras.com.br/ri>.

[24] A desaceleração econômica brasileira culminou com uma redação do Produto Interno Bruto de 3,8% em 2015. *Cf* Relatório Anual da Petróleo Brasileiro S.A. (Form 20-F), referente ao exercício findo em 31.12.2015, arquivado na *U.S. Securities and Exchange Commission* (SEC), em 27.04.2016. O Formulário pode ser acessado pela Internet no *site* da SEC, disponível em <www.sec.gov>, ou no *site* da Petrobras, disponível em <http://www.petrobras.com.br/ri>.

permitindo-se a dedução de despesas financeiras, de afretamento, de aluguéis, dentre outros gastos.

Busca-se, portanto, alternativas, pautadas na legislação nacional, na *lex petrolea*, e nas melhores práticas da indústria do petróleo, para as concessões em curso e contratos futuros, com o objetivo de propiciar à indústria petrolífera brasileira uma merecida posição de destaque em um mercado global cada vez mais competitivo por investimentos em áreas de exploração e produção, e a se considerar o alto potencial brasileiro para novas descobertas.

CAPÍTULO 6

CONSIDERAÇÕES FINAIS

Com a intensificação da revolução conglobalizante surgem demandas de cunho regulatório que não conseguem ser supridas internamente, exigindo, muitas vezes, respostas no espaço global. Com isso, parece-nos que a rígida e formal divisão entre Direito Internacional e Direito Interno, que remonta às teorias monistas e dualistas, merece ser repensada na atual conjuntura, em vista da crescente proximidade e complementariedade entre ambos os Direitos.

Dessa interseção tem-se a criação de um Direito Administrativo Global, composto por regras e princípios que, a nosso ver, deveriam receber a mesma aplicação pelos Estados em reconhecimento e respeito à existência de um regime regulatório global – em detrimento de uma soberania absoluta que não mais prevalece na Novíssima Ordem Internacional – que demanda maior cooperação entre os Estados, principalmente nos casos de impossibilidade ou de inadequação de uma regulação unilateral interna. Parâmetros estabelecidos pelos reguladores em instituições globais são por eles implementados em suas ordens jurídicas domésticas e respeitados pelos destinatários dessas normas, bem como aplicados pelos tribunais locais, em certo grau, independentemente de seu formato e se formalmente incorporadas ou não ao ordenamento interno.

Nesse contexto, defendemos que a regulação (leia-se: interna ou internacional), para ser satisfatória, necessita atingir os requisitos emanados da governança global, decorrente do ideário da New Public Management, como a *accountability*, a transparência das decisões, a obediência à lei, a eficiência, a legitimidade e a efetiva participação, e estar sujeita aos tradicionais mecanismos de controle: Executivo, Legislativo, Judiciário e do controle social. No caso de regulação voltada ao setor energético, especificamente, defendemos a necessidade de observância de princípios próprios do Direito Internacional, como a soberania permanente, o Direito Internacional ao Desenvolvimento, o Direito Internacional dos Investimentos e o Direito Internacional ao Meio Ambiente que, em conjunto, legitimam a regulação dos recursos naturais pelo Estado em prol do desenvolvimento nacional sustentável, garantindo-se, simultaneamente, a proteção ao meio ambiente e aos investidores atraídos à exploração desses recursos naturais.

Como ilustração de questão emergente na ordem internacional, que demanda uma regulação própria e esforços conjuntos de atores globais têm-se a exploração e a produção de gás natural não convencional, as quais encontram inúmeros desafios em função de suas diferenças geológicas, tecnológicas e de infraestrutura, que demandam a utilização de técnicas diferenciadas como o fraturamento hidráulico, bem como dos altos custos de projetos e dos riscos alarmados de impactos ambientais resultantes da utilização do *fracking*.

Entendemos imprescindível a tal regulação, sob a ótica jusinternacionalista, o prévio estudo do Direito Comparado, de forma não paroquialista, para averiguar e comparar o tratamento conferido à matéria por demais jurisdições em diferentes continentes. Em breve síntese ao exposto extensivamente no terceiro capítulo deste livro, vimos que a revolução (ou evolução) vanguardista do *shale gas* nos Estados Unidos, em muito auxiliada por incentivos nacionais de ordem fiscal, técnica e jurídica, foi marcante a ponto de torná-lo um *game changer* da geopolítica energética; observamos, porém, que em razão da distribuição de competência entre governos federal, estadual e local, a regulação de P&G é distinta entre cada Estado, sendo que alguns deles instituíram moratória ao *fracking* em seus territórios e muitos outros o permitiram. Similarmente, a atividade de E&P de recursos não convencionais no Canadá, cujo destaque deu-se com relação ao *oil sends* e *shale gas*, é regulada distintamente por suas províncias, apesar de iniciativas para a criação de uma regulação uniforme para a matéria. A Europa tem o carvão como sua principal fonte energética – em que pese mais poluente que o gás natural – e, de modo geral, ainda encontra resistência ao *shale*; no entanto, acreditamos que esse cenário irá gradativamente se alterar em vistas das reservas existentes no continente, já havendo diversos estudos e modelos regulatórios em construção em Estados-Membros (como Reino Unido, Polônia, Alemanha), e a mobilização no sentido de se instituir uma regulação uniforme ao *shale* no âmbito da União Europeia, com a intenção de manter os setores energéticos (intensivos) europeus no jogo global. China, Austrália e Índia são países que regularam distintamente a E&P de recursos não convencionais, destacando-se nesses países não somente o *shale*, como também o *coalbed methane* e o *gas hydrate*. A América Latina encontra-se à frente em termos de regulação própria para recursos não convencionais, como é o caso da Colômbia e Argentina, esta detentora de uma das maiores reservas de *shale gas* do mundo. Também o Brasil é detentor de consideráveis reservas de gás não convencional *onshore* em áreas já licitadas a concessionários interessados, cuja exploração, todavia, que pressupõe o uso da técnica de fraturamento hidráulico encontra-se obstaculizada por decisão judicial. Parte da controvérsia tem origem em problemática regulatória, não havendo no País uma regulação própria para os recursos não convencionais.

Apesar dos inúmeros desafios postos, acreditamos ser possível e vantajosa a exploração e a produção do gás natural não convencional, principalmente no cenário brasileiro, necessitando, dentre outros incentivos estatais, de uma regulação clara, eficaz e juridicamente segura, elaborada com observância dos fundamentos da moderna regulação e do Direito Internacional aplicáveis aos recursos energéticos elencados no primeiro capítulo e em experiências regulatórias como aquelas selecionadas no terceiro capítulo; não podendo carecer de uma efetiva fiscalização de seu cumprimento pelos diversos atores da indústria, como dissertado no capítulo quarto.

Para tanto, propomos, no quinto capítulo deste trabalho, após traçado um panorama da regulação da indústria brasileira e do imbróglio jurídico em torno da exploração e da produção não convencionais de petróleo e gás neste país, por meio da técnica do fraturamento hidráulico, a instituição de um novo marco para os não convencionais, inspirado em contornos e experiências exitosas extraídos do Direito Comparado, que melhor atenda às particularidades dessa modalidade exploratória; distinto, portanto, do modelo contemplado na Lei nº 9.478/97.

Dessa forma, elencamos, primeiramente, algumas disposições consideradas imprescindíveis em um modelo exploratório não convencional de petróleo e gás, como a concomitância das fases de exploração, desenvolvimento e produção, o tratamento diferenciado a ser conferido à Declaração de Comercialidade, ao Plano de Desenvolvimento, e às exigências de conteúdo local, bem como o incentivo fiscal recomendado por meio da redução ou da isenção de participações governamentais porventura incidentes, além de novos contornos ao instituto da unitização.

Sugerimos, em seguida, a previsão, no proposto marco dos não convencionais, de uma regulação compartilhada da matéria, elaborada de modo coordenado entre os diferentes órgãos envolvidos na regulação das atividades de petróleo, gás natural e meio ambiente, em vista da tamanha repercussão da questão inerente ao fraturamento hidráulico e à exploração e à produção não convencionais de P&G. Tal proposta de coordenação tem por fim eliminar eventuais conflitos emergentes entre os órgãos com atribuições que por vezes convergem, podendo se dar formalmente ou por meio de acordos verbais e diálogos interagências. Destacamos, inclusive, que tal solução já foi adotada em alguns países para a regulação dos não convencionais.

Alinhado a essa proposição está a de aprimoramento nos procedimentos de consulta e audiência públicas para não apenas permitir a participação de todos os interessados como também compelir a apreciação de suas considerações pelo regulador quando da edição de normas regulatórias. Com isso, busca-se a concretização de princípios e direitos consagrados interna e internacionalmente como os princípios da participação e da publicidade, da motivação dos atos administrativos, e do direito de petição e de resposta, e conferir legitimidade ao ato do regulador.

Além disso, considerando o intenso clamor social contrário à atividade, vislumbramos a solução espelhada da indústria minerária de obtenção pelas companhias de uma licença social para operar os recursos não convencionais. Essa licença pressupõe a aceitação da comunidade local direta ou indiretamente afetada pela atividade, por meio da promoção do diálogo, da divulgação de informação e do esclarecimento da atividade e seus reais riscos, de forma a não causar danos à vida humana e ao meio ambiente, porém sem privar infundadamente a sociedade de benefícios socioeconômicos advindos de atividades das indústrias petrolífera e gaseífera. Esse conceito está atrelado ao da responsabilidade social corporativa, por meio do qual as companhias, principalmente as atuantes no setor de energia, devem ter o compromisso de minimizar impactos ambientais e apresentar alternativas sustentáveis, de atuar com a ética, afastando-se de fraudes e corrupção, e de contribuir para o desenvolvimento da economia local, incluindo a educação. É preciso que se demonstre para a sociedade que é possível explorar e produzir o gás não convencional de forma segura, como desenvolvido em inúmeros trabalhos científicos e fóruns especializados, e que isso pode ser benéfico à comunidade.

Adotar uma perspectiva orientada para o público na política regulatória deve ser uma meta do governo para avaliar a implementação da regulação e oportunidades de sua melhoria. A redução de encargos regulatórios desnecessários e o desenvolvimento de uma regulação saudável ajudam a apoiar o crescimento econômico baseado na inovação e na concorrência, como já alertado na Recomendação da OCDE de 2012, além de gerar a confiança do público na Administração como um regulador efetivo. Os governos precisam estar cientes da incidência dos custos regulatórios e impactos desproporcionais sobre as empresas e os cidadãos, verdadeiros destinatários da regulação.

Em se tratando do cenário brasileiro, entendemos que a perspectiva da produção de consideráveis volumes de gás não convencional no País (especialmente gás de folhelho e, mais recentemente, as expectativas em torno do hidrato de gás) apresenta-se como uma oportunidade para a indústria gaseífera brasileira, em que pese os desafios por essa enfrentados, e uma alternativa ao petróleo. A entrada de novos *players* e o aumento da oferta de gás natural nacional, assim como a ampliação e o acesso à infraestrutura de transporte, conforme regulado pela Lei do Gás, são condições importantes que podem contribuir para a recuperação da competitividade dos setores que utilizam gás como matéria-prima.

Vale lembrar que o incremento das reservas de gás natural faz-se ainda mais premente no atual contexto de escassez energética e de crise hídrica, no qual o gás natural, que independe de chuvas, emerge como uma interessante alternativa ao abastecimento de térmicas, as quais podem ser construídas próximas à extração de gás natural e serem conectadas por meio de linhas de transmissão, presentes em maior quantidade no País do que os gasodutos. Além da maior flexibilidade, trata-se o gás natural de uma energia mais limpa, com baixa emissão de carbono se comparado a outras fontes energéticas ainda de peso, podendo ser aproveitado de forma associada ou não ao petróleo.

Portanto, considerando as vantagens do gás natural, as oportunidades exploratórias em reservas não convencionais, os avanços na tecnologia que permitem sua exploração e produção de forma rentável e segura, resta indispensável o seu aprimoramento regulatório, por meio de uma regulação sustentável que inclua não apenas a concepção econômica como também a preocupação social, à luz do princípio democrático e dos direitos fundamentais, primordialmente, à dignidade humana; e que seja elaborada de forma clara, segura e transparente para se conseguir uma estabilidade das regras de convívio social. Entendemos que dessa forma não apenas os atores da indústria ganharão com a oportunidade de projetos rentáveis, como também o Estado e os indivíduos, últimos beneficiários das políticas públicas, serão beneficiados com o desenvolvimento socioeconômico nacional, incluindo o incremento de emprego, de renda e do consumo, além da segurança energética e almejada autossuficiência.

BIBLIOGRAFIA

ACKERMAN, Bruce. The new separation of powers. *Harvard Law Review*, Massachusetts, v. 113, n. 3, jan. 2000.

ADAMS, James W. *et al*. Emerging centrifugal technology in shale hydraulic fracturing waste management: A U.S.-France-China selected environmental comparative analysis. *Journal of International Law*, [S.l.], v. 561, n. 595, 2012.

AGENCIA NACIONAL DE HIDROCARBUROS (ANH). *Minuta do Contrato de Concessão da Ronda Colombia 2014*. Disponível em: <http://www.rondacolombia2014.com/images/archivos/FormatosyAnexos/Minuta%20EP%20adenda%202.pdf>. Acesso em: 8 abr. 2015.

ALBERTA ENERGY REGULATOR. *Alberta Geological Survey*. 2013. Disponível em: <http://www.ags.gov.ab.ca/energy/cbm/index.html>. Acesso em: 29 mar. 2015.

ALEKLETT, K. *Unconventional oil, NGL, and the mitigation wedge*. Peeking at Peak Oil. New York: Springer Science Business Media New York, 2012.

ALESSI, Robert J.; KUHN, Jeffrey D. New York State appellate court upholds ability of municipalities to ban fracking outright. *DLA Piper Publications*. 2013. Disponível em: <https://www.dlapiper.com/en/us/insights/publications/2013/05/new-york-state-appellate-court-upholds-ability-o__/>. Acesso em: 20 mar. 2015.

ALEXY, Robert. *Teoria da argumentação jurídica*: a teoria do discurso racional como teoria da fundamentação jurídica. 2. ed. São Paulo: Landy, 2005.

ANDREWS, Anthony *et al*. Unconventional gas shales: development, technology, and policy issues. In: *CRS Report for Congress*. Congressional Research Service, Oct 30, 2009. Disponível em: <http://www.fas.org/sgp/crs/misc/R40894.pdf>. Acesso em: 2 dez. 2014.

ANTUNES, Paulo de Bessa. *Direito ambiental*. 12. ed. Rio de Janeiro: Lumen Juris, 2010.

ARAGÃO, Alexandre Santos de. A concepção pós-positivista do princípio da legalidade. *Revista de Direito Administrativo*, Rio de Janeiro, n. 236, abr./jun. 2004.

_____. *Agências reguladoras e a evolução do Direito Administrativo Econômico*. Rio de Janeiro: Forense, 2013.

_____. *Curso de Direito Administrativo*. Rio de Janeiro: Forense, 2012.

_____. *Direito dos Serviços Públicos*. Rio de Janeiro: Forense, 2013.

_____. Interpretação consequencialista e análise econômica do Direito Público à luz dos princípios constitucionais da eficiência e da economicidade. In: RAMALHO, Pedro Ivo Sebba (Org). *Regulação e agências reguladoras:* governança e análise de impacto regulatório. Brasília: ANVISA, 2009.

_____. O princípio da proporcionalidade no Direito Econômico. *Revista dos Tribunais*, São Paulo, v. 800, jun. 2002.

ARAÚJO, Nádia de. *Direito Internacional Privado:* teoria e prática brasileira. Rio de Janeiro: Renovar, 2003.

ARNAUD, André-Jean. *O Direito entre a modernidade e globalização*: lições de filosofia do direito e do estado. Tradução de Patrice Charles Willaume. Rio de Janeiro: Renovar, 1999.

ARROYO, Diego P. Fernández. *Un Derecho Comparado para el Derecho Internacional Privado de nuestros días*. Presentación Jorge Oviedo Albán. Chía: Universidad de La Sabana, Grupo Editorial Ibañez, 2012.

ASSOCIAÇÃO BRASILEIRA DA INDÚSTRIA QUÍMICA (ABIQUIM). *Relatório do Grupo de Trabalho Constituído pela Comissão de Economia da ABIQUIM para Estudo do Gás Natural*. São Paulo: ABIQUIM, 1998.

ASSOCIATION OF INTERNATIONAL PETROLEUM NEGOTIATORS. *AIPN webinar*: New Mexican Energy Legislation. [S.l.:s.n.], 2014.

ATKINS, Justin P. Hydraulic fracturing in Poland: a regulatory analysis. *University Global Studies Law Review*, Washington, v. 12, n. 2, 2013.

BACELLAR FILHO, Romeu Felipe. O poder normativo dos entes reguladores e a participação dos cidadãos nesta atividade: os desafios da regulação na experiência brasileira. *Revista de Direito Administrativo*, n. 230, 2002.

BAKSHI, Vivek; SCOBIE, Jeff; STUBER, Ron. Shale gas for LNG. In: *Liquefied natural gas*: The Law and Business of LNG, Second Edition, Globe Law and Business, 2012.

BALDWIN, Robert; CAVE, Martin; LODGE, Martin. *Understanding regulation*: theory, strategy and practice. Second Edition. Great Britain: Oxford University Press, 2012.

BAPTISTA, Luiz Olavo. *Investimentos internacionais no Direito Comparado e brasileiro*. Porto Alegre: Livraria do Advogado, 1998.

BAPTISTA, Patrícia Ferreira; RIBEIRO, Leonardo Coelho. Direito Administrativo Global: uma nova ótica para a regulação financeira e de investimentos. In: RIBEIRO, Marilda Rosado de Sá (Org.). *Direito Internacional dos Investimentos*. Rio de Janeiro: Renovar, 2014.

BARBOSA, Flávia. Gás de xisto nos EUA muda mapa energético global. *Jornal O Globo*, Rio de Janeiro, 9 out. 2013. Disponível em: <http://oglobo.globo.com/economia/gas-nao-convencional-nos-eua-muda-mapa-energetico-mundial-10304745>. Acesso em: 4 de jan. 2016.

BARR, Michael S.; MILLER, Geoffrey P. Global Administrative Law: The view from Basel. *The European Journal of International Law*, v. 17, n. 1, 2006.

BARRETO, Vicente de Paulo. Globalização, Direito Cosmopolítico e Direitos Humanos. In: DIREITO, Carlos Alberto Menezes; TRINDADE, Antônio Augusto Cançado; PEREIRA, Antônio Celso Alves (Coord.). *Novas perspectivas do Direito Internacional Contemporâneo*: estudos em homenagem ao professor Celso D. de Albuquerque Mello. Rio de Janeiro: Renovar, 2008.

BARROS FILHO, Fernando do Rego. O impacto da regulação ambiental na atividade agropecuária brasileira: efetividade e proporcionalidade das normas vigentes. In: MOREIRA, Egon Bockmann; MATTOS, Paulo Todescan Lessa (Coord). *Direito concorrencial e regulação econômica*. Belo Horizonte: Fórum, 2010.

BARROSO, Luís Roberto. Neoconstitucionalismo e constitucionalização do Direito: o triunfo tardio do Direito Constitucional no Brasil. In: SARMENTO, Daniel; SOUZA NETO, Cláudio Pereira de. *A constitucionalização do Direito*. Rio de Janeiro: Lumen Juris, 2007.

____. *O Direito Constitucional e a efetividade de suas normas* – limites e possibilidades da Constituição brasileira. 7. ed. Rio de Janeiro: Renovar, 2003.

BENEVIDES, Neil Giovanni Paiva. *Relações Brasil-Estados Unidos no setor de energia*: do mecanismo de consultas sobre cooperação energética do memorando de entendimento sobre biocombustíveis (2003-2007). Brasília: Fundação Alexandre de Gusmão, 2011.

BENVENISTI, Eyal. The interplay between actors as a determinant of the evolution of Administrative Law in international institutions. *Law and Contemporary Problems*, v. 68, 2005.

BERCOVICI, Gilberto. *Constituição econômica e desenvolvimento*: uma leitura a partir da Constituição de 1988. São Paulo: Malheiros, 2005.

BERMAN, Arthur E.; PITTINGER, Lynn F. U.S. Shale gas: less abundance, higher cost. *The oil drum*: discussions about energy and our future, 2011. Disponível em: <http://www.theoildrum.com/node/8212>. Acesso em: 6 out. 2015.

BERMAN, Paul Schiff. The globalization of jurisdiction. *University of Pennsylvania Law Review*, v. 151, n. 2, dez. 2002.

BIGNAMI, Francesca. *Three generations of participation rights of administrative action*. New York University School of Law: New York, 2003. Disponível em: <http://scholarship.law.duke.edu/cgi/viewcontent.cgi?article=1630&context=faculty_scholarship>. Acesso em: 18 mar. 2015.

BILIERI, Mário Dittrich. O devido processo legal e o controle judicial da atividade normativa das agências reguladoras. In: MOREIRA, Egon Bockmann; MATTOS, Paulo Todescan Lessa (Coord). *Direito concorrencial e regulação econômica*. Belo Horizonte: Fórum, 2010.

BINENBOJM, Gustavo. *Uma teoria do Direito Administrativo*: direitos fundamentais, democracia e constitucionalização. Rio de Janeiro: Renovar, 2008.

_____. Monismo e Dualismo no Brasil: uma dicotomia afinal irrelevante. *Revista da EMERJ*, v. 3, n. 9, 2000. Disponível em: <http://www.emerj.tjrj.jus.br/revista-emerj_online/edicoes/revista09/Revista09_180.pdf>. Acesso em: 20 fev. 2015.

BISAGGIO, Helio da Cunha; ESTEVÃO, Luciana Rocha de Moura; CONFORT, Mário Jorge Figueira. Gás não-convencional. *Boletim do Gás*. Superintendência de Comercialização e Movimentação de Petróleo, seus Derivados e Gás Natural, n. 14, fev. 2010. Disponível em:<www.anp.gov.br/?dw=22287>. Acesso em: 12 maio 2013.

BJORLYKKE, Knut. Unconventional hydrocarbons: oil shales, heavy oil, tar sands, shale gas and gas hydrates. In: Bjorlykke, K. (Ed.) *Petroleum Geoscience*: from Sedimentary Environments to Rock Physics. Berlim: Springer, 2010.

BODANSKY, Daniel. The legitimacy of international governance: a coming challenge for international environmental law? *American Journal of International Law*, v. 94, n. 3, p. 596-624, 1999.

BOUGHEY, Janina. Administrative Law: the next frontier for comparative law. In: *International and Comparative Law Quarterly*, British Institute of International and Comparative Law, p. 55-95, 2013.

BRASIL. AGÊNCIA NACIONAL DO PETRÓLEO, GÁS NATURAL E BIOCOMBUSTÍVEIS (ANP). *Anuário Estatístico Brasileiro do Petróleo, Gás Natural e Biocombustíveis 2014*. Disponível em: <http://www.anp.gov.br/?pg=71976&m=&t1=&t2=&t3=&t4=&ar=&ps=&1431545769013>. Acesso em: 13 maio 2015.

_____. *Anuário Estatístico Brasileiro do Petróleo, Gás Natural e Biocombustíveis 2013*. Disponível em: <http://www.anp.gov.br/?pg=71777&m=&t1=&t2=&t3=&t4=&ar=&ps=&1431546817881>. Acesso em: 13 maio 2015.

_____. *Anuário Estatístico Brasileiro do Petróleo, Gás Natural e Biocombustíveis 2012*. Disponível em: <http://www.anp.gov.br/?pg=62463&m=&t1=&t2=&t3=&t4=&ar=&ps=&1431547095015>. Acesso em: 13 maio 2015.

_____. Superintendência de Comercialização e Movimentação de Petróleo, seus Derivados e Gás Natural. *O Gás Natural Liquefeito no Brasil* – Experiência da ANP na implantação dos projetos de importação de GNL. Rio de Janeiro: ANP, 2010.

_____. Superintendência de Comercialização e Movimentação de Petróleo, seus Derivados e Gás Natural. *Nota Técnica nº 9/2010/SCM*.

_____. Superintendência de Comercialização e Movimentação de Gás Natural (SCM). *Indústria Brasileira de Gás Natural*: Regulação Atual e Desafios Futuros. Rio de Janeiro, 2001.

BRASIL. CONSELHO NACIONAL DE POLÍTICA ENERGÉTICA. *Resolução nº 6, de 25 de junho de 2013*. Disponível em: <http://www.brasil-rounds.gov.br/arquivos/resolucao_12_rodada/resolucao_12_rodada_de_licitacao.pdf>. Acesso em: 4 mar. 2014.

BRAUL, Wally; NICHOLSON, Barclay. Shale gas and hydraulic fracturing in the United States and Canada. In: BAKSHI, Vivek; CASGRAIN, Fraser Milner.

Shale gas: a practitioner's guide to shale gas & other unconventional resources. London: Global Business Publishing Ltd., 2012. p. 41-59.

BRESSER-PEREIRA, Luiz Carlos. *Desenvolvimento e crise no Brasil:* história, economia e política de Getúlio Vargas a Lula. 5. ed. São Paulo: Editora 34, 2003.

BREYER, Stephen. *Regulation and its reform.* EUA: Harvard Press University, 1982.

BROCK, H. R. *Petroleum accounting:* principles, procedures, & issues. 6th ed. Texas: Professional Development Institute, 2007.

BRUNA, Sérgio Varella. *Agências reguladoras:* poder normativo, consulta pública, revisão judicial. São Paulo: Revista dos Tribunais, 2003.

BUCHEB, José Alberto. *Direito do Petróleo: a regulação das atividades de exploração e produção de petróleo e gás natural no Brasil.* Rio de Janeiro: Lumen Juris, 2007.

BUCHEB, José Alberto. *A Arbitragem Internacional nos contratos da indústria do petróleo.* Rio de Janeiro: Lumen Juris, 2002.

CAMACHO, Fernando Tavares. *Regulação da indústria do gás natural no Brasil.* Rio de Janeiro: Editora Interciência, 2005.

CAMARGO, Tathiany R. Moreira de. *Gás não convencional:* aspectos regulatórios no Brasil. Apresentação realizada pela ANP em 24 out. 2011.

CAMERON, Glenn. 2015 Oil and gas M&A trends in Canada. *Canadian Energy Law*, jan. 2015. Disponível em: <http://www.canadianenergylaw.com/2015/01/articles/oil-and-gas/2015-oil-and-gas-ma-trends-in-canada>. Acesso em: 29 mar. 2015.

CAMERON, Peter. *International Energy Investment Law:* the pursuit of stability. Oxford: Oxford University Press, 2010.

CARNEIRO, Roberto Antônio Fortuna. Avaliação: elementos vital e constituinte do planejamento e da gestão de resultados. *Revista Bahia Análise e Dados*, v. 12, n. 2, set. 2002.

CARVALHO FILHO, José dos Santos. *Manual de Direito Administrativo.* 21. ed. Rio de Janeiro: Lumen Juris, 2009.

____. *Processo administrativo federal.* Rio de Janeiro: Lumen Juris, 2001.

CASCIO, Frank; SHAW, Kevin. JOA Issues in Unconventional Resource Projects. In: *Rocky Mountain Mineral Law Foundation.* International Oil & Gas Law, Contracts and Negotiations – Part 2, Houston, set. 2014.

CASSESSE, Sabino. *A crise do Estado.* Campinas: Saberes Editora, 2010.

____. *Administrative Law without the State? The challenge of global regulation.* International Law and Politics, v. 37, 2005.

____. *Oltre lo Stato.* Roma: Laterza, 2006.

____. *Shrimps, Turtles and Procedure:* Global Standards for National Administrations. IILJ Working Paper nº 2004/4 at 19.

CASTRO, Emília Lana de Freitas. *O Direito Internacional dos Investimentos e a promoção do Direito ao Desenvolvimento: reflexos na indústria do petróleo.* Rio de

Janeiro, 2014. Dissertação (Mestrado em Direito Internacional). Universidade do Estado do Rio de Janeiro, Faculdade de Direito.

CAVALCANTE, Pedro Mendonça. *Direito Internacional dos Investimentos e a exploração de petróleo por meios não convencionais*. Rio de Janeiro, 2012, Dissertação (Mestrado em Direito Internacional). Universidade do Estado do Rio de Janeiro, Faculdade de Direito.

CHOU, Ella. Shale gas in China – Development and challenges. *Harvard Blogs – Harvard University Law School*, jul. 2013. Disponível em: <http://blogs.law.harvard.edu/ellachou/files/2013/07/Shale-Gas-in-China-Draft.pdf>. Acesso em: 28 abr. 2015.

COMISSÃO EUROPEIA. *Note for the attention of Mr. Matthias Groote, Chair of the Envi Committee, European Parliament*. 26 jan. 2012. Disponível em: <http://ec.europa.eu/environment/integration/energy/pdf/legal_assessment.pdf>. Acesso em: 28 abr. 2015.

_____. Recomendação da Comissão de 22 de janeiro de 2014 relativa a princípios mínimos para a exploração e a produção de hidrocarbonetos (designadamente gás de xisto) mediante fraturação hidráulica maciça. *Jornal Oficial da União Europeia*. Bruxelas, 8 fev. 2014. L. 39.

CONSEIL GÉNÉRAL DE L'ENVIRONNEMENT ET DU DÉVELOPPEMENT DURABLE (CGEDD); CONSEIL GÉNÉRAL DE L'INDUSTRIE, DE L'ÉNERGIE ET DES TECHNOLOGIES (CGIET). *Les hydrocarbures de roche-mère en France*. França: CGEDD e CGIET, 2012. Disponível em: <http://www.developpement-durable.gouv.fr/img/pdf/007612-01_et_007612-03_rapports.pdf>. Acesso em: 31 mar. 2015.

CONSORTIUM FOR OCEAN LEADERSHIP. METHANE HYDRATE PROJECT SCIENCE TEAM. *Marine Methane Hydrate Field Research Plan: topical report dec-2013*. Disponível em:<http://oceanleadership.org/wp-content/uploads/2013/01/MH_Science_Plan_Final.pdf>. Acesso em: 26 jun. 2015.

COSTA, José Augusto Fontoura. *Direito Internacional do Investimento Estrangeiro*. Curitiba: Juruá, 2010.

COSTA, Maria D'Assunção. Contratos de gás no Direito Brasileiro. In: ARAGÃO, Alexandre Santos de (Coord.). *Direito do Petróleo e de outras Fontes de Energia*. Rio de Janeiro: Lumen Juris, 2011.

_____. Marco regulatório do gás natural no Brasil. In: GONÇALVES, A.; RODRIGUES, G. M. A. (Org.). *Direito do Petróleo e Gás*: aspectos ambientais e internacionais. Santos: Editora Universitária Leopoldianum, 2007.

CRUZ, Verônica. Estado e regulação: fundamentos teóricos. In: RAMALHO, Pedro Ivo Sebba (Org.). *Regulação e agências reguladoras*: governança e análise de impacto regulatório. 1. ed. Brasília: ANVISA, 2009.

CYRINO, André Rodrigues. *Direito Constitucional regulatório*: elementos para uma interpretação institucionalmente adequada da Constituição econômica brasileira. Rio de Janeiro: Renovar, 2010.

DAM, Kenneth W. *Oil resources: who gets what how?* Chicago: The University of Chicago Press, 1976.

DAND, Erin. New Brunswick says no to fracking. *Canadian Energy Law*, dez. 2104. Disponível em: <http://www.canadianenergylaw.com/2014/12/articles/oil-and-gas/new-brunswick-says-no-to-fracking>. Acesso em: 29 mar. 2015.

DANTAS, San Tiago. *Palavras de um professor*. Rio de Janeiro: Forense, 1975.

DEAN, Walter; DOLLY, Edward; MCDONALD, Robert; MEISSNER, Fred. *Oil and gas from fractured shale reservoirs in Colorado and northwest New Mexico*, 1978.

DEPARTMENT OF ENERGY & CLIMATE CHANGE (DECC). *About shale gas and hydraulic fracturing (fracking)*. Londres: Crown, 2013. Disponível em <https://www.gov.uk/government/uploads/system/uploads/attachment_data/file/268017/About_shale_gas_and_hydraulic_fracturing_Dec_2013.pdf> Acesso em: 19 abr. 2015.

_____. *Written Ministerial Statement by Edward Davey:* exploration for shale gas, dez. 2012. Disponível em: <www.decc.gov.uk/en/content/cms/news/wms_shale/wms_shale.aspx>. Acesso em: 31 mar. 2015.

DI PIETRO, Maria Sylvia Zanella. Limites da função reguladora das agências diante do princípio da legalidade. In: DI PIETRO, Maria Sylvia Zanella (Coord.). *Direito Regulatório*: temas polêmicos. Belo Horizonte: Fórum, 2003.

DINIZ, Cláudio Smirne. Estado e desenvolvimento econômico. In: MOREIRA, Egon Bockmann; MATTOS, Paulo Todescan Lessa (Coord). *Direito Concorrencial e regulação econômica*. Belo Horizonte: Fórum, 2010.

DOLINGER, Jacob. *Direito Internacional Privado*: parte geral. 8. ed. Rio de Janeiro: Renovar, 2005.

_____; TIBURCIO, Carmen. *Arbitragem Comercial Internacional*. Rio de Janeiro: Renovar, 2003.

DOLZER, Rudolf; SCHREUER, Chirstoph. *Principles of international investment law*. Oxford: Oxford University Press, 2008.

DOMINGUES, Juliana Oliveira. As agências reguladoras e desenvolvimento. In: BARRAL, Welber (Org.). *Direito e desenvolvimento*: análise da ordem jurídica brasileira sob a ótica do desenvolvimento. São Paulo: Singular, 2005.

DONNELLY, J. *International human right*. Colorado: Westview Press, 1998.

DOWNEY, Marlan W.; GARVIN, Julie A.; DOWNEY, Alex E. Industry players still have much to learn about exploiting shales. *The American Oil & Gas Reporter*, fev. 2013.

DUMAN, Ryan J. *Economic viability of shale gas production in the Marcellus shale, indicated by production rates, costs and current natural gas prices*. Michigan Technological University, 2012. Disponível em: <http://services.lib.mtu.edu/etd/THESIS/2012/Business%26Economics/duman/thesis.pdf>. Acesso em: 26 abr. 2015.

DUVAL, Claude et al. *International petroleum exploration and exploitation agreements*: legal, economic & policy aspects. Second Edition. Barrows Company, 2009.

DYNI, John R. Geology and resources of some world oil-shale deposits. *Geoscience news and information* (Geology.com). Disponível em: <http://geology.com/usgs/oil-shale/>. Acesso em: 1º out. 2013.

ESPOSITO, Michael. Water issues set the pace for fracking regulations and global shale gas extraction. *Tulane Journal of International and Comparative Law* (22 Tul. J. Int'l & Comp. L. 167), 2013.

FERNÁNDEZ Y FERNÁNDEZ, Eloi; PEDROSA JUNIOR, Oswaldo A.; PINHO, António Correia de. *Dicionário do petróleo em língua portuguesa*: exploração e produção de petróleo e gás: uma colaboração Brasil, Portugal e Angola. Rio de Janeiro: Lexikon, 2009.

FERRAZ JUNIOR, Tercio Sampaio. O poder normativo das agências reguladoras à luz do princípio da eficiência. In: ARAGÃO, Alexandre Santos de (Coord.). *O poder normativo das agências reguladoras*. 2. ed. Rio de Janeiro: Forense, 2011.

FERREIRA, Lier Pires. *Direito Internacional, petróleo e desenvolvimento*: políticas de produção de petrolífera em áreas inativas com acumulações marginais. São Paulo: Saraiva, 2011.

FERREIRA FILHO, Manuel Gonçalves. *Comentário à Constituição Brasileira de 1988*. v. 4. São Paulo: Saraiva, 1995.

FIAD, Patrícia Sampaio. A importância da arbitragem internacional de investimento para o equilíbrio da relação entre o Estado hospedeiro e o investidor estrangeiro na indústria do petróleo. Rio de Janeiro, 2013. Dissertação (Mestrado em Direito Internacional). Universidade do Estado do Rio de Janeiro, Faculdade de Direito.

FINON, Dominique. Les nouvelles fonctions du régulateur et du gouvernement dans les industries électriques libérealisées: les leçons des expériences européennes. *Révue de l'Énergie*, n. 477, 1996.

FIORI, José Luís. Formação, expansão e limites do poder global. In: FIORI, José Luís. *O poder americano*. Petrópolis: Vozes, 2004.

FIORILLO, Celso Antonio Pacheco; FERREIRA, Renata Marques. *Curso de Direito da Energia*: tutela jurídica da água, do petróleo, do biocombustível, dos combustíveis nucleares e do vento. São Paulo: Saraiva, 2010.

FISHMAN, N. S.; BERESKIN, S. R.; BOWKER, K. A.; CARDOTT, B. J. et al. Gas shale/shale oil. *Unconventional Energy Resources 2011 Review*. Natural Resources Research, v. 20, n. 4, 2011.

FLORES-QUIROGA, Aldo. *Unconventionals add new dimension to dialogue*. Responsibly energising a growing world. Official publication of 21st World Petroleum Congress, 2014.

FREEMAN, Judi; ROSSI, Jim. Agency coordination in shared regulatory space. *Harvard Law Review*, v.125, n. 5, mar. 2012.

FONSECA, Karla Closs. *Investimentos estrangeiros*: regulamentação internacional e acordos bilaterais. Curitiba: Juruá, 2008.

FORBES, Susan. *The United States and China*: moving toward responsible shale gas development. Draft Paper, Brookings Institution. Washington DC, 2013.

FULBRIGHT, Norton Rose. *Shale gas handbook*: a quick-reference guide for companies involved in the exploitation of unconventional gas resources, nov. 2013.

FURLOW, John D.; HAYS, John R. Disclosure with protection of trade secrets comes to the hydraulic fracturing revolution. *Texas Journal of Oil, Gas and Energy Law* (7 Tex. J. Oil Gas & Energy Law), 2012.

FURTADO, André Tosi. Mudança institucional e política industrial no setor de petróleo. In: BICALHO, Ronaldo Goulart (Org). *Ensaios sobre Política Energética*: Coletânea de Artigos do Boletim INFOPETRO. Rio de Janeiro: Editora Interciência, 2007.

GAO, Zinguo. *International petroleum contracts:* current trends and new directions. London: Graham & Trotman, 1994.

GILARDI, Fabrizio. Institutional change in regulatory policies: regulating through independent agencies and the three new institutionalisms. In: JORDANA, Jacint; LEVIFAUR, David. *The politics of regulation*: institutions and regulatory reforms for the age of governance. Northampton, MA: Edward Elgar, 2004.

GISERA – Gas Industry Social & Environmental Research Alliance. *The social licence to operate and coal seam gas development*, mar. 2013.

GLENN, H. Patrick. Com-paring. In: ÖRÜCÜ, Esin; NELKEN, David. *Comparative Law*: a handbook. Oxford: Hart Publish, 2007.

GOMES, Joaquim B. Barbosa Gomes. Agências reguladoras: A "metamorfose" do Estado e da Democracia (uma reflexão de Direito Constitucional e Comparado). In: BINENBOJM, Gustavo (Coord.). *Agências reguladoras e Democracia*. Rio de Janeiro: Lumen Juris, 2006.

GÓMEZ, Natalia. *Brasil desperta para o gás não convencional*. América Economia. Mar. 2013. Disponível em: <http://www.clipnaweb.com.br/anp/consulta/materia.asp?mat=297655&cliente=anp&>. Acesso em: 19 abr. 2014.

GONÇALVEZ, Gustavo Mano. *Indústria brasileira do gás natural*: a Lei do Gás e os conflitos legais e regulatórios entre a União Federal e os Estado. Salvador, 2010. Dissertação (Mestrado em Regulação da Indústria de Energia). Universidade Salvador – UNIFACS.

GORSKI, J. Could the EU impose a ban on shale-gas extraction and would this prevent exploitation of the fossil fuel in Poland?. *OGEL*, v. 10, n. 5.

GRAU NETO, Werner Concessões, contratos internacionais e compensação ambiental. In: GONÇALVES, Alcindo; RODRIGUES, Gilberto M.A. *Direito do Petróleo e Gás*: aspetos ambientais e internacionais. Santos: Editora Universitária Leopoldianum, 2007.

GRISI, Celso Cláudio H. Marketing industrial. In: CONTADOR, José Celso. *Gestão de operações*: a engenharia de produção a serviço da modernização da empresa. São Paulo: Fundação Vanzolini/Edgard Blucher, 1997. p. 421-437.

GROTTI, Dinorá Adelaide Musetti. *O serviço público e a Constituição de 1988*. São Paulo: Malheiro, 2003.

GROUND WATER PROTECTION COUNCIL. Modern shale gas development in the United States: a primer. *ALL Consulting*, 2009. Disponível em: <http://www.netl.doe.gov/ technologies/oil-gas/publications/EPreports/Shale_Gas_Primer_2009.pdf>. Acesso em: 9 out. 2013.

GUEDES, Sanzia Mirelly da Costa. Análise prévia dos atos de concentração e a cessão de direitos e obrigações dos contratos de concessão e partilha de produção na indústria do petróleo. *Revista de Defesa da Concorrência*, v. 3, n. 1, maio 2015.

GUERRA, Sérgio. Agências reguladoras e a supervisão ministerial. In: ARAGÃO, Alexandre Santos de (Coord). *O poder normativo das agências reguladoras*. 2. ed. Rio de Janeiro: Forense, 2011.

GUZMAN, Andrew T.; MEYER, Timothy L. International soft law. *Journal of Legal Analysis*, v. 2, n. 1, 2010.

HABERMAS, Jürgen. *Direito e democracia*: entre facticidade e validade. v. I. 2. ed. Rio de Janeiro: Tempo Brasileiro, 2003.

HARDING, Andrew; LEYLAND, Peter. Comparative Law in constitutional contexts. In: ÖRÜCÜ, Esin; NELKEN, David. *Comparative Law*: a handbook. Portland, OR: Hart Publish., 2007.

HARLOW, Carol. Global Administrative Law: the quest for principles and values. *The European Journal of International Law*, v. 17, n. 1, 2006.

HEBER, Florence; FISCHER, Tânia. Regulação do Estado e reforma nas telecomunicações. *Revista de Administração Pública*, v. 34, n. 5, set.-out. 2000.

HELD, David. Democracy and globalization. In: ARCHIBUGI, Danielle; HELD, David; KOHLER, Martin (Eds.). *Re-imagining political community*. Stanford: Stanford University Press, 1998.

HIGINO NETO, Vicente. *Constitucionalismo cosmopolita*: um novo *nomos* jurídico? Curitiba: Juruá, 2014.

HOOD, Christopher. A Public Management for All Seasons. *Public Administration*, v. 69, p. 3-19, mar. 1991.

HOUSE, Evan J. Fractured fairytales: the failed social license for unconventional oil and gas development. *Wyoming Law Review* (13 Wyo. L. Rev. 5), 2013.

HOZ, José Martínez de; LANARDONNE, Tomás; MÁCULUS, Alex. *Shall we dance an unconventional tango?* Nº. 2 RMMLF-INST PAPER Nº. 13A, 2013.

HUDY, Benjamin S. P.; MCDOWELL, Lisa A. *Alberta revamps oil and gas royalty framework*. Abr. 2010. Disponível em: <http://www.canadianenergylaw.com/2010/04/articles/oil-and-gas/alberta-revamps-oil-and-gas-royalty-framework/>. Acesso em: 29 mar. 2015.

IHS Cambridge Energy Research Associates (IHS CERA). Fueling North America's energy future: The Unconventional Natural Gas Revolution and the Carbon Agenda. *IHS CERA Special Report*, 2010. Disponível em: <https://www.gov.uk/government/uploads/system/uploads/attachment_data/file/43227/1296-ihs-cera--special-report.pdf>. Acesso em: 20 mar. 2015.

IHS Global Insight (USA) Inc. *The economic and employment contributions of shale gas in the United States*. Dez. 2011. Disponível em: <http://anga.us/media/content/F7D1750E-9C1E-E786-674372E5D5E98A40/files/shale-gas-economic--impact-dec-2011.pdf>. Acesso em: 20 mar. 2015.

INGELSON, Allan; RANDALL, Will. Shallow rights reversion: uncertainty and disputes. *HeinOnline 48 Alta. L. Rev.* 397 2010-2011.

INTERNATIONAL ENERGY AGENCY. *Golden rules for a golden age of gas*. World Energy Outlook Special Report on Unconventional Gas, nov. 2012. Disponível em: <http://www.worldenergyoutlook.org/media/weowebsite/2012/goldenrules/weo2012_goldenrulesreport.pdf>. Acesso em: 28 abr. 2015.

_____. *Gas pricing and regulation*: China's challenges and IEA experience, 2012. Disponível em: <http://www.iea.org/publications/freepublications/publication/chinagasreport_final_web.pdf>. Acesso em: 28 abr. 2015.

IZU, Luis Eduardo. *A regulação dos gases não convencionais*: gás de folhelho. Rio de Janeiro, 2014, 55f. Monografia (Graduação em Direito). Universidade do Estado do Rio de Janeiro, Faculdade de Direito.

JARVIE, D. D.; HILL, R. J.; RUBLE, T. E.; PALLASTRO, R. M. *Unconventional shale-gas systems: the Mississippian Barnett Shale of north-central Texas as one model for thermogenic shale-gas assessment*. The American Association of Petroleum Geologists, v. 91, 2007.

JEAMMAUD, Antoine. In: CLAM, Jean; MARTIN, Gilles (Org). *Les transformacions de la régulation juridique*. Paris: Générale de Droit et de Jurisprudence, 1988.

JEFFREY C. KING. Selected re-emerging and emerging trends in Oil and Gas Law as a result of production from shale formations. *Texas Wesleyan Law Review*, ago. 2011.

JENKINS, C. D. *Tight gas sands. Unconventional Energy Resources 2011 Review*. Natural Resources Research, v. 20, n. 4, 2011.

JESÚS O., Alfredo de. *The prodigious story of the Lex Petrolea and the Rhinoceros*: philosophical aspects of the transnational legal order of the petroleum society. Transnational Petroleum Law Institute: Series on Transnational Petroleum Law, v. 1, n. 1, 2012.

JOHNSON, A. H. Gas Hydrate. *Unconventional Energy Resources 2011 Review*. Natural Resources Research, v. 20, n. 4, 2011.

JUSCHAKS FILHO, José Renato Vieira. *Análise de perfis aplicada na avaliação de reservatório do tipo "shale gas"*. Rio de Janeiro, 2013, 80 f. Dissertação (Mestrado). Universidade do Estado do Rio de Janeiro, Programa de Pós-Graduação em Análise de Bacias e Faixas Móveis.

JUSTEN FILHO, Marçal. Agências reguladoras e democracia: existe um déficit democrático na "regulação independente"? In: ARAGÃO, Alexandre Santos de (Coord). *O poder normativo das agências reguladoras*. 2. ed. Rio de Janeiro: Forense, 2011.

_____. *O Direito das agências reguladoras independentes*. São Paulo: Dialética, 2002.

KABERUKA, Donald. *Realising Africa's full oil and gas potential*: responsibly energising a growing world. Official publication of 21st World Petroleum Congress, 2014, p. 114-116.

KEPES, J. Gas prices: others factors indicate changes in North American shale play fiscal systems. *Oil & Gas Journal*, out. 2011.

KING, Michael R.; HAYS, Peter B. *Issues to consider in shale gas joint ventures*. Chapter 6 of the Institute on Oil and Gas Law 62nd Annual Conference. The Center for American and International Law. Fev. 2011.

KINGSBURY, Benedict; KRISCH, Nico; STEWART, Richard B. The emergence of Global Administrative Law. *Law and Contemporary Problems*, v. 68, 2005.

KOLK, Ans; VAN TULDER, Rob. *Setting new global rules?* TNCs and codes of conduct. In: United Nations Conference on Trade And Development. Transnational Corporations, v. 14, n. 3, 2005.

KRISCH, Nico; KINGSBURY, Benedict. Introduction: Global Governance and Global Administrative Law in the International Legal Order. *The European Journal of International Law*, v. 17, n. 1, 2006.

KUNTZ, Eugene O. [*et al*]. *Cases and material on oil and gas law*. 3. ed. St. Paul: West Group, 1998.

LADEUR, Karl-Heinz. *The emergence of Global Administrative Law and transnational Regulation*. IILJ Working Paper, n. 1, 2011.

LAGE, Elisa Salomão et al. *Gás não convencional?* Experiência americana e perspectivas para o mercado brasileiro. Petróleo e Gás. BNDES Setorial 37, mar. 2013.

LAGO, Dafydd ab. *The EU takes an option on developing shale gas*. Responsibly energising a growing world. Official publication of 21st World Petroleum Congress, 2014.

LANDESAMT FÜR BERGBAU, ENERGIE UND GEOLOGIE (LBEG). *The Erdöl und Erdgas in der Bundesrepublik Deutschland 2010 report*. Disponível em: <http://www.lbeg.niedersachsen.de/portal/live.php?navigation_id=655&article_id=936&_psmand=4#english>. Acesso em: 3 abr. 2015.

LEVY, Brian; SPILLER, Pablo. *Regulations. Institutions and commitment*: comparative studies of telecommunications. Cambridge: Cambridge University Press, 1996.

LINDE, Coby van der. *The State and international oil market* – competition and the changing ownership of crude oil assets. Boston: Kluwer Academic Publishers, 2000.

LODGE, Martin. Accountability and transparency in regulation: critiques, doctrines and instruments. In: JORDANA, Jacint; LEVIFAUR, David. *The politics of regulation*: institutions and regulatory reforms for the age of governance. Northampton, MA: Edward Elgar, 2004.

LOSS, Giovani Ribeiro. *A regulação setorial do gás natural*. Belo Horizonte: Fórum, 2007.

____. Contribuições à teoria da regulação no Brasil: fundamentos, princípios e limites do poder regulatório das agências. In: ARAGÃO, Alexandre Santos de (Coord). *O poder normativo das agências reguladoras*. 2. ed. Rio de Janeiro: Forense, 2011.

LOWENFELD, Andreas F. Investment agreements and International Law. *Columbia Journal of Transnational Law*, v. 42, 2003.

____. *Public Law in the international arena*: conflict of laws, International Law, and some suggestions for their interaction. Paris: Recueil des Cours, 1979.

LÓPEZ-VELARDE, Rogelio; JIMÉNEZ, Jorge; VALDEZ, Amanda. En*ergy reform implementing legislation now in force*: oil and gas provisions. International Law Office – Newsletter. Energy & Natural Resources – Mexico. Ago. 2014. Disponível em: <http://www.lvhsmexico.com/attachments/2014/Energy_reform_implementing_legislation_now_in_force_oil_and_gas_provisions.pdf>. Acesso em: 12 abr. 2015.

LUSCOMBE, Daren. Framework for managing environmental aspects of shale gas? In: MUSIALSKI, Cécile et. al. *Shale gas in Europe*: opportunities, risks, challenges: a multidisciplinary analysis with a focus on European specifities. Deventer: Claeys & Casteels Law Publishers, 2013.

M'BAYE, Keba. Le Droit au Developpement. Ethiopiques n. 21, *Revue socialiste de culture négro-africaine*, jan. 1980. Disponível em: <http://ethiopiques.refer.sn/spip.php?article736>. Acesso em: 24 mar. 2014.

MACAVOY, Paul W. *Natural gas market*: sixty years of regulation and deregulation. New Haven: Yale University Press, 2001.

MAJONE, Giandomenico. *Regulating Europe*. London: Routledge, 1996.

MALIK, Krishan. *Petrobras business acumen for the energy executive*. Texas Executive Education. The University of Texas at Austin: McCombs School of Business, 2008.

MANCIAUX, Sébastien. The notion of investment: New controversies. *The Journal of World Investment & Trade*, v.9, n. 6, dez.2008.

MARCOVITCH, Jacques. Competição, cooperação e competitividade. In: MARCOVITCH, Jaques (Coord.). *Cooperação internacional*: estratégia e gestão. São Paulo: Editora Universidade de São Paulo, 1994.

MARQUES NETO, Floriano Peixoto de Azevedo. *Agências reguladoras independentes*: fundamentos e seus regimes jurídicos. Belo Horizonte: Fórum, 2005.

____. Limites à abrangência e à intensidade da regulação estatal. *Revista Eletrônica de Direito Administrativo Econômico*, n. 4, Salvador, jan. 2006. Disponível em: <http://www.direitodoestado.com/revista/REDAE-4-NOVEMBRO-2005-FLORIANO_AZEVEDO.pdf?origin=publication_detail>. Acesso em: 25 jan. 2015.

_____. *Regulação estatal e interesses públicos*. São Paulo: Malheiros, 2002.

MARTIN, Gonzalo Ortiz. Puntos de contacto entre el derecho internacional privado y el derecho internacional público: soberanía y orden público. In: *Cursos de Derecho Internacional*: série temática. Washington DC: Organización de los Estados Americanos, 2000.

PERRY, Stephen. LEE, John. Unconventional gas reservoirs – Tight gas, coal seams and shales. *Working Document of the NPC Global Oil and Gas Study*, 2007. Disponível em: <http://www.npc.org/study_topic_papers/29-ttg-unconventional--gas.pdf>. Acesso em: 28 abr. 2014.

MATSUMOTO, R. *Methane hydrates*. Tokyo, Japan: University of Tokyo, 2001.

MAYA, Juan Roberto Lozano. *The United States experience as a reference of success for shale gas development*: The case of Mexico. Energy Policy, v. 62, 2013.

McCABE, P. J. Oil and natural gas: global resources. In: Meyers, R. A. (Ed.). *Encyclopedia of Sustainability Science and Technology*, Springer Science+Businees Media, 2012.

MATLOCK, J. M.; NEMIROW, L. E. Section 29 credits – Appellate practice: Telling the right story. *Journal of Taxation*, nov. 2004.

MEISSNER, Fred. *Relation of fractures to fluid pressure and hydrocarbon generation*, migration and accumulation. "WeimerFest" Symposium 3, 5 nov. 2004, Petroleum Hall, Green Center, Colorado School of Mines Technical and Social Program.

MELO, Marcus André. A política da ação regulatória: responsabilização, credibilidade e delegação. *Revista Brasileira de Ciências Sociais* (RBCS), n. 46, 2002.

MELLO, Celso Duvivier de Albuquerque. *Curso de Direito Internacional Público*. 12. ed. Rio de Janeiro: Renovar, 2000.

_____. *Direito Internacional Econômico*. Rio de Janeiro: Renovar, 1993.

MENEZES, Wagner. O Direito Internacional Contemporâneo e a teoria da transnormatividade. In: DIREITO, Carlos Alberto Menezes; TRINDADE, Antônio Augusto Cançado; PEREIRA, Antônio Celso Alves (Coord.). *Novas perspectivas do Direito Internacional Contemporâneo*: estudos em homenagem ao professor Celso D. de Albuquerque Mello. Rio de Janeiro: Renovar, 2008.

MERRYMAN, John Henry. CLARK, David S. *Comparative Law*: Western European and Latin American Legal Systems – cases and materials. Indianapolis: Bobbs--Merril, 1978.

_____; _____; HALEY, John Owen. *Comparative Law*: historical development of the civil tradition in Europe, Latin America, and East Asia. LexisNexis, Yale Law School, 2010.

MIT ENERGY INITIATIVE (MIT). *The future of natural gas*: an interdisciplinary MIT study. Cambrigde: Massachusetts Institute of Technology, 2011.

MODESTO, Paulo. Participação popular na Administração Pública: mecanismos de operacionalização. *Revista Eletrônica de Direito do Estado*, n. 2, abr.-jun. 2005.

Disponível em: <http://www.direitodoestado.com/revista/REDE-2-ABRIL-2005--PAULO%20MODESTO.pdf>. Acesso em: 10 jan.2015.

MONCADA, Luís S. Cabral de. *Estudos de Direito Público*. Coimbra: Ed. Coimbra, 2001.

MONTT, Santiago. What International Investment Law and Latin America can and should demand from each other: updating the Bello/Calvo doctrine in the BIT generation. In: KINGSBURY, Benedict; STEWART, Richard B. *El nuevo Derecho Administrativo Global en América Latina*: desafíos para las inversiones extranjeras, la regulación nacional y el financiamiento para el desarrollo. Buenos Aires: Rap, 2009.

MOREIRA, Egon Bockmann. O Direito Administrativo da economia, a ponderação de interesses e o paradigma da intervenção sensata. In: CUELLAR, Leila; MOREIRA, Egon Bockmann. *Estudos de Direito Econômico*. Belo Horizonte: Fórum, 2004.

MOREIRA, Vital. *Auto-regulamentação profissional e Administração Pública*. Coimbra: Almedina, 1997.

____; MAÇÃS, Fernanda. *Autoridades reguladoras independentes* – Estudo e Projecto de Lei-Quadro. Coimbra: Coimbra, 2003.

MOREIRA NETO, Diogo de Figueiredo. A atuação do Estado no domínio econômico. *Revista de Direito Administrativo Aplicado*. Curitiba, dez. 1994.

____. Consideraciones sobre la participación em el Derecho Comparado Brasil-España. *Revista da Administración Pública*, v. 152, mai.-ago. 2000.

____. *Direito da participação política*. Rio de Janeiro: Renovar, 1992.

____. *Direito Regulatório*. Rio de Janeiro: Renovar, 2003.

____. *Mutações do Direito Administrativo*. Rio de Janeiro: Renovar, 2007.

____. Novos institutos consensuais da ação administrativa. *Revista de Direito Administrativo*, v. 231, 2003.

____. *Quatro paradigmas do Direito Administrativo pós-moderno*: legitimidade: finalidade: eficiência: resultados. Belo Horizonte: Fórum, 2008.

MOROSINI, Fábio. Globalização e novas tendências em filosofia do Direito Internacional: a dicotomia entre público e privado da cláusula de estabilização. In: ARAÚJO, Nádia de; MARQUES, Cláudia Lima. (Org.). *O novo Direito Internacional*: estudos em homenagem a Erik Jaime. Rio de Janeiro: Renovar, 2005.

NEWCOMBE, Andrew Paul. The boundaries of regulatory expropriation in International Law. *ICSID Review – Foreign Investment Law Journal*, v. 2, n. 18, 2010.

NEW SOUTH WALES GOVERNMENT (AUSTRALIA). *How is CSG regulated?*. Disponível em: <www.dpi.nsw.gov.au/mineralsl/community-information/coal--seam-gas/how-is-csg-regulated>. Acesso em: 30 mar. 2015.

NUSDEO, Fábio. *Curso de Economia: introdução ao Direito Econômico*. São Paulo: Revista dos Tribunais, 2013.

ORGANISATION FOR ECONOMIC CO-OPERATION AND DEVELOPMENT. *International Investment Law*: understanding concepts and tracking innovations a companion volume to international investment perspectives, OECD Publishing, abr. 2008.

_____. *Proceedings from the OECD expert meeting on regulatory performance*: ex post evaluation of regulatory policies. OCDE: Paris, 2003. Disponível em: <www.oecd.org/dataoecd/34/30/30401951.pdf>. Acesso em: 20 jan. 2015.

OGUS, Anthony. The economic approach: competition between legal systems. In: ÖRÜCÜ, Esin; NELKEN, David. *Comparative Law*: a handbook. Portland, OR.: Hart Publish, 2007.

OJA, V.; SUUBERG, E. M. Oil shale processing, chemistry and technology. In: Meyers, R. A. (Ed.). *Encyclopedia of Sustainability Science and Tecnology*, 2012. Springer Science+Businees Media.

OLIVEIRA, Rafael Carvalho Rezende. A constitucionalização do Direito Administrativo: o princípio da juridicidade, releitura da legalidade administrativa e a legitimidade das agências reguladoras. 2. ed. Rio de Janeiro: Lumen Juris, 2010.

ORTIZ, Gaspar Ariño. *Principios de Derecho Público Económico*. 3. ed. Granada: Comares, 2004.

OTERO, Paulo. *O poder de substituição em Direito Administrativo*: enquadramento dogmático-constitucional. Lisboa: Lex, 1995.

PACHECO, Regina Sílvia. *Public management as a non-policy field in Lula's administration*. Disponível em: <http://www.ebape.fgv.br/noviadades/pdf/Pacheco.pdf>. Acesso em: 30 jul. 2014.

PARTIDÁRIO, M. R. *Guia de boas práticas para avaliação ambiental estratégica*: orientações metodológicas. Lisboa: Agência Portuguesa do Ambiente, 2007.

PASHIN, J. C. Coalbed methane. *Unconventional Energy Resources 2011 Review*. Natural Resources Research, v. 20, n. 4, 2011.

PASTOR, Juan Alfonso Santamaría. *Principios de Derecho Administrativo General*. v. I. Madrid: Iustel, 2004.

PEDROSO JUNIOR, Jorge Antônio. *A internacionalização das "national oil companies" e o Direito Internacional*. Rio de Janeiro, 2008, 191p. Dissertação (Mestrado em Direito Internacional). Universidade do Estado do Rio de Janeiro, Faculdade de Direito.

PELTZMAN, Sam. *The economic theory of regulation after a decade of deregulation*. Brookings papers on economic activity: microeconomics. Washington: Brookings Institution, 1989.

_____. Towards a more general theory of regulation. *Journal of Law and Economics*, Chicago, v. 19, n. 2, 1976.

PEREIRA, Antônio Celso Alves. Direito Internacional e desenvolvimento econômico. *Revista da Faculdade de Direito da Universidade do Estado do Rio de Janeiro*, n. 1, v. 1, 1993.

PEREIRA, C.; MUELLER, B. Credibility and the design of regulatory agencies in Brazil. In: *Seminar competition and regulation*: the energy sector in Brazil and the UK/UE. Center of Brazilian Studies at the Oxford University, 2001.

PEREIRA, Eduardo et al. Brazilian upstream oil and gas: a practical guide to the Law and regulation. *Globe Law and Business*, 2012.

PEREIRA, João Eduardo Alves. Geopolítica e Direito Internacional no século XXI. In: DIREITO, Carlos Alberto Menezes; TRINDADE, Antônio Augusto Cançado; PEREIRA, Antônio Celso Alves (Orgs.). *Novas perspectivas do Direito Internacional Contemporâneo*: estudos em homenagem ao Professor Celso D. de Albuquerque Mello. Rio de Janeiro: Renovar, 2008.

PEREIRA, Luiz Carlos Bresser. Uma nova gestão para um novo Estado: liberal, social e republicano. *Revista do Serviço Público*, ano 52, n. 1, jun.-mar. 2001.

_____. *Reforma do Estado para cidadania*: a reforma gerencial brasileira na perspectiva internacional. Brasília: Enap, 1998.

PINTO, Joelma Sílvia Santos. A regulação do Estado no campo econômico: breve introdução ao Direito da Concorrência. In: MOREIRA, Egon Bockmann; MATTOS, Paulo Todescan Lessa (Coord). *Direito concorrencial e regulação econômica*. Belo Horizonte: Fórum, 2010.

PINTO JUNIOR, Helder Queiroz; FIANI, Ronaldo. Regulação econômica. In: KUPPER, David; HASENCLEVER, Lia (Orgs.). *Economia industrial*: fundamentos teóricos e práticas no Brasil. Rio de Janeiro: Campus, 2002.

_____; KRAUSE, Gilson. *Estrutura e regulação do mercado de gás natural*: experiência internacional. Nota Técnica ANP, n. 3, 1998.

_____ et al. *Economia da energia*: fundamentos econômicos, evolução histórica e organização industrial. Rio de Janeiro: Elsevier, 2007.

PIOVESAN, Flávia. Direitos Humanos: desafios da ordem internacional contemporânea. In: DIREITO, Carlos Alberto Menezes; TRINDADE, Antônio Augusto Cançado; PEREIRA, Antônio Celso Alves (Coords.). *Novas perspectivas do Direito Internacional Contemporâneo*: estudos em homenagem ao professor Celso D. de Albuquerque Mello. Rio de Janeiro: Renovar, 2008.

PIRES, Paulo Valois. *A evolução do monopólio estatal do petróleo*. Rio de Janeiro: Lumen Juris, 2000.

PORTELA, Paulo Henrique Gonçalves. *Direito Internacional Público e Privado*: incluindo noções de Direitos Humanos e de Direito Comunitário. Salvador: JusPodivm, 2009.

POSNER, Eric A. Controlling agencies with cost-benefit analysis: a positive political theory perspective. *Law & Economics Working Papers*, n. 119, University of Chicago Law Review, v. 68, 2001.

POSNER, Richard A. *Law, pragmatism, and democracy*. Cambriage: Harvard University Press, 2003.

_____. *Natural monopoly and its regulation*. Washington: Cato Institute, 1999.

_____. Teorias da regulação econômica. In: MATTOS, Paulo Todescan Lessa (Coord.). *Regulação econômica e democracia*: o debate norte-americano. São Paulo: Editora 34, 2004.

_____. The effects of deregulation on competition: the experience of the United States. *Fordham International Law Journal*, New York, v. 27, 2000.

PRNO, Jason; SLOCOMBE, D. Scott. *Exploring the origins of "social license to operate" in the mining sector*: Perspectives from governance and sustainability theories. Elsevier, Resources Policy, v. 37, issue 2, p. 346-357, set. 2012.

QUEENSLAND GOVERNMENT (AUSTRALIA). *Guidelines under Environmental Protection Act 1994*: Preparing an Environmental Management Plan for Coal Seam Gas Activities. Disponível em: <www.derm.qld.gov.au/environmental_management/land/documents/cdg-environmental-management-plan.pdf>. Acesso em: 30 mar. 2015.

RAO, Vikram. *Shale gas: The promise and the Peril*. RTI Press Book, 2012.

RAY, Jeffery R. Shale gas: evolving global issues for the environment, regulation, and energy security. *LSU Journal of Energy Law and Resources*. v. 2, issue 1, 2013. Disponível em <http://digitalcommons.law.lsu.edu/cgi/viewcontent.cgi?article=1026&comtext=jelr>.

REI, Fernando. A peculiar dinâmica do Direito Internacional do Meio Ambiente. In: NASSER, Salem Hikmat; REI, Fernando (Orgs.). *Direito Internacional do Meio Ambiente*: Ensaios em homenagem ao Prof. Guido Fernando Silva Soares. São Paulo: Atlas, 2006.

RIBEIRO, Marilda Rosado de Sá. As empresas transnacionais e os novos paradigmas do comércio internacional. In: DIREITO, Carlos Alberto Menezes; TRINDADE, Antônio Augusto Cançado; PEREIRA, Antônio Celso Alves (Orgs). *Novas perspectivas do Direito Internacional Contemporâneo*: estudos em homenagem ao Professor Celso D. de Albuquerque Mello. Rio de Janeiro: Renovar, 2008.

_____. Direito Ambiental Internacional e a indústria do petróleo. *Cosmopolitan Law Journal*, v. 1, n. 1, dez. 2013 (Revista de Direito Internacional do Programa de Pós-Graduação em Direito da Universidade do Estado do Rio de Janeiro).

_____. *Direito do Petróleo*. 3. ed. Rio de Janeiro: Renovar, 2014.

_____. *Direito do Petróleo*: as joint ventures na indústria do petróleo. 2. ed. Rio de Janeiro: Renovar, 2003.

_____. Direito dos Investimentos e o petróleo. *Revista da Faculdade de Direito da UERJ (RFD)*, n. 18, 2010. Disponível em: <http://www.e-publicacoes.uerj.br/index.php/rfduerj/article/viewFile/1360/1148>. Acesso em: 1º mar. 2015.

_____. Importância do Direito Comparado. In: TIBURCIO, Carmen; BARROSO, Luís Roberto (Org.). *O Direito Internacional Contemporâneo*: estudos em homenagem ao professor Jacob Dolinger. Rio de Janeiro: Renovar, 2006.

_____. *Joint ventures* internacionais. In: ARAÚJO, Nádia de; MARQUES, Cláudia Lima (Orgs.). *O novo Direito Internacional*: estudos em homenagem a Erik Jaime. Rio de Janeiro: Renovar, 2005.

_____. Soberania e expropriação: novas tendências no século XX. In: *Anais do Rio Oil & Gas Expo and Conference*. Rio de Janeiro: IBP, 2008.

RIDLEY, Matt. *The shale gas shock*. The Global Warming Policy Foundation (GWPF): GWPF Report 2, 2011. Disponível em: <http://www.thegwpf.org/images/stories/gwpf-reports/Shale-Gas_4_May_11.pdf>. Acesso em: 2 nov. 2014.

RODRIGUES, Marcelo Abelha. *Instituições de Direito Ambiental*. v. I (parte geral). São Paulo: Max Limonad, 2002.

ROGNER, Holger-H. Energy Resources. In: Toth, F. L. (Ed.). Energy for Development: Resources, technologies, environment. *Environment & Policy 54*, 2012. Springer Science+Businees Media Dordrecht.

ROSADO, Marilda; ALMEIDA, Bruno. Do conflito aparente de normas no espaço à cinemática jurídica global: conteúdo do Direito Internacional Privado Contemporâneo. *Revista da Faculdade de Direito da UERJ*, n. 20, 2011.

ROSENAU, James N. Governance, order and change in world politics. In: _____.; CZEMPIEL, Ernest-Otto. *Governance without government*: order and change in world politics. Cambriage: Cambriage University Press, 1992. p. 1-29.

ROTH, André-Noël. O direito em crise: fim do Estado Moderno? In: FARIA, José Eduardo. *Direito e globalização econômica*: implicações e perspectivas. São Paulo: Malheiros, 1996. p. 15-27.

ROUSSEAU, Charles. *Droit International Public*, v. I, Dalloz, 1970.

ROYAL ACADEMY OF ENGINEERING (RAE). *Shale gas extraction in UK*: a Review of Hydraulic Fracturing. Londres, 2012. Disponível em: <http://royalsociety.org/uploadedFiles/Royal_Society_Content/policy/projects/shale-gas/2012-06--28-Shale-gas.pdf>. Acesso em: 29 mar. 2015.

RUTKOWSKA-SUBOCZ, Ewa. *Poland:* Legal aspects of shale gas exploration and production. Dentons, Warsaw, Poland, mar. 2012. Shale Gas Information Platform. Disponível em: <http://www.shale-gas-information-platform.org/de/categories/legislation/expert-articles/rutkowska-article.html>. Acesso em: 31 mar. 2015.

SACCO, Rodolfo. *Introdução ao Direito Comparado*. Tradução de Véra Jacob de Fradera. São Paulo: Revista dos Tribunais, 2001.

SACCOMANDI, Humberto. *Boom* do xisto nos EUA é desafio para o mundo. *Valor Econômico*, 24 jan. 2013.

SAKMAR, Susan L. The global shale gas initiative: will the United States be the role model for the development of shale gas around the world? *Houston Journal of International Law*, v. 3, 2011.

SALEH AL-SADA, Mohammed bin. *Towards a gas-fired era*. Responsibly energising a growing world. Official publication of 21st World Petroleum Congress, 2014.

SALOMÃO FILHO, Calixto. *Regulação da atividade econômica*: princípios e fundamentos jurídicos. São Paulo: Malheiros, 2001.

SANTOS, Edmilson Moutinho dos. (Coord.). *Gás natural*: estratégias para uma energia nova no Brasil. São Paulo: Annablume, Fapesp, Petrobras, 2002.

_____. et al. *Gás natural*: a construção de uma nova civilização. Estudos Avançados, São Paulo, v. 21, n. 59, abr. 2007. Disponível em: <http://www.scielo.br/scielo.php?script=sci_arttext&pid=S0103-40142007000100007&lng=pt&nrm=iso>. Acesso em: 30 set. 2013.

SCHILL, Stephan W. *Fair and equitable treatment under investment treaties as an embodiment of the rule of Law*. IILJ Working Paper, n. 6, 2006.

SCHIRATO, Vitor Rhein. As agências reguladoras independentes e alguns elementos da Teoria Geral do Estado. In: ARAGÃO, Alexandre Santos de; MARQUES NETO, Floriano de Azevedo (Coord.). *Direito Administrativo e seus novos paradigmas*. Belo Horizonte: Fórum, 2008.

_____. Algumas considerações atuais sobre o sentido de legalidade na Administração Pública. In: ARAGÃO, Alexandre Santos de (Coord). *O poder normativo das agências reguladoras*. 2. ed. Rio de Janeiro: Forense, 2011.

_____. O novo regime jurídico da indústria do gás natural no Brasil. In: ARAGÃO, Alexandre Santos de (Coord.). *Direito do Petróleo e de outras fontes de energia*. Rio de Janeiro: Lumen Juris, 2011.

SCHLEMMER, Engela C. Investment, investor, nationality and shareholders. In: MUCHLINSKI, Peter; ORTINO, Federico; SCHREUER, Christoph (Ed.). *The Oxford handbook of International Investment Law*. Oxford: Oxford University Press, 2008.

SCHLESINGER, Rudolf B.; BAADE, Hans W.; DAMASKA, Mirjan R.; HERZOG, Peter E. *Comparative Law, cases* – Text-materials. 5. ed. New York: The Foundation Press, 1988.

SCHULTZE, C. L. *The public use of private interest*. Edition revised. Washington DC: Brookings Institution Press, 1977.

SEN, Amartya Kumar. *Desenvolvimento como liberdade*. São Paulo: Companhia das Letras, 2000.

SHALE GAS INFORMATION PLATFORM (SHIP). *Announcement of the key principles of the fracking regulation in Germany*. Jul. 2014. Disponível em: <http://www.shale-gas-information-platform.org/areas/news/detail/article/announcement-of--the-key-principles-of-the-fracking-regulation-in-germany.html>. Acesso em: 3 abr. 2015.

SIDER, Alison. Petróleo de xisto atrai competição. *The Wall Street Journal*, 10 jul. 2013. Disponível em: <http://online.wsj.com/news/articles/SB10001424127887324425204578598342012991854>. Acesso em: 11 jul. 2013.

SIDLEY AUSTIN LLP. *China's first shale gas policy*. Nov. 2013. Disponível em: <http://www.sidley.com/Chinas-First-Shale-Gas-Policy-11-12-2013/>. Acesso em: 29 abr. 2015.

SILVA, Almiro do Couto. Poder discricionário no Direito Administrativo Brasileiro. *Revista de Direito Administrativo*, n. 179-180, 1990.

SILVA, Aspen Ricardo Andersen da. *Novas tecnologias e perspectivas para produção de gás não convencional*: hidratos de gás. Apresentação realizada no 16º Seminário sobre Gás Natural organizado pelo Instituto Brasileiro de Petróleo, Gás Natural e Biocombustíveis, jun. 2015.

SZKLO, Alexandre; OLIVEIRA, Ricardo Gorini de. Frustrações da Reforma do Setor Elétrico Brasileiro: Riscos da transição. *Revista Ciência Hoje*, v. 28, n. 168, jan. fev. 2001.

SMITH, Enerst E. et al. *International Petroleum Transactions*. Third Edition. Rocky Mountain Mineral Law Foundation, 2010.

SNYDER, Francis. Governing economic globalisation: Global legal pluralism and EU Law. *European Law Journal*, p. 334-374, dez. 1999.

SOARES, Guido Fernando Silva. *Curso de Direito Internacional Público*. São Paulo: Atlas, 2002.

____. *Direito Internacional do Meio Ambiente*: emergência, obrigações e responsabilidades. São Paulo: Atlas, 2001.

SORNARAJAH, M. *The International Law on foreign investment*. 3. ed. New York: Cambridge University Press, 2010.

____. *The settlement of foreign investment disputes*. Haia: Kluwer Law International, 2000.

SOUTO, Marcos Juruena Villela. Agências reguladoras. In: ROSADO, Marilda (Coord). *Estudos e pareceres*: Direito do Petróleo e Gás. Rio de Janeiro: Renovar, 2005.

____. Audiência pública e regulação. *Revista de Direito da Procuradoria Geral*. Edição Especial. Rio de Janeiro: Procuradoria Geral do Estado do Rio de Janeiro, 2012.

SOUZA, L. D. E. *A regulamentação do shale gas no Brasil*: aspectos ambientais. Disponível em: <http://www.buzaglodantas.adv.br/2014/04/a-regulamentacao-do-shale-gas-no-brasil-aspectos-ambientais/>. Acesso em: 18 abr. 2014.

SOUZA SANTOS, Boaventura de (Coord.). *A globalização e as ciências sociais*. São Paulo: Cortez, 2002.

SPEIGHT, James G. *Shale gas production processes*. Oxford: Gulf Professional Publish (Elsevier), 2013.

STEPHAN, Paul B. The new International Law: legitimacy, accountability, authority, and freedom in the new global order. *University of Colorado Law Review*, v. 70, 1999.

STEVENS, Paul. *The Shale Gas Revolution*: developments and changes. Chatham House Report, Aug. 2012. Disponível em: <http://www.chathamhouse.org/sites/files/chathamhouse/public/Research/Energy%2C%20Environment%20and%20Development/bp0812_stevens.pdf>. Acesso em: 10 jun. 2014.

____. *The Shale Gas Revolution*: hype and reality. Chatham House Report, set. 2010.

STIGLER, George. The theory of economic regulation. *The Bell Journal of Economics and Management Science*, v. 2, 1971.

STRENGER, Irineu. *Direito Internacional Privado*. São Paulo: LTr. 2000.

SUNDFELD, Carlos Ari. *Direito Administrativo para céticos.* São Paulo: Malheiros, 2012.

_____. Introdução às agências reguladoras. In: SUNDFELD, Carlos Ari (Coord.). *Direito Administrativo Econômico.* São Paulo: Malheiros, 2000.

_____. Regime jurídico do setor petrolífero. In: _____ (Coord.). *Direito Administrativo Econômico.* São Paulo: Malheiros, 2000.

_____. Serviços públicos e regulação estatal. In: _____ (Coord.). *Direito Administrativo Econômico.* São Paulo: Malheiros, 2000.

SUSTEIN, Cass. *After the rights revolution*: reconceiving the regulatory state. Cambridge: Harvard University Press, 1990.

TAVARES, M. P.; ROCHA, B. M.; CORRÊA, O. C. S. Princípio do livre acesso e investimentos no mercado de gás natural. In: ROCHA, B. M. (Org.). *A regulação da infraestrutura no Brasil:* balanços e propostas. São Paulo: IOB – Thomson, 2003.

TAVERNE, Bernard. *An introduction to the regulation of the petroleum industry*: Law, contracts and conventions. London: Kluwer Law International, 1994.

_____. *Petroleum, industry and governments*: an introduction to petroleum regulation, economics and government policies. Hague, Boston: Kluwer Law International, 1999.

TIBURCIO, Carmen. *Temas de Direito Internacional.* Rio de Janeiro: Renovar, 2006.

TILLERSON, Rex. *Unlocking opportunity with innovation and cooperation.* Responsibly energising a growing world. Official publication of 21st World Petroleum Congress, 2014.

THOMAS, Steve. The privatization of the electricity supply industry. In: SURREY, J. *The british electricity experiment* – Privatization: the record, the issues, the lessons. London: Earthscan Publication Ltd., 1996. p. 40-63.

TOLMASQUIM, Maurício Tiomno; JÚNIOR, Helder Queiroz Pinto (Orgs). *Marcos regulatórios da indústria mundial do petróleo.* Rio de Janeiro: Synergia, EPE, 2011.

TRIFON, J. *North American natural gas*: How did we get here and what's ahead?. World Gas Conference, CS 8.2, Presentation 242, Kuala Lumpur, 2012.

TRINDADE, Antônio Augusto Cançado. A pessoa humana como sujeito do Direito Internacional: a experiência da Corte Interamericana de Direito Humanos. In: DIREITO, Carlos Alberto Menezes; TRINDADE, Antônio Augusto Cançado; PEREIRA, Antônio Celso Alves (Coord.). *Novas perspectivas do Direito Internacional Contemporâneo*: estudos em homenagem ao Professor Celso D. de Albuquerque Mello. Rio de Janeiro: Renovar, 2008.

TWINING, William. Globalization and comparative law. In: ÖRÜCÜ, Esin; NELKEN, David. *Comparative Law*: a handbook. Portland, OR: Hart Publish, 2007.

UNITED NATIONS CONFERENCE ON TRADE AND DEVELOPMENT. *Trends in international investment agreements*: an overview. Genève: UNCTAD, 1999.

U.S. ENERGY INFORMATION ADMINISTRATION (EIA). *Annual energy outlook with projections to 2040*. Abr. 2014. Disponível em: <http://www.eia.gov/forecasts/aeo/pdf/0383%282014%29.pdf>. Acesso em: 1º abr. 2015.

____. *Technically recoverable shale oil and shale gas resources*: an assessment of 137 shale formations in 41 countries outside the United States. Jun. 2013. Disponível em: <http://www.eia.gov/analysis/studies/worldshalegas/pdf/fullreport.pdf>. Acesso em: 20 out. 2013.

____; *World shale gas resources*: an initial assessment of 14 regions outside the United States. Washington DC: US Department of Energy, 2011. Disponível em: <http://www.eia.gov/analysis/studies/worldshalegas/pdf/fullreport.pdf>. Acesso em: 20 out. 2013.

VALE, Sabrina; NUNES, Fernanda. Dilma quer tornar viável uso do gás natural. *O Estado de S. Paulo*, 16 abr. 2013.

VETTER, Alexandra. *Shale gas in Germany* – the current status. SHIP: Shale Gas Information Platform. Dez. 2014. Disponível em: <http://www.shale-gas-information-platform.org/areas/the-debate/shale-gas-in-germany-the-current-status.html>. Acesso em: 3 abr. 2015.

VIEIRA, André Luís. *A fundamentação teórica do desenvolvimento sustentável*: considerações. Fórum de Direito Urbano e Ambiental, n. 27, ano 5, maio-jun. 2006.

WAELDE, Thomas. *International Law of foreign investment*: towards regulation by multilateral treaties. Dundee: CEPML, 2000.

WILLEMAN, Flávio de Araújo. *Responsabilidade civil das agências reguladoras*. Rio de Janeiro: Lumen Juris, 2005.

WILSON, Sharon; FREEHILLS, Herbert Smith. Unconventional gas in Australia. In: BAKSHI, Vivek. *A practitioner's guide to shale gas & other unconventional resources*. London: Global Business Publishing Ltd., 2012.

WISEMAN, Hannah Jacobs. Untested waters: The rise of hydraulic fracturing in oil and gas production and the need to revisit regulation. *Fordham Environmental Law Review*, v. 20, p. 115, 2009. Disponível em SSRN: <http://ssrn.com/abstract=1595092>. Acesso em: 2 out. 2013.

____; GRADIJAN, Francis. *Regulation of shale gas development, including hydraulic fracturing* (October 31, 2011). Energy Institute, The University of Texas at Austin, Forthcoming; University of Tulsa Legal Studies Research Paper No. 2011-11. Disponível em: <http://ssrn.com/abstract=1953547> ou <http://dx.doi.org/10.2139/ssrn.1953547>. Acesso em: 2 out. 2013.

XAVIER JUNIOR, Ely Caetano. Investimentos estrangeiros à luz da governança global: Arbitragem Internacional e sistema administrativo. In: MENEZES,

Wagner (Org). *Direito Internacional em expansão*, v. 1. Anais do 10º Congresso Brasileiro de Direito Internacional. Belo Horizonte: Arraes, 2012.

YERGIN, Daniel. *A busca*: energia, segurança e reconstrução do mundo moderno. Tradução de Ana Beatriz Rodrigues. Rio de Janeiro: Intrínseca, 2014.

_____. *The prize*: the epic quest for oil, money and power. New York: Simon & Schuster, 1992.

_____. *The quest:* energy, security, and the remarking of the Modern World. New York: Penguin Books, 2012.

ZOU, Caineng. *Unconventional petroleum peology*. Rio de Janeiro: Elsevier, 2013.